論
太陽花
的向陽性

莊信德 —— 主編

莊信德／謝木水／楊鳳崗／龔立人／羅頌恩／李向平／佘日新／盧其宏 等 —— 著

The Mythos and Logos of
TAIWAN'S
SUNFLOWER
MOVEMENT

公共神學論文集

The Journal Collection of
Public Theology

台灣神學院本土神學研究室 —— 策畫
台灣神學院院長 陳尚仁｜國立政治大學政治系副教授 葉浩 共同推薦

攝影／黃謙賢

目錄

（二）理論思索

（三）自我覺醒

編者序

　　走過2014年台灣「太陽花學運」（Sunflower Movement）與香港的「雨傘革命」（Umbrella Revolution），我們看見兩個社會的公民群體以激烈的社會行動，向自己的統治機制提出更多監督與參與的訴求，其議題指涉的具體對象就是中國政權。面對中國崛起的客觀事實，高度流動的資金、快速移動人才、沒有邊界的思想，都讓全世界不斷地調整自己與這個崛起事實的共步機制。本文集的出版緣由正是一個從基督信仰出發的反思，撰文者分別從不同專業與社會處境中提出神學的論述，以更為積極的角度思考這些反抗的運動，與基督教在面對中國崛起時的信仰基礎。

　　本書分成三個篇章，首先，在第一篇《現象對話》中，台灣神學院系統神學兼任助理教授莊信德嘗試以〈反抗作為公共的凝視〉為題，探究台灣基督長老教會主流的政治神學傳統所指向的「公共性」有何限制，並進一步提出以更為基礎的「公民」，而非「民族──國家」作為「想像的公共性」的積極意涵；緊接著，新加坡神學院系統神學教授謝木水博士以〈世俗之城的神學空間〉分析神學在對應世俗化的衝擊時所面對的挑戰與危機，並進一步指出在面對高度世俗化的新加坡社會，神學建構的靈性生機何在。美國普渡大學社會系的楊鳳崗教授在〈從破題到解題：守望教會事件與中國政教關係芻議〉一文中，藉由北京守望教會爭取合法聚會空間的抗爭，指出中國宗教當局若在處理「家庭教會」現象上採取新的思維模式，將會有助於和諧社會的積極建構。香港中文大學崇基神學院的龔立人教授則是針對「雨傘運動」以「時機」作為切點，提出〈雨傘運動──時機還是災禍〉的神學反省，文中致力以「kairos」所具備的超越性與臨在性，辯證性地反思這場運動究竟是上主使用的時機，還是人為推動的時機？文末藉由上帝國度的終末性格來作為時機詮釋的最佳防衛機制；在德國萊比錫大學藝術史碩士生羅頌恩，在以〈藝術介入

基督信仰的社會運動參與〉為題的論文中，透過對「和平之柱」在公共空間中參與社會和平革命的轉化，提出教會以神聖空間參與社群記憶轉化的可能性。

其次，在第二篇《理論思索》中，華東師範大學社會系主任李向平教授與美國普渡大學社會系的楊鳳崗教授藉由〈新教倫理與社會信任的中國建構：以當代中國的「基督徒企業」為中心〉，將基督教倫理中對上帝的特殊信任（信心），積極地轉嫁到社會信任的提升層次上，盡力指陳基督徒企業對於中國社會可能帶來正面的價值提升作用。莊信德助理教授則是從路德宗神學傳統裡，闡述「緘默移交」的神學概念，以此作為台灣教會在太陽花學運中的緘默批判。此外，莊信德助理教授進一步從田立克神學的本體論出發，藉由田立克政治神學論述中烏托邦的概念，為太陽花學運的神學反思提出判準的參照。

最後，在第三篇《自我覺醒》中，國家實驗研究院營運長佘日新教授在〈自由主義下的信仰實踐〉一文中，以高度實況化的觀察與筆觸勾勒出「自由」座落在人性與社會實況中的圖畫，文末以犧牲作為對自由的反思具有極為深刻的神學力量。台灣大學經濟研究所博士生盧其宏則是從太陽花學運中靠屬反全球化左派光譜的「賤民解放區」出發，嘗試藉由〈向陽的感動，向主的焦慮〉一文，恢復公民中的弱勢群體作為抗爭主體的嚴肅意義。文末，則是收錄莊信德助理教授以其作為教會牧師的身分出發撰述〈牧職與教會基礎上的公共神學〉，對於基督徒參與社會運動提出其激進福音傳統的論述。

走過抗爭的 2014 年，台灣、香港，與新加坡社會都面臨著保守主義崛起的群體氛圍，當我們嚴厲地審視封閉民族主義的危機之後，隨之而來對於公民社會的細膩覺察，是否能夠持續為各地華人社會的神學思考提供祝福？是否能夠為中國崛起的世界現實，構築一個符合神學理性的信仰反省？本論文集嘗試在一個變動不居的生存實況中，尋索一個相應的神學反思。由於理論思索與自我覺醒只是一種初步的嘗試，邀請讀者與我們一起面對這個時代的挑戰，一起在這個錯綜複雜的權力脈絡中，擁抱神學本質中開放性與辯證性所提供的身分揚棄與再確認，並據此作為參與公共神學的存有性基礎。

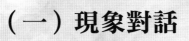

（一）現象對話

反抗作為公共的凝視
——解構台灣本土神學的公共性想像

莊信德

東南亞神學研究院系統神學博士，現任台灣神學院兼任
助理教授、本土神學研究室主持人、台灣長老教會磐頂
長老教會主任牧師

引言

以一種戰鬥姿態進入台灣社會運動的長老教會,在80、90年代藉由民主化歷程的參與及主權思想的深化,成功地塑造出一個積極入世的基督教信仰範式。然而,隨著民主化歷程的不斷轉折,台灣社會已經從「形式民主」的抗爭氛圍,逐漸走向「實質民主」的參與實況。面對一個整個社會與國際局勢的變局,台灣長老教會政治神學的檢視有其處境的必須性。事實上,隨著資訊符號系統的跨越國界網路,已經使得民族國家的邊界有所鬆動,因為資訊符號系統的跨國界網路已經徹底跨出民族國家的時間與空間結構。[1] 在二次世界大戰之前,國家可以說是社會秩序運作的基本框架,並且是它在穩定性上的最後保障。現在國家仍然是社會秩序運作的基本空間,只不過超國家的秩序已是另一個重要的生活空間,並且關於這個新秩序的形成,最清楚的具體表現乃是五十幾年以來的歐洲整合。[2]

有鑑於此台灣本土神學的建構,從國民黨戒嚴時期迄今,應當經驗一種範式的轉移。就是從「民族-國家」的再現追求,轉向「人民-權利」的橫向連結。前者以「國家人格」作為最小單位,後者則以「超國家權利」作為主體建構的核心題旨。如何從解放神學的對立神學經驗中轉化,從而積極地投入一種新秩序的主體建構,將是台灣政治神學能否繼續在邁向去邊界化的全球政治思考中,扮演更為積極的科際對話關鍵。本文嘗試藉由對宋泉盛、王憲治、黃伯和等神學工作者的政治神學理念進行分析,歸納這個神學傳統所預設的「公共性」意涵,並分別指出其中的限制與迷思,最後則是提出超越「民族-國家」構思的政治神學建言。

---

[1] 林信華,《超國家社會學:兩岸關係中的新台灣社會》(臺北:韋伯,2003),xiv。

[2] 林信華,《超國家社會學:兩岸關係中的新台灣社會》,頁3。

一、檢視宋泉盛「故事神學」的公共性想像

1.「故事神學」[3] 中二元對立公共性想像

　　宋泉盛作為台南神學院本土神學[4] 傳統的理論奠基者，其神學思想深刻地影響著其神學路線的接班人，從黃伯和、陳南州到吳富雅，基本上都沿著宋泉盛所奠定的本土神學作為其論述的基礎。在宋泉盛充滿文學魅力的神學論述中，深入地處理了第三世界國家人民的受苦問題。事實上，政治關懷對於許多第三世界的處境神學家而言，有著教義的優先性。也就是神學必然是一種入世的參與狀態。這個關懷實存的神學構思從神學論述的經驗理路來看，無疑提供了許多寶貴的神學戰鬥史蹟。宋泉盛認為，基督教信仰的政治參與和歷史關注之間存在著一種邏輯的必然性，因為上帝既然是一位在歷史中做工的上帝，也必然是一位關心政治的上帝。[5] 對宋泉盛而言，舊約並不是單純的歷史，而是一部以色列政治史，並且這部歷史的核心主題就是「解放」。因為從為奴之地得到解放，基本上是一種政治性的救贖經驗。[6] 基本上，宋泉盛的政治神學是緊緊地貼著拉美解放神學的脈絡構築而成，既是沿著解放神學的進路，就必然預設著對立的兩造：受壓制的人民與濫用權力的政府。

---

3 「故事神學」所指涉的並非單單特指宋泉盛所出版的《故事神學》（*Tell Us Our Names*）一書，而是對其整體神學思想所具有之高度文學性與敘事性的統合性稱謂。

4 「本土神學」的定義，按照黃伯和的構思，所謂本土神學乃是：隨著二次世界大戰的結束，許多被殖民的國家紛紛獨立，第三世界的教會乃無可避免地面對國家民族主義的與傳統基督教普世主義的緊張。基督教神學於是逐漸由歐美主導的大一統局面轉向邊緣，分散到新興的第三世界國家與社會。六十年代末期開始出現的解放神學、黑人神學、婦女神學，以至於較後來產生的非洲、亞洲諸神學潮流，都可視為是基督教神學「邊緣化」的現象。這些以第三世界國家、社會之實存條件所發展出來的不同神學支流，即是我們一般所稱的「本土神學」。黃伯和，《本土神學講話》（台南：教會公報，1999），頁41-42。

5 宋泉盛著，《第三眼神學》，莊雅堂譯（嘉義：信福，1993），頁429-430。

6 宋泉盛著，《第三眼神學》，頁430。

　　為了說明兩造之間互動的相互關係，宋泉盛指出，「人類歷史之所以有悲劇，乃是因為奴役別人、欺壓別人的人掩耳不聽上帝所聽見的、閉眼不看上帝所看見的，並且硬著心腸不去感受上帝所感受的。因此，他們採取與上帝敵對的立場。」[7] 明顯的，宋泉盛是以二元對立的概念作為建構公共性意向的基礎。此外，也意味著宋泉盛的公共意向不僅是二元對立的，也是上下對立的。為了強化這個對立的公共意向，宋泉盛使用他一貫優美的文學筆觸，細膩地勾勒出許多第三世界國家的不公不義的社會處境。

　　在宋泉盛對世界政治情勢所做的分析中，我們明確地看見他所羅列的例子，大多是屬於不穩定的非常態處境，如菲律賓的解嚴時期、[8] 二次世界大戰期間的日本教會立場、[9] 斯里蘭卡的處境[10] 等。對宋泉盛而言，他的亞洲圖像是封建主義、獨裁主義及殖民主義沸騰的鍋爐。[11] 從這個奴役與霸權的前設出發，所建構出來的公共意向必然是帶有強烈的二元對立色彩。與其說二元對立的政治神學思考反映了宋泉盛政治神學的約化現象，不如說二元對立的公共意識反映了宋泉盛當時所身處的歷史階段，也就是南韓、菲律賓、台灣都屬於一黨專政的年代。[12] 然而，二元對立的思維之所以牢牢地框限著宋泉盛的神學思考，可以說是與他二元對立的聖經詮釋傳統息息相關。

　　宋泉盛在分析基督的自我宣稱時，曾經使用二分法進行對聖經中權力的描繪。[13] 在宋泉盛的分析中，「大衛王朝」與「出埃

7　宋泉盛著，《第三眼神學》，頁430-431。
8　宋泉盛著，《第三眼神學》，頁437-440。
9　宋泉盛著，《第三眼神學》，頁454。
10　宋泉盛著，《耶穌，被釘十字架的人民》，莊雅堂譯（嘉義：信福，1992），頁33-35。
11　宋泉盛著，《第三眼神學》，頁437。
12　宋泉盛著，《故事神學》，莊雅堂譯（台南：人光，1990），頁323。
13　宋泉盛善用二分法的語式進行神學書寫，不論是「世界／天界」（宋泉盛著，《故事神學》，頁9。）「西方／東方」（宋泉盛著，《第三眼神學》，頁57-63。）「理性／直覺」（宋泉盛著，《第三眼神學》，頁123-135。）、「男性／女性」（宋泉盛著，《故事神學》，頁79）、「富人／窮人」（宋泉盛著，《耶穌的上帝國》，頁193。）、「官方／人民」（宋泉盛著，《耶穌的上帝國》，同前，頁304-305。）

及」成了兩個互不相容的對比，前者只具有歷史的特殊性意涵，
後者則可以汲取出普遍性的意義：

> 大衛王朝的歷史是個失敗的歷史，大衛王卻成為
> 一個傳奇故事，活在人民的心中，型塑他們的國家意
> 識。……出埃及是一信仰事件，是從信仰層面去了悟的
> 一歷史事件。後代的以色列人把出埃及當作是「歷史
> 的」經驗，在信仰中一再紀念它。……出埃及的核心意
> 義來自以色列人掙脫壓迫性權力的經驗。作為一個真實
> 發生的事件，歷史落在特定時空的交會中，可是歷史的
> 意義卻可以超乎它原來的脈絡，應用到其它處境。……
> 大衛王朝的歷史跟任何其它神權統治的國家一樣，是一
> 個被腐敗和欺壓所汙損的歷史。……事實上，大衛王朝
> 所型塑的彌賽亞形像，在以出埃及為主要核心的意義世
> 界中一點也沒有份。彌賽亞主義是一種虛假的宗教信
> 仰，將其它宗教和信仰傳統背景的人民排除在外。[14]

對宋泉盛而言，「大衛王朝基本上是建立在神權統治之宗教
意識形態上的政治體系」，[15] 是一個與集權主義緊扣在一起的神
權統治，而猶太民族因為將大衛王朝這個失敗的歷史，特殊化為
歷史再現的原型，以至於產生了彌賽亞主義的意識形態。

2. 解構故事神學的公共性想像

(1) 意識形態化的聖經詮釋

筆者認為在宋泉盛高度選擇性的詮釋中，同樣作為聖經歷史
事件的「出埃及故事」與「大衛王朝故事」因此有著截然不同
的詮釋前設。對宋泉盛而言，他強烈批判大衛王朝故事，而高
舉出埃及故事所使用的聖經詮釋方法本身是一種修辭性的概念，
並不具備方法的說明性。筆者認為對宋泉盛而言，他之所以選擇

---

[14] 宋泉盛著，《耶穌，被釘十字架的人民》，頁274-275。
[15] 宋泉盛著，《耶穌，被釘十字架的人民》，頁272。

出埃及作為其神學價值的優先性，乃是延續其解放神學的信仰理念，[16] 而不是一個「系統性」的神學構思。[17] 如果按照宋泉盛選擇性的文學詮釋進路來看，耶穌時代的彌賽亞意識形態，也可以反向詮釋成「大衛王朝」與「出埃及意識」交疊而成的結果。換言之，關於耶穌時代的猶太人對政治性彌賽亞的期待，我們也可以說，是以色列人想要脫離羅馬帝國的宰制，想要再一次經驗出埃及的的故事，因此產生的心理反應。從這個角度去談出埃及，就推翻了宋泉盛單從大衛王朝進路出發的神學詮釋。這意味著，事事強調沒有中立神學的本土神學，在進行聖經詮釋時不能一味採取「詮釋學循環」作為其套套邏輯的托詞，而應當公正地看待其它聖經文本中不同語意的經文傳統。不論是出埃及的「奴役－解放」或是大衛王朝的「應許－實現」，都不應當獲得神學詮釋的優先性，甚至成為否定其它聖經真理的意識形態。

(2) 修辭與濾片的神學詮釋

在出埃及的意識形態濾片下，整個第三世界只能被理解為西方宰制的悲涼處境，卻忘記從多元的角度檢視整體第三世界的發展實況。筆者絕對同意宋泉盛所言有產階級宰制無產階級、跨國企業控制第三世界的生產型態、非民主政體下人民受苦的悲劇……。然而，發現問題與詮釋問題並不困難，困難在於如何在結構性的困局中找到建構性的途徑。宋泉盛在他豐富的神學作品中，選取了許多令人悲憫的受壓迫故事，或是痛苦場景的勾勒，如印尼女基督徒對男性宗教建制的批判、[18] 史達林權力下受難的布克哈林、[19] 斯里蘭卡種族衝突中的受苦者、[20] 非洲造物主賣巴的痛苦、[21] 韓國詩人金芝河的謠言故事、[22] 越南和尚的自焚苦

---

16 宋泉盛著，《第三眼神學》，頁429-433。
17 當然，「系統性」一詞，對於宋泉盛而言，正是其神學理路所批判的對象。筆者認為的系統性是指，該神學論述處於一個能夠相互檢證的結構脈絡，證成與否皆有一個理性與制度性的平臺。
18 宋泉盛著，《故事神學》，頁79-80。
19 宋泉盛著，《故事神學》，頁354-355。
20 宋泉盛著，《耶穌，被釘十字架的人民》，頁66-73。
21 同前書，頁184-187。
22 同前書，頁224-234。

情、[23] 漢城牧師對樸正熙獨裁的攻擊、[24] 韓國婦女辛酸史、[25] 納粹大屠殺下的生還者、[26] 邦加羅爾的貧民窟。[27] 此外，宋泉盛也選取了許多文學作品中對人性的解構，如遠藤周作《武士》中的德卡利沼澤、[28] 三浦綾子《冰點》中矛盾的辻口啟、[29] 宋朝女詩人管仲姬的愛情書寫。[30] 每一個故事寫來均絲絲入扣、感動人心，但卻遲遲不肯進入單一社會結構的探索與分析，這是筆者在閱讀其作品時，深感不解之處。基本上，宋泉盛嘗試要提出的理念並不複雜，就是一個永遠站在受苦這一方的基督信仰，宋泉盛的上帝、基督、聖靈都是站在受壓迫者一方，但是作為全人類的上帝，作為日頭照好人也照歹人的上帝，如何不將祂綁架在修辭性、文學性的受苦世界，而是讓祂自由地在制度面、結構面、政策面行動，是宋泉盛需要思考的地方。宋泉盛所建構出來公共性想像，並不具有成熟的多面性，而是剪裁過的約化鏡像。

(3) 專注對抗衝突的神學詮釋

在神學實踐上，宋泉盛沿著解放神學的行動傳統直指「政治神學是行動的神學，不是思辨的神學；是身體力行的神學，不是置身事外的神學；是批判社會及政治實況的神學，不是根據基督教天啟式的異象投射一個烏托邦的神學。」[31] 道出神學與實踐的本體性同一。然問題並不是出在實踐與否，而是實踐時所預設的公共性想像。對宋泉盛而言，所有的實踐幾乎都是一種衝突與鬥爭，都是弱勢對強勢的反抗、邊緣對中心的反動、下層對上層的批判、女性對男性的反擊……。在這種二元結構的世界中，仇恨、對立、委屈、悲情等情緒成了力量的來源，神學實踐的姿勢據此除了攻擊，便找不到其他合適的心緒狀態。然而，對於一個

---

[23] 同前書，頁271-275。

[24] 宋泉盛著，《第三眼神學》，頁390-392。

[25] 宋泉盛著，《耶穌的上帝國》，頁45-48。

[26] 同前書，頁86-87。

[27] 同前書，頁125-133。

[28] 宋泉盛著，《耶穌，被釘十字架的人民》，頁368-377。

[29] 同前書，頁204-209。

[30] 同前書，頁212-213。

[31] 同前書，頁287。

已然進入民主社會的台灣而言，政治神學所訴諸的如果還是諸多悲情的情緒，那麼最終走向的並不是制度性的民主，而是鬥爭性的民粹。宋泉盛曾經質問提出盼望神學的莫特曼「德國教會要如何才能成為被釘十字架之上帝的教會？我們期望莫特曼對這個問題有所交代。」[32] 筆者也用同樣的語句質問宋泉盛「台灣教會要如何才能成為被釘十字架之上帝的教會？我們期望宋泉盛對這個問題有所交代。」

小結：與實況有所距離的神學觀察

伴隨著宋泉盛的神學書寫歷程，亞洲部分國家逐漸從高壓統治的集權政治逐漸轉向開放多元的民主政治。[33] 宋泉盛不是不知道亞洲已經開始邁入民主的議程，如：日本、韓國、台灣，但是他仍然選擇將焦點放在非民主的國家或是社會事件中。這是一種對實況深入的逃避。如果說台灣靈恩派傳統的教會以聖靈奮興的超越性逃避社會議題、福音派傳統的教會以解經講座的歸正性遁入神聖的彼岸，那麼象徵自由派神學傳統的宋泉盛，則是以優美的文學修辭避免進入複雜的社會分析之中。宋泉盛的神學對八十年代以前的西方世界而言，無疑具有一種「東方」的魅力，儘管他所書寫的語言是西方的，所使用的傳統故事大多已經是當代東方人不會使用的故事，但是對於東方圖像仍然不夠具體與清晰的西方神學界而言，宋泉盛的神學論述中呈現出來的東方世界絕對具有強大的吸引力。問題是，這樣的東方、這樣的亞洲是否是逐漸民主化、多元化之後的第三世界？

---

32 宋泉盛著，《第三眼神學》，頁363。

33 1984年宋泉盛撰寫《故事神學》（*Tell Us Ours Names*）時，他指出「真正的民主政治體制在亞洲尚未建立」。1994年《與聖靈同工的耶穌》（*Jesus in the Power of the Spirit*）寫作時，台灣、韓國、日本等亞洲國家早已經逐步完成政治民主化，但是卻仍未見其對政治多元的實況做出具體的評析，還是停留在二元對立的思考氛圍之中。甚至在台灣處境的舉例中，還是停留在二二八的歷史事件之中，缺乏對當時社會現實處境進行實質的討論與分析。

二、檢視王憲治「鄉土神學」的公共性想像

1.「鄉土神學」中國族建構的公共性想像

　　王憲治「鄉土神學」的建構是遵循宋泉盛「出埃及模式」的象徵轉移，並擷取聖經中以色列民族出埃及、建國、亡國、重建的歷史經驗，以「情境神學」（Contextual Theology）為方法，將「渡黑水溝」的台灣人民與「過紅海」的以色列民族都視為上帝呼召的一群「選民」，為了自由，邁向一個「應許之地」的處境化神學。[34] 王憲治進一步分析在台灣進行處境化神學的基礎。首先，他認為面對亞洲整個大環境，包括在台灣在內所提出的亞洲神學，有三項共同的神學關懷：「上帝國」（The Kingdom of God）、「社區與教會」（Community and Church）和「人民」（People）。但是只將焦點關注於台灣時，因著台灣的政治、歷史、社會、文化和宗教的特殊情境，有一項神學主題相較於其它地區更為突出，就是人民的「認同」（identity）[35]。王憲治將之定義為自我定位的確認，其中又包含了種族認同（ethnic identity）、文化認同（cultural identity）、政治認同（political identity）以及宗教認同（religious identity），特別是政治認同的問題，更是鄉土神學的首要關懷。[36]

　　就民族意識而言，王憲治在〈台灣鄉土神學導論〉中，明確指出：「台灣鄉土神學嘗試要從聖經的信仰和神學的角度來回應台灣何去何從的問題；並進而提出台灣民族意識的信仰基

---

[34] 王憲治認為台灣民族與以色列民族有如下的相似點：1、前者由多種種族融合而成；後者則以希伯來人為主體，融合埃及的索斯族（Shous）、國際浪人亞皮魯族（Apiru），和迦南原住民，尤其是農民，而形成的一個多血統民族。2、台灣民族迄今，自鄭成功於1661年來台算起，有三百多年移民史中，獨立建國的意識才慢慢清楚；而以色列族也是經歷出埃及後約三百多年的士師時期。才有王制的出現，並在大衛王時建立首都（約在主前1000年）。3、兩者都是經歷天災人禍，不得不移民以爭求自由安居之地，脫離苛稅暴政的壓制。王憲治，〈台灣鄉土神學〉，《台灣鄉土神學論文集（一）》（台南：台南神學院，1988），頁16。

[35] 同前書，頁11-15。

[36] 同前書，頁243。

礎。」[37]、「台灣何去何從，台灣民族主義如何凝造，台灣人如何塑造自己的政治認同，可以從以色列出埃及、建國、亡國、重建的歷史來學習。」[38] 對王憲治而言，鄉土神學必須建立在種族認同的基礎之上：「世界性民族自決的原則，及以共同政治理想來重新整合不同種族、文化的人民，以確立不同的政治認同，而背負共同的『命運』。乃是普世的歷史潮流，中國與台灣的認同問題，必須由全體居民徹底重新從根建造。」[39] 亦即，鄉土神學揭櫫一種種族的再造，一種種族意涵上的斷裂與再生。王憲治指出：

> 以種族而言，台灣人可說是以漢族為主體，融合滿、蒙、回、藏、苗、百越、原住民、荷、西、日等種族而成的一獨特民族，非孫文所主張的中華民族所能涵蓋。不但在種族血統上如此混雜，就是在文化上，台灣也是由漢族文化、西方文化、日本工業文化、原住民文化等等綜合而成。故台灣文化與中國大陸文化有所區別。因此，台灣民族在種族與文化之認同上，有別於中華民族，是顯而易見的事實。[40]

此外，王憲治進一步指出「長期戒嚴統治本身徹底與基督教人權思想完全相反，而一黨獨霸式的政府必造成權力的根本腐化，……長老教會發表『國是聲明』的行動，表示台灣人民團體已經覺醒，不再受役於愚民高壓統治；並且打破了『反攻大陸』的政治神話。」[41] 據此，王憲治認為，在長老教會的『國是聲明』中，可以隱約看到一種以政治認同和理想為中心的台灣民族意識正在浮現，而且這種理想和認同乃根據信仰對人權的肯定而來。[42] 王憲治甚至認為，「把上帝所賜人權自決的權利，落實為

---

[37] 王憲治，《台灣鄉土神學論文集（一）》，頁17。
[38] 同前註。
[39] 同前書，頁253。
[40] 同前書，頁15。
[41] 同前書，頁17-18。
[42] 同前書，頁18。

台灣民族政治認同的理想──『新而獨立的國家』；而且根據這種政治認同，強化『台灣人民』在文化、社會上的自主意識，兩者相輔相成。」[43] 據此而論，王憲治鄉土神學的公共性想像是一種國族的建構歷程。

2. 解構鄉土神學的公共性想像

鄉土神學的提出，在「反攻大陸」的荒謬年代中，無疑是極為深刻的批判性建言，不僅呈顯出執政者與廣大台灣人民之間意向性割裂，更具體地開出一條長老教會入世神學的政治性參與路徑。特別是王憲治帶領一群台南神學院的後進，不斷在鄉土神學上深化與紮根，讓鄉土神學有了日後更為具體的實踐。[44] 然而，作為批判蔣氏家族所構建的虛擬中華民族，王憲治順勢提出另一個相對應的「台灣民族」概念。以一個新的民族構思，代替舊有的民族構思。從社會運動的反對歷程而言，王憲治的鄉土神學高舉「台灣民族」，有著不可避免的工具性過程，但正因為是作為批判的工具，就其存在而言並不應當處於本質性的狀態，意即「台灣民族」的構成僅是一種相對於「中華民族」的描述性批判，而不具有規範性。

可惜的是王憲治將鄉土神學的類比，直接關聯於以色列「出埃及經驗」中的「民族意識」上，使得亞伯拉罕以降的以色列意義，侷限在「民族性」的理解層次中，失去了上帝與以色列之間動態的相互關係。如此一來，以「民族意識」作為理解舊約文本的基礎，並以「紅海」類比到「黑水溝」，將以色列的「民族－國家」歷史當成典範，並據此上升至詮釋的規範性高度，以作為台灣建構「民族－國家」的神學基礎。從這個角度來看，王憲治的公共性想像乃是極為具體的國族建構。

在王憲治的神學作品中，對於「民族意識」出現挪用的含混現象。王憲治一方面敏銳地揭露出以色列「強勢的民族中心主義往往使人自閉於自大的幻想之中，而造成亡國亡種之危局；一直

---

[43] 王憲治，《台灣鄉土神學論文集（一）》，頁19。

[44] 台南神學院院長黃伯和、玉山神學院教務長陳南州，為王憲治所影響後進中的著名代表人物。

到耶穌基督之來臨，才打破此以色列自大的中心意識。」[45]；但另方面卻主張台灣鄉土神學的目的是要提出「台灣民族意識的信仰基礎」。[46] 在這個弔詭的論述中，王憲治似乎假設「民族意識」蘊含有兩種不同的狀態，前者是具有排他性的元素，會導致自大的崩潰結局，後者則是奠基於適切的神學詮釋，帶來更多的包容與接納。[47] 殊不知，以色列的民族中心主義也是歷經聖經與歷史詮釋所得出的自然結果，何以當初以色列凝聚而出的民族意識導致危機，而經過台灣本土神學構思的民族意識可以繞過這樣的危機？如果得以繞過，其參照的標準為何？是否需要從新約聖經的救贖主題出發，對以色列封閉的民族意識進行批判性的轉化？當以色列的認同焦點落在具象的土地與聖殿，以致於出現認同扭曲的問題時，台灣民族意識如何將鄉土一方面視為上帝的禮物，同時卻謹慎其底蘊的偶像化危機？這是王憲治的鄉土神學所力有未逮之處。

三、檢視黃伯和「出頭天神學」的公共性想像

1.「出頭天神學」的公共性想像

　　黃伯和從「出頭天」語詞出發以創新且務實的出發點，重新探究台灣移民歷史的變遷，細膩地呈顯出動態反覆的真實歷程，避免流於線性思考的窠臼中，開啟以神學前設閱讀台灣移民史的思考典範。對於台灣俗民文化的建構歷程，進行議程清晰且修辭優美的系列探究，幫助閱讀者明確掌握論題的發展脈絡。

　　「出頭天神學」就亞洲神學的思想傳統而言，將宋泉盛對亞洲神學構思的處境原則，進行台灣實況的詮釋。亦即在「關聯一

---

[45] 王憲治，《台灣鄉土神學論文集（一）》，頁244。
[46] 王憲治，《台灣鄉土神學論文集（一）》，頁244。
[47] 誠如前述，王憲治指出台灣民族乃是多元種族與多元文化的結果。（同前書，頁15。）然而，被王憲治所批判的「大中華民族意識」豈不是也同樣宣稱其文化的包容性？何以王憲治可以假設「台灣民族意識」所構築的意識型態，因為奠基於聖經與神學的詮釋，必然導致沒有排他性的和平境界呢？

位移」（Correlation-Transposition）的神學前設中，具體化地承繼了宋泉盛文化處境進路的神學構思，對於人民，有別於傳統西方神學從命題出發的存在割裂現象，避免了重視理性構思的邏輯穩定性所導致封閉性的危機。此外，「出頭天神學」就存在神學的思想傳統而言，批判性地承繼了田立克存在主義進路的神學構思，對於台灣實況中的人民境遇進行深度的解構。不僅關注存在現象的歷史縱深，更開出前瞻性的轉化向度：亦即是「當『出頭天』奮鬥的動機從壓迫經驗的牽動，轉向以人性成全的訴求時，『民主』的境界才告形成。」[48] 這反映出作者將神學與處境進行關聯的歷程，有著創造性轉化的神學企圖，不僅承繼了存在主義對於生存現象的優先性前設，更進一步從終末的超越性入手，本質性地深化生存現象的深度。

就後自由主義的「文化－語言」（cultural-linguistic）神學進路而言，則是充分展現林貝克（George A. Lindbeck）所提倡「文化－語言」議程的神學意涵，對於台灣本土神學在政治解放層次，具有無法取代的貢獻。相較於過去台灣神學建構的狹義教會中心窠臼，「出頭天神學」已然脫離林貝克所批判的「認知－命題」（cognitive-propositionalist）的宗教訓詁模式，也超越了「經驗－表現」（experiential-expressive）的宗教私有化危機，讓基督信仰與人民的生存實況之間脫離外來指導的評論關係，而是進入一種本質性的外向認可。這意味著一種對「由外而內」的置入式批判，而轉向「由內而外」的演繹式構思。

黃伯和認為，台灣四百多年來在一波又一波的殖民統治之下，受到奴隸般的歧視與踐踏，以致今日台灣社會呈現出「身分認同混淆」、「地位前途不明」，以及喪失「自由、民主」意識與權力等等的人性危機。他指出，這種以基督教信仰詮釋的「出頭天盼望」，正可以解決上述的問題，因為其中隱含著「自決」的理念，其實踐的基本要求救贖「自我認同」與「決定的自由」兩項。以神學的角度來說，文化提供了人民塑造身分的條件，而福音則是使人自由。所以，作為台灣人民心性特質的「出頭

---

[48] 黃伯和，《奔向出頭天的子民》（臺北：稻鄉，1991），頁82。

天」，不僅福音與文化並存，也能兼具認同與自由。[49] 此外，黃伯和認為，今日教會的當務之急，就是要將「自決的出頭天」落實在台灣的處境中，「因為只有在自決裡台灣子民才成為自己的主人，成就自己理想的生命，才能用真實的心靈，用誠實的良心來回應基督十字架的呼召，並領受福音的祝福與豐盛。」[50] 在出頭天的語境中，黃伯和明確地描繪出一個受壓制、受委屈、受逼迫的公共性想像。唯有在這樣的一種群體氛圍中，神學才需要進行一種出頭天的奮鬥。

2. 解構出頭天神學的公共性想像

(1) 以「語言」作為神學素材的流動性現象

當我們從「語言」出發作為神學運思的素材時，固然貼近人民的生存實況，但是對於語言與文化之間一種動態的相互關係，則需要格外留意。因為語言作為生活意義的承載物，固然可以穩定地傳達出其所涵蘊的指涉，但同時卻承受著個體間「認知活動」差異性的侵蝕。這個侵蝕不僅來自認知個體在集體認知活動中的詮釋自由，更是來自語言作為意義載體的工具性事實。語言既然是工具，便應當消解其指涉的宰制前提。這意味著當「語言」進入文化的理解脈絡，便需要面對命題理解脈絡的前提銷融。換言之，在不斷進行交談的語言群體中，語言的角色是意義指涉的承載，是約定俗成的意義契約，但是卻不能指正與規範語言群體的使用模式，否則語言便失去其承載現象的人民意涵。在此，我們所面對的挑戰就是，「出頭天」如何一方面表達出臺灣人民在移民歷史中，對自身價值認同的企圖；另方面卻又從神學預設這「出頭天」應當底蘊一種終末向度的成全？如果語言僅僅作為人民群體的表述媒介，那麼深化人民群體對於實況的深度，是否應當借助另一組，甚至是更多其它的語言構思來深化，而不是在一個詞組中，進行神學前設的植入。此外，如何避免語言流

---

[49] 黃伯和，《奔向出頭天的子民》，頁169-170。轉引自黃以諾撰，〈從宣教神學到政治神學——台灣基督長老教會神學的範式轉移及其批判〉，中原大學宗教研究所碩士論文，歐力仁指導，2005，頁53-54。

[50] 黃伯和，《宗教與自決》（臺北：稻鄉，1990），頁52。

動本質定性後的象徵性流失現象，也是一個不容忽視的挑戰。畢竟語言一旦在公共領域中被使用，就必然歷經著不斷被使用者交互定義的歷程，其意義的想像指涉終必面臨流動的挑戰。

(2) 以「語言」作為神學素材的侷限性意識

黃伯和認為「俗語是族群文化的精髓，它不但映現人民對週遭事物的認知，也示陳一個族群的特有價值體系」[51]。然而，當「出頭天」這句俗諺成為神學主題時，其同時便切割了意義群體的範疇。不可諱言，閩南族群經過長時期的社會互動之後，必然將這個深層的人民精神傳達給其他語言群體，甚至是可以共融於台灣社會的群際語彙中。但是，仍無法忽視其語言群體的生活慣性。畢竟語言所呈顯的心性特質，是一種油然而生的狀態。如此，「出頭天」如何跨越閩南族群，而成為原住民、隨國民黨政權戰敗流亡來台的外省人、乃至日益增加的外籍配偶的心性特質，將是其侷限性能否克服的重要議題。

此外，這個侷限性不僅是在語言原生群體的層次，更會出現在語言的時間性層次中。如前述，語言作為意義的載體必然具有流動性的現象，這個流動性不只是反映意義本質的有機性格，其會隨著人民生活經驗的擴張，而不斷增加新的語用意涵；[52] 這個流動的現象更反映出語言本質所表徵的時代性。過去移民社會中「出頭天」的奮鬥心性，反映在今日台灣的青少年，甚至是八年級、九年級的戰後第三代，會從哪一個角度體現出「出頭天」的心性特質？進一步提問的是，是否在不同的時代，語言主體皆有不同的語言符號，作為其心性特質的表徵。這個問題放在全球化的「去邊界」與「再邊界」現象中，更是顯出其複雜的歧義性。果真如此，我們被迫面對語言符號的侷限性，並在這個事實中進一步構思如何「刺激」台灣人民「繼續」完成其尚未達致的「出頭天」。然而，這樣是否與「出頭天神學」構思的原生性格有所矛盾？更重要的是，當今台灣社會中各分眾群體的公共性想像，

---

[51] 黃伯和，《奔向出頭天的子民》，頁18。

[52] 關於語言的流動特性，當代最經典的一次論爭，要算是「台客」的論戰。從台灣北社 2006 年 4 月所舉辦的「台客的假面──文化身份與再現策略」，可見其語言現象背後所蘊含的歧義性，以及語言在時間中流動的相互定義實況。

是否還是以「出頭天」作為其想像的出路？

(3) 救贖意義與救贖實踐之間的次序

信仰的本質與應用之間的相互關係是否具有本質的同一性？「出頭天」是以此岸為主體的信仰構思，與彼岸為主體的信仰啟示之間有著對反的落差。如果從彼岸出發的信仰構思，必然導致一種不關注此岸生存的現實問題？是否必然造成與此岸生存掙紮間的割裂？強調由上而下進路的巴特，不僅參與《巴門宣言》，更是主動投入現實的政治黨派之中。

在《奔向出頭天的子民》構思中，黃伯和認為：

> 台灣人民的「受苦」經驗與他們從苦難中掙扎「出頭天」的盼望，乃必須成為基督徒在台灣探索上帝的拯救，及透視上帝國之奧秘的重要線索之一。唯其如此，我們才能正確的宣揚耶穌託付我們的資訊，才能確實的回應台灣人民心中澎湃著的盼望。[53]

這不僅回應著黃伯和對宋泉盛提出「上帝國就是人民的文化」觀點的認同，也意味著，上帝國的中心乃是奠基在人民而不是上帝，救贖的意義並不在於「往哪裡去」，而是「正在這裡」。筆者認為，這個優美的文學修辭，固然能以深深感動人心，但是卻不是救贖的完整意義。因為基督並沒有選擇一直待在巴勒斯坦，知道以色列復國，基督也不是一直掛在各各他山上的十字架，直等到陪伴完了最後一位在苦難中的人民，基督乃是當天就死，下了陰間、復活，更重要的是升了天，還答應為我們「預備地方」。而如今我們仍然身陷在苦難中，並不意味著救贖還有未完成之處，需要藉著與受苦人民站在一起，才能「完成上帝國的救贖」。筆者認為，救贖已然在基督事件中完成，如今繼續存在的苦難向救贖所支取的，並非「完成」的呼聲，而是「實踐」的呼聲。挑戰基督徒必須不斷地將上帝國的救贖實踐出來，而不是扮演基督去完成救贖。對黃伯和而言，其錯置的公共性想

---

[53] 黃伯和，《奔向出頭天的子民》，頁185。

像混淆了救贖的意義，在黃伯和所構築的公共性想像中，救贖是一個消解了超越性意義的此在行動，並且這個救贖的普遍性實踐本身，也消解了其具有任何特殊性的可能。

小結：

從本體論的角度來看，黃伯和的「出頭天神學」承襲了宋泉盛神學對於超越性的消解傳統，也是與默茨（J. B. Metz）一樣保持對神學實踐（praxis）的高度重視，[54] 但不同的是，默茨並沒有停留在實踐的表像層次，而是進一步提出神學的「公共性」以及「第二序反思」（second reflection）。[55] 在這個基礎上，教會正視了其自身所應該扮演的社會實體角色。這種公共性不再是訴諸終末的實踐，也不是超越的給予，而是一個徹底的、此在的存在性批判，公共性就此而論便不再是一種衝突想像的實踐結果，而是一個本體性的結構關連。

四、台灣社會變遷的實況

台灣社會的變遷非常快速，從大歷史的角度來檢視台灣的變遷，主要沿著殖民與移民兩條軸線來發展。前者大抵是從西班牙、荷蘭、日本、國府，後者則是中國沿海省份的個體移民、鄭成功的政策移民、國府戰敗的結構移民等。從台灣庶民社會活動的角度來看，則是逐漸從農村經濟走向工業經濟，而今進入消費經濟階段；台灣社會在各方面都呈現出旺盛的社會力。在台灣建構神學不可能不正視這當中所生發的重大議題。由於議題範圍就社會力的角度可以無限上綱，因此，僅集中在台灣內部的「多元社會」議題，以及台灣外部的「全球治理」議題進行神學的公共性反思。

---

54 默茨所主張的「實踐的基要神學」（Practical Fundamental Theology）。
55 默茨認為，政治神學神學的積極任務就是重新確定宗教與社會的關係，重新確定社會與社會「公眾性」的關係，重新確定末世信仰與社會生活的關係。

1. 多元社會的神學反思

　　台灣社會毋庸置疑是多元的，問題並不在於多元的意識，而是面對多元的態度與深度。台灣的社會文化一直以來都是處在一個高度變動的海洋型態，而其中文化的變化，本質上就是一種人的變化。觀察台灣社會變遷的實況，不能不嚴肅地分析社會人口結構的變遷，特別是外籍新移民女性與新台灣之子的社會現象。從內政部2008年最新研究的調查報告，台灣目前平均每三對結婚的家庭，就有一個是與外籍新移民女性所共同組成的。[56] 夏曉鵑嚴肅地批判了將新移民「問題化」的社會現象。[57] 誠如本土神學研究者陳南州所指出的：「沒有認同就沒有本土神學」，[58] 當台灣社會加入越來越多不同背景的新成員，每一個人都帶著既定的文化與價值系統進入台灣社會，與相對多數的台灣人生活在一起時，所產生的公共性想像便可能是一個光譜展開的極大值，在這個處境下，認同便成為一個重大的社會議題。按照宋泉盛文學進路的修辭性本土神學論述傳統，對於這個真實的多元社會現象，頂多是收集一些悲慘的案例故事，然後援引聖經創世記亞伯拉罕與夏甲的關係，作為優美的文學創作的靈感來源。對於部分讀者或許可以達成觀念的啟蒙，但是對於這個資訊煽情與資訊爆炸的年代而言，這樣的神學論述並不能產生具體的社會革新行動。

　　要在台灣族群多元的公共領域中，建立有認同交集的想像共同體是未來台灣本土神學重要的議題，也是實踐方向。若要嘗試在政治認同歧義紛擾、社會認同逐步醞釀的過程中，積極地參與台灣多元社會的神學建構，將必須去除過去本土神學中王憲治的國族想像，因為在那組國族想像中所預設的公共性局限在狹義的政治國族，是一個訴諸自決精神的抽象主體，相對於這種民族主義式的公共性概念，[59] 筆者認為對於外籍新移民女性而言，更在

---

[56] 對陳南州而言，這個認同所指涉的公共性想像並非開放性的建構，而是封閉性的生成。

[57] 夏曉鵑撰，資本國際化下的國際婚姻-以台灣「外籍新娘」現象為例。台灣社會研究季刊，2000年，39，頁45-92。

[58] 陳南州著，《認同的神學》（臺北：永望，2003），頁22。

[59] 從自由主義的角度來看，在新興國家的發展過程中，民族主義扮演了催化劑的角色，例如某些產業在民族認同的概念下被挑選出來獲得鼓勵，也保存了本國社會固有的社會生活傳統。此外，民族主義在防止強權國家企圖稱霸世界方面

乎的是與切身利益直接相關的公共政策與社會福利，也因此不需要黃伯和那種震天嘎響的「出頭天」口號。王憲治以民族為原則所建構出來的國家認同觀，對於「民族」的界定標準令人懷疑，而且基於主觀意願強調共同意志所「建構」的民族，由於已經被安德森揭露是一種後設性的政治操作，而面臨嚴肅的質疑與檢視。[60] 再者，由於「民族」一詞所含蘊的模糊性，因而不論民族主義倡議民族與國家如何組合，都蘊含著絕大的任意性與暴力性。當然，台灣民族主義的論述是否必然引致一種霸權的再現，的確是近來政治學界的觀察。[61]

然而，筆者認為要在當今政治局勢中以自由主義的憲政體制進行台灣的公共性想像，並不容易在割裂對立的政治光譜中取得共識；反而應當積極尋思從社群主義（communitarianism）進路入手，對於新舊住民而言「社群」所象徵的公共性想像將從政治意識形態的窠臼中解脫，而勾連於實質的生活互動脈絡中。從社群主義傳統進發對台灣多元社會進行公共性的想像，將能夠跳脫靜態的民族意識形態或是僵化的憲政體制對立，而是進入一個實質的、動態的「再認同」歷程之中，據此而論，「審議式民主運動」將是台灣多元社會建構群體共識不可迴避的道路。[62] 就此而

具有積極作用，是對強制一元化的抗拒，也是在集體組織中展現出多元、個體性和自由等功能的保護機制。Reo M. Christenson 等著，張明貴譯，《意識型態與現代政治》（臺北：桂冠，1990），頁86。

60 安德森（Benedict Anderson）從人類學研究出發，完成他著名的《想像的共同體：民族主義的起源與散佈》。基本上，安德森與霍布斯邦的理論基礎一樣，認為民族是認為創建出來的結果。他對民族所給出的定義是「民族是一種想像的政治共同體，並且它是被想像為本質上有限的、同時享有主權的共同體。」所謂民族作為一個想像的共同體，是指每一個並不真正跟每個同胞認識，但是他們卻可以想像彼此是同胞。這個想像並不會無限制擴展成為全世界都是同胞，而是受限於一定的主權範圍。班納迪克·安德森著，吳叡人譯，《想像的共同體：民族主義的起源與散佈》（臺北：時報，1999），10頁。

61 夏君佩嘗試在她的論文中構思「良性的民族主義在多元分歧的社會是否可能」，然而，筆者不得不指出她論文的應用在台灣處境中的困難，在於夏文的論述並未充分顧及台灣民族主義發展的實況，以及其所面對截然不同於德國、法國等歐洲國家的處境。此外，結論中所參閱的著作無法反映出當前臺灣民族主義饒富的對話面貌。夏君佩撰，〈良性的民族主義在多元分歧的社會是否可能〉，東吳大學政治學系碩士論文，2003。

62 「審議的轉向」（deliberative turn）是民主理論近年來一個顯著的發展。此一轉向主要是自由主義民主的理論與實踐進行批判，並援引不同的理論洞見對民主

論，筆者認為要在台灣多元會遇的社會實況中進行本土神學的建構，需要認真地面對台灣社會內部族群多元的實況，不是以任何一個強勢族群的抽象意識形態作為價值的全部，而是積極地、政策面地關顧多元社會中的弱勢移民群體。以既定事實的社群關係作為公共性想像的基礎，而不是以國族建構的對立衝突作為公共性想像的焦點。

2. 全球治理的神學反思

二十世紀中葉以來，當個體再次隱形於群體之中時，社會的秩序已經不知不覺地跨出民族國家的邊界之外，資訊網路已經將個體所在的時間、空間高度地壓縮。在新的社會網路中，個體權利的內涵越來越多元並且跨出原有民族國家的型態，它同時越來越藉助符號的抽象表達，以及藉助群體的形式來運作，例如環境權利、文化權利或者少數族群的基本人權等等。這些權利的內涵已經不能由單一民族國家來決定，前者與後者都是高度複雜的社會網路中之變項。[63] 當然這並不意味著民族國家的角色會消失，或甚至是持續性地流失它的行政權力，而是說，就目前全球脈絡的社會互動實況而言，在國家之上所產生的新秩序並不適當以二次世界大戰以來的國家關係理論來說明，因為它基本上並不全是國家與國家之間所產生的關係。在此，所謂的新秩序，並非傳統國家治權中，一種法律形式的絕對律令，反而具有一種弔詭的辯證意涵。林信華認為，在全球化所形構的新秩序當中，正醞釀著一種新社會秩序的產生：

> 它將民族國家原有的單一中心或少數中心形式，轉
> 型為多元中心（polycentric）形式。民族國家之前所強

政治的可能性做出重新的理解。從理論緣起來看，審議式民主的構思與自由主義和共和主義兩者的爭辯密切相關。就其信念而言，審議式民主企望的「政治平等」是指涉「所有公民皆應擁有同等的權力來影響政策的結果，而所有在政治上的偏好也都應該被視為具有相等的價值。」李樹山撰，〈瞧與橋：審議式與激進民主的連結想像〉，台灣大學政治學研究所論文，2004，頁12-14。

[63] 林信華，《超國家社會學：兩岸關係中的新台灣社會》（臺北：韋伯，2003），頁19-20。

調的是一種共同的同一（identity），民族國家中所產生的差異（difference）傾向可以統一，但是多元中心內的差異乃是徘徊在可統一與不統一之間。它是一種既是⋯⋯也是⋯⋯的邏輯，矛盾或對立的同時存在也是一種現象。[64]

　　當我們面對全球化已經建構新的非領土與非主權上（non-sovereign forms）的治理形式，原有建立在中央與合乎國家形式法律的原初歷史治理形式，現在部分轉型為地方與區域的輔助治理之新形式（local and regional subsidiary government）。而這正是民族國家以及運作於其中的社會生活之轉型歷程。[65] 究竟台灣的政治神學思考，應當如何從「建立一個新而獨立的國家」典範，逐漸轉向以治理形式為基點的超國家構思？這是一種「追求秩序」的政治神學，而非「追求國家」的政治神學。當然，這個新秩序並不是取代國家與國際法律規範，事實上也不顛覆國家與國際的政治程式，卻是在兩岸與全球極為複雜的脈絡中，重新凝思一個更大的「神學基點」。這個基點遠超「土地範疇」的台灣，而是真正進入「權利範疇」的台灣；這個基點一方面具有神學的入世性，卻同時涵攝神學的超越性，以作為台灣社會身處全球化脈絡中的真實見證。

　　筆者認為「本土神學」在80年代，見證了長老教會如何深刻委身台灣、認同台灣；但是在面對一個流動的全球脈絡中，卻需要進一步揚棄「本土神學」底蘊的「本質社會」意向，這個意向終極的展現就是「台灣民族主義」的建構。讓台灣社會離開政治意識型態的割裂對立，取得一個更為超越的秩序構思。不再將台灣的神學思考固著於台灣，甚至以此作為神學道德判斷的量尺，才是真正貼近台灣實況的神學構思。筆者認為台灣的神學思考，應當從「雙重反抗時期的確定性價值」，轉向「多元含混時期的辯證性價值」。前者所謂的「雙重反抗」，是指台灣人民面對「國民黨政權」以及「共產黨政權」雙重宰制的反抗；一個象

---

64 林信華，《超國家社會學：兩岸關係中的新台灣社會》，頁22。
65 林信華，《超國家社會學：兩岸關係中的新台灣社會》，頁42。

徵著台灣內部恐怖統治的壓力源，另一個則是象徵著外部武力威嚇的壓力源。面對這雙重宰制的壓力，形成台灣「本土神學」早期的思考養分，這個孕育的形式養分所揭示出來的是一種「靜態對立的批判符號」。不論是統治者與被統治者關係的對立，還是壓迫者與被壓迫者關係的對立，這種批判所揭示出來的神學符號容易流於僵直，所強化的確定性意涵容易造成差異性包容的悖反。

　　相對於此，筆者認為在台灣當前國家定位的含混時期，不僅應當脫離以「民族－國家」為目標的確定性概念，更應當積極實現出臺灣認同歷程中一種辯證性的動態價值。這意味著台灣本土神學的主體從封閉性的排他狀態，轉向主體構成的再延異。意即，「台灣」不再是「本土神學」口中不證自明的名詞，而是一個正不斷擴張的共同體。這個擴張的脈絡更不侷限在兩岸關係的架構，而是落在全球邊界模糊化的狀態中。據此，台灣本土神學呈顯出一個「動態歷程的建構符號」。季登斯（A. Giddens）提醒我們，只有當政治邊界緊密地符合既存的語言共同體時，民族－國家與民族主義才能相對沒有摩擦地融合起來。[66] Guibernau則是強調「公民凝聚力」（civic coherence）相對於民族國家的追尋來得更為重要。這是因為就民族國家而言，藉由規畫為特定國家的公民而獲得權利與義務的個人，並不必然與其他公民建立或保持人際關係。事實上，儘管國家處心積慮地在其境內塑造一個具有高文化同質性的民族，以強化社群感，但無國家民族內部旺盛的民族主義已經証明國家的企圖是失敗的。[67] 藉由如下的圖表，我們將更清晰地看見當今在台灣建構政治神學，應當邁向超國家進路的原因：

---

[66] 安東尼·季登斯著，胡宗澤、趙力濤譯，《民族－國家與暴力》（臺北：左岸，2002），頁235。
[67] Montserrat Guibernau著，周志傑譯，《全球時代的政治社群》（臺北：韋伯，2004），頁35。

	行動的 合理性	制度的 合法性	經濟物質基礎 的 主要表現形式	空間 範疇的 主要特性	科學的觀 察與理解
國家之前	情感價值	宗教哲學秩序 自然法	自然生產事業 手工業	封閉 高同質性 低流動性	
國家之中 （民族國家）	目的理性 的發展	行政權力 形式法律 市民社會	工業發展	封閉於國 家邊界、 具有開放 的 差 異 性、不同 的流動程 度	社會哲學 到社會科 學的發展
國家之間	權力關係 的建置	國際法	資本 產品與勞務的 進出口	國家空間 絕對自主	現實主義 （realism） 及其相關 理論
全球社會 （區域整合）	情感與價 值的高度 想像、虛 擬多元、 複雜與對 立的符號 秩序	跨國企業非 政府組織 （NGOs）超 國家法律體系	資訊科技與網 路	開放與國 家邊界、 包容性的 差異性、 空間的虛 擬化	全球符號 互 動 論 （global symbolic interac- tionism）

資料來源：P. L. Berger und T. Luckmann, Die gesellschafiliche Konstitution der Wirklichkeit, ubersetzt von M. Plessner (Frankfurt am Main: Fischer, 1993), ss.49-138.【轉引自林信華，同前，頁13。】

　　吳乃德指出，台灣族群的社會界限基本上是鬆動的，社會和經濟資源對族群的分配，差異並不大。而造成族群緊張關係的政治結構，也正在解體當中。因此我們不禁要懷疑，族群認同是否逐漸消失在台灣社會中。[68] 換言之，長老教會在台灣所推動的「認同」意向，一旦往充滿對立的台灣歷史鑽研，所透露出來的關注單位將無法脫離「族群」層次。作為跨越族群的普世宗教，何能將「歷史性族群」強制作為神學思考的基點，並將基督救贖歷程中普世性中的猶太種族角色，視為耶穌「認同種族」的釋經

---

68 吳乃德，《省籍意識、政治支持和國家認同－台灣族群政治理論的初探》（臺北：業強，2001），頁36。

基礎？如果按照「本土神學」所強調的「人民」作為神學構思的核心焦點，其實踐的向度將不應當落在「台灣民族」的建構上，而應當是「公民社會」（civil society）的推動上。

從「公民社會」入手來建立台灣的主體性，將截然不同於國家對抗層次中，以「國家人格」作為互動單位的構思。林信華針對這個構思提供一個有效的理解參照：[69]

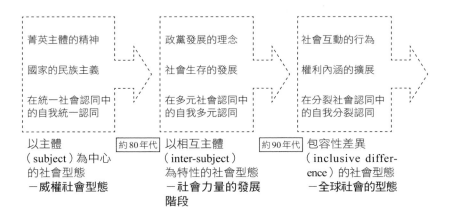

筆者認為，在台灣進行政治神學的思考，需要重新在「本土」的概念上進行一種去邊界的革新。從神學上來看，是避免誤入以色列土地偶像化的後塵，甚至是土地邊界化的誤讀。畢竟「土地」對耶和華上帝而言，是與以色列建立關係的媒介，而非讓以色列在其上發展民族主義的空間。據此，將台灣放在超國家的全球化脈絡中進行神學基點的再思，去除神學菁英份子宰制神學主體的迷思，重新在邊界軟化的全球邏輯中，從「國家人格先行」置換為「社會權利先行」。這意味著，台灣長老教會應該走出一種國族建構的迷思，從國家權力的抗爭思考，逐步轉向人民權利的參與思考。這並不是放棄任何「自決的價值」，而是放棄「自決先行」作為最高價值的意識形態，轉而將「人民互動關係」作為對話的實質素材。以跨越邊界的互動經驗作為想像的公共性基礎，而不是以劃定邊界的國族主義作為想像的公共性基礎。

---

[69] 林信華，《超國家社會學》，頁169。

結論

　　長老教會本土神學發展的主體，長期以來建構於抗爭的脈絡，並且從抗爭的角度構築出一條充滿現代性精神的政治神學。今年適逢台灣長老教會的神學奠基者加爾文冥誕 500 週年，回頭檢視長老教會的本土神學有著一番特別的意義，究竟如何才能讓台灣長老教會的本土神學走出長久預設「二元對抗的公共性」，並且進一步轉向當今市民社會所強調「多元參與的公共性」，這的確是一條漫長的轉化之途。台灣長老教會既是改革宗，其本土神學論述便不被期待建構一個規範性的典範，而應當是一個可以不斷進行自我檢視、修正的辯證機制。如果說，長老教會本土神學過去的二元思考是一種冷戰時期對抗思維的產物，那麼在後冷戰的全球化氛圍中，長老教會本土神學的政治實踐也應當從修辭性的文學世界，或是二元對立的公共性想像走進有公民生活、有互動事件的真實台灣之中。然而，筆者所倡議以台灣作為開放的、互動的想像共同體，作為與中國大陸乃至全世界互動的思考，是否會因為擱置「民族－國家」主權，而造成如馬政府外交休兵的屈辱？筆者認為可能性當然存在，但是如果「人權」才是神學的最低標準，那麼「主權」便不具有神聖的優先性，也因此是一個可以對話的題目。筆者認為台灣長老教會的政治神學，應當走出以土地作為思考基礎的框限，積極轉向目前高度流動、互動的台灣社會實況，不只是開會批判兩岸政策的傾中，更應該積極將所有與台灣互動的多元實況納入神學實踐的內涵。

新加坡島國的靈性生機

——探求世俗之城的神學空間

謝木水

Exeter University 神學博士，現任新加坡神學院系統神學
教授兼教務主任

　　新加坡是二戰之後由英殖民之下爭取獨立自主的國家。與許多國家不同的是，新加坡是土地面積才七百多平方公里的小島，是城邦，也是國家。島國位居東南亞伊斯蘭世界環抱的地理位置，在五百多萬人的居住人口當中，除了華族、馬來族及印族三大主要族群之外，也有來自世界各地的人種。島民有信奉主流的儒、釋、道、回、基及為數不少的民間宗教，是世界人種、語言、宗教及文化最多元的國家。

　　與東亞許多國家相似的是，這小小國度以非宗教理念或價值的「世俗理性」（secular reasoning）為制定社會政策的立場，貫徹如此標準在官方與民間各個層面。宗教界對世俗政策的反應不一。[1] 無論宗教界持何立場，在世俗理性的氛圍之下，社會政策按照自由、平等、民主、和諧的標準，走向民族、文化、宗教與價值的多元主義（Pluralism），採取高度專業、技術與制度化的方式，為個別宗教、文化、傳統創造了「私有空間」，也同時限制在「公眾空間」的發言、活動與參與。

　　建國的半個世紀以來，新加坡從一個不起眼漁村港口，廿年後成為東南亞首屈一指的工業國，三十年內轉型為高素質的世界級金融管理中心，四十年後躍身進入第一世界。不論在政治領導、經濟管理、公民教育、國防戰略及宗教政策等，新加坡在在展現出小國大氣，迅速與有效地回應國家、區域與全球面對挑戰，其成功經驗成為國際社會的參考個案與借鑑。

　　吊詭的是，各大宗教亦在世俗化進程中蓬勃發展。以基督教為例。基督教人數在過去廿年迅速成長，佔了全國人口百分之十八以上。尤其接受高等教育的國民，加入基督教信仰的情況更為顯著。我們不禁要問，為何新加坡世俗化的進程沒有抵消宗教的發展？在處處以世俗或非宗教立場為制定政策的前提下，宗教到底如何可能有發展的空間？或許，更深層的問題是，世俗化與宗教信仰之間有何關聯？

---

[1] 從一般觀察可見，任何宗教的「保守派」反對世俗主義而採納更為保守的路線，「改革派」則技術性或批判性地轉化本有的傳統信仰與模式，「自由派」則全然迎合世俗主義，積極地求變、符合、甚而推進其議程。這一點下文會詳加分述。參參拙作，《公眾倫理：當福音臨在（非）人道現場》（馬來西亞，新山：協傳出版社，2013），頁232-33。

　　以上問題是本文探索的重點所在。首先，我們要先釐清「世俗」（secular）、「世俗性」（secularity）、「世俗化」（secularization）、「世俗主義」（Secularism）與「世俗神學」（Secular Theology）的概念。其次，我們檢測過去回應「世俗神學」的幾條主要路線。接下來，以新加坡這二戰之後新興的世界級大城為世俗主義的個案，從而觀察、評估與思考基督教會可以貢獻或參與的「公眾空間」。最後，參照基督教篤信的耶穌禱文（即「主禱文」），以此評估基督教會在世俗世界創造「神學空間」的可能性。

世俗始於「神是神」

　　叫人驚訝的是，「世俗化」（secularization）這概念與聖經為本的宗教卻有緊密的關係。聖經的第一卷書〈創世記〉就述說神創造宇宙萬有，而信仰這創造之神的宗教，認定「神是神，人是人，而世界是世界」，這三者不跨界、不融合、也不混淆，遂以此分別神與世界是全然的不同，所以「世界的自主性」（the autonomy of the World），也就是世界的「世俗性」（secularity）得以成立。

　　這一點，正是德國神學家高嘉頓（Friedrich Gogarten, 1887-1967）以聖經敘事極力說明的：[2] 第一，從創造的故事（Genesis）看見，神既創造自然世界，自然界就不是神，也不含神性；人因此可以觀察、研究自然界的本質、運作與規律，自然被除去神性色彩（disenchantment of nature），是自然科學的起點。第二，出埃及的故事（Exodus）描述神將人從暴政之下釋放，不受奴役且得自由；人類社會因此不把政體神化或神聖化（desacralization of politics），而追求人人生而自由平等的民主與公正的社會秩序。

　　第三，西奈山下立約的故事（the Sinai Covenant），神頒發

---

[2]　Friedrich Gogarten, *Der Mensch Zwischen Gott und Welt* (Stuttgart: Friedrich Vorwerk Verlag, 1956). 北美世俗神學的代表人物科克思（Harvey Cox）採納高嘉頓的理論為其暢銷之作《世俗之城》的聖經基礎，參 Harvey Cox, *The Secular City* (Princeton, NJ: Princeton University Press, 2013, Revised), Ch. 1.

給以色列人的十誡的開始：「我是耶和華你的神，曾經把你從埃及地，從為奴之家領出來。除我以外，你不可有別的神。不可為自己做偶像，也不可做天上、地下和地底下水中各物的形象。不可跪拜它們，也不可事奉它們，因為我耶和華你們的神是忌邪的神……」高嘉頓以辯證的方式解釋十誡的首四道誡命，一方面禁止人造偶拜偶，另一方面也相對化所有非神之物，既然不是神本身，就不是絕對的；既然世間一切不是絕對的，就是相對的。然而，吊詭的是，若人不可能復製神，或造出任何等同神的事物，這也意味著人不可能談論絕對的神，以及基於神的絕對信念與絕對價值。因此，高嘉頓斷論西方文化將一切的信念與價值世俗化（deconsecration of values），進而相對化（relativize）價值信念，基本上是出於十誡的前四誡所致。

這一斷論可圈可點。筆者認為獨一神的信仰，雖然排除了以其它事物為神，或「被神化」（deified）的可能性，卻不一定會進一步促成價值和信念的相對化。原因是，神與世界既全然不同，我們就必須按照神主動啟示的真理——聖經的智慧——而不是人本的理性之光去辨識世俗的價值與信念，如此才不至以假亂真、顛三倒四、是非不分地神化或神聖化世俗事物。

「世俗」的語義

從字義而論，「世俗」（secular）這名詞的字根源自拉丁文 *saeculum*，指的是「今生此世」（this age），是一個時間性的字眼。不過，按宗教哲學的角度而言，世俗的信念是注重今生此世的活動、拒絕超然出世的信仰；而世俗的生活是貪戀物質、貪愛世界、貪圖名利的滿足。

聖經提及「肉體的私慾，眼目的私慾和今生的驕傲」（約壹2:15-16）的敗壞生命，不是從神而來，而是世界。不過要注意的是，聖經提及的「世界」（kosmos）與「時代」（aion）延續了希伯來對世界和歷史的整體觀念，所以「貪愛世界」（aion）就等同於「愛世俗」（提後4:10）；「愛世界」（kosmos）就是「愛情慾的事」；而上帝「愛世界」（kosmos）也就是上帝「愛世人」

（約3:16），這三個差距極大的語意必須嚴格地從經文的處境加於確定。

從語意角度而論，「世俗」雖是時態（temporal，今生此世），許多時候應當與作為形容詞（adjective，關於今生的），以及作為神學觀念（theological，拒絕神的人生態度）之語用分別出來。所以，時態的「世界」（*saeculum*）與物理的「世界」（*mundus*）不應當混為一談。[3]

語義的分別是近代聖經學「字義研究」（word study）的貢獻，給神學釐清了不少過往誤解的難題。最典型的教義問題之一，就是把自然的「世界」等同情慾的「世俗」，造成基督徒錯把自然界或科學研究看為世俗的、情慾的、或不合神心意的範疇。如此誤解影響著基督教思維，一方面，輕看自然科學，忽視環保責任，更看一切科學研究的努力不符合基督教信仰。另一常見的偏差，就是把今生的世界（在世的日子）看作虛空、無意義的「世俗」，導致基督徒否定工作的價值和社會的責任。

要進一步解釋的，就是「世俗化」與「世俗主義」的分別。「世俗化」（secularization）是排除「神化」或「神聖化」自然世界與日常事物的思想進程，而「世俗主義」（Secularism）則是秉持非宗教立場或信念的角度處理治國方針或社會政策。這兩者的分別至關重要。科克思強調「世俗化」意味著一個本於聖經的歷史進程，以致人與所處的社會克服宗教的迷信，也擺脫封閉的形而上世界觀的轄制。他進而指出，「世俗主義」卻是意識形態（ideology），是新類型的封閉的形而上世界觀，強制地遏止「世俗化」進程帶給人類思想與社會的自由、開放。[4]

3　如此的分別還有利於建構創造神學的時空概念（物質空間的世界）和救贖神學的人性或關係概念（欲望罪性的世界）。參杜倫斯，《時‧空與道成肉身》，陳群英譯（香港：基督教文藝出版社，2008）。

4　Cox, *The Secular City*, pp.34-5.

現代世界的世俗訴求

　　不過，文明史或文化史的研究不全然認同類似科克思的說法，而傾向於「世俗化或非宗教化為現代主義的產物」這主張。從文藝復興和宗教改革後的五個世紀以來，人文世界高舉啟蒙精神，正如康德在其著名的《回答這問題：什麼是啟蒙？》文章說的，被啟蒙的人必須撇棄宗教傳統的思想，勇敢地、自由地、自主地並公開地表達他的思想。以當時盛行至今的比喻說明啟蒙的精神：啟蒙人就是脫離「前現代」，那種依賴傳統、宗教、權利給自己定位的「孩童」階段，進入「成年人」的階段的每個啟蒙人，自由自主地按照理性與良心之光開創未來的道路。

　　自17世紀以來，以大學為陣地的學術界主張所有堪稱「科學」的論述，必須採取非宗教化語言表達才符合啟蒙精神。研究世俗化現象的哲學家大致上都認為，世俗化是(1)倡導按照最自然的推理解釋物理和歷史現象的自然主義（naturalism）；(2)推崇一切人生意義和目的都在此世今生中尋求和實現的現實主義（temporalism）；(3)主張所有的價值和道德立場都是按照特殊處境選擇的相對主義（relativism）；(4)認定人性尊嚴在於個體自由去探索知識的自主理性（autonomy）。[5]

　　在如此人文氛圍之下，即便中古時代的大學視基督教神學為「科學之后」（theology as the queen of sciences），在崇尚自然主義的理性批判之下，也面對前所未有的理性危機。神學在世俗化（或非宗教化）的人文語境中極力爭取合理性的學術位置。為了達到普遍理性的世俗化標準，神學要不採取極端的理性路線以抗衡理性批判，就是為了超越理性主義的限制，而走上極度神秘的反智路線。

　　當代基督教史學家Euan Cameron深入探討西方教會自改教

---

[5]　研究世俗化的學者都精确的点出 幾方面社會學和哲學的意義，如曾慶豹（《上帝、關系與言 》，2000），余達心（《自由與承担》，2001），西美爾（中譯：《現代人與宗教》，2003），盧克曼（中譯：《無形的宗教》，2003），Peter Berger (*The Sacred Canopy*, 1967), Larry Shiner ("The Concept of Secularization in Empirical Research," *Scientific Study of Religion 6*, 1976).

以來就不斷面對世俗化的衝擊，甚而導致教會與社會的分崩離析，追根究底，主要的原因在於：[6] (1) 教會教義的合理性與合法性必須與公眾理性吻合，於是教會信仰漸漸失去其獨特性；(2) 宗教行為的正當性必須與基要教義相符，可是卻與公眾理性的衝突；(3) 基督教體制在社會結構重建之後大幅度簡化，走向個人自主的信仰模式。經過近五世紀的現代化歷程，看出宗教改革雖然不是現代化的唯一路線，不過卻是史無前例的看見宗教成為大眾政治，教會隨時容讓更為世俗的意識形態取代其信仰內涵的傾向。因此我們可以從歐洲現代化經驗得到歷史借鑑：宗教改革傾向於依循普遍理性思考神學，也在積極參與社會建設的過程中，對意識形態作出政治的委身。

這世俗化的進程勢不可擋。三個世紀以來，西方教會產業歸為國家內非宗教機關管理；正規教育轉為國家教育單位承辦；宗教信仰不再附屬聖職制度，而是強調各別內在良心與上帝直接的關係；加上社會資產私有化和工業化，產生許多中產階級，至少對改革宗信徒而言，上帝對個人的感召就是要在今生盡力行善、努力工作並且累積財富。在政教關係若即若離的情況之下，給世俗化進程催化最深遠的，就是在宗教改革期間，義、法、德以及歐陸其他國家為期卅年的宗教戰爭，致使各國紛紛採納政教分離或非宗教立場制訂國策，以防止下一輪的宗教戰爭。

現代教會的「世俗神學」

在世俗化的處境中，西方教會向來採取「兩個國度」的路線，一方面保留著教會的傳統信仰與生活，另一方面盡力配合國家政府的政策。然而，十八世紀下半葉的殖民主義與宣教運動兩者的糾纏關係，廿世紀兩次世界大戰醞釀的民族主義，部署了後來的猶太人遭大屠殺，作為西方文化軸心的「基督教國度」（Christendom）的信念，尤其是政教這兩個上帝管治世界的權

---

[6] 所以他斷論：「宗教改革不過是第一個世俗化的意識形態。」參 Euan Cameron, *The European Reformation* (Oxford: Oxford University Press, 1991), p.422.

力，迅速在公眾領域失去其過往的道德影響力和公信力。

　　二戰期間，德國路德宗的潘霍華（Dietrich Bonhoeffer, 1906-
45）解釋神引導人類歷史的進程，讓現代社會進展到「成年人」
的地步，所以人人可以獨立、自主、公開、勇敢地運用理性。
潘霍華遂而聲言基督教必須脫去宗教的形式或外衣，成為積極
改變社會的公民。延續這路線的德國神學家高嘉頓（Friedrich
Gogarten）進一步深化這「世俗神學」（Secular Theology）的理
念，在歐陸神學界推展「教會在世俗世界中」（the Chuch in the
World）。

　　1960年代的北美則有神學家范布倫（Paul van Buren, 1924-
98）提出「福音的世俗性意義」（the Secular Meaning of the
Gospel），指出耶穌的死是徹底世俗化世界的神學基礎。繼由科
克思於1966年出版《世俗之城》（*The Secular City*），有效地說明
「世俗化是現代世界無可避免的進程」，世俗化社會擺脫形而上
的神明宗教，棄絕一切訴諸不可掌握之命運或神秘的超然力量等
迷信。在這處境下的教會所宣揚的福音信息，已經無法在「世俗
之城」引起共鳴。

　　科克思的《世俗之城》一書發行以來，引發教會界與學術界
激烈辯論：到底置身於世俗之城的教會應當如何回應世俗化進
程？科克思與其他世俗神學家所主張相似，今日教會必須正視世
俗化進程是神引導世界的方向，所以信徒需要配合與適應世俗世
界的思維、語言及生活方式，才可能在社會各個領域宣講世俗人
接受得了的信息。

　　然而，我們需要深一層考慮以上的說法。教會接受世俗化為
神給現代教會的引導，掌握非宗教的思維與語言，為要進入公眾
領域推展民主、自由、公義、人權等社會行動，會否過早放棄了
耶穌基督要門徒入世但不屬世的「拓荒生活」？若不是與世俗分
別出來的話，在世俗洪流沖擊之下的教會，如何可能不隨波逐流
而失去見證基督的能力、辨別對錯的責任以及為主受苦的勇氣？
當然，今日教會已然身處日益世俗化的世俗之城，若要見證基督
的福音，就必須回到聖經的智慧，從而回應「世俗神學」帶來的
挑戰，並在世俗之城尋得神學空間。

新加坡的世俗社會

不論對「世俗化」的理解有多少分歧，我們可以從廿世紀下半葉興起的現代化城市觀察到：社會文化正在急速地淡化了本有的或傳統的宗教色彩。對二戰後出世的一代，這觀察帶來的沖擊尤其強烈。西方的大城市以三五百年經歷文藝復興的人文主義、啟蒙運動的理性主義、自然主義的科學世界觀、工業革命帶來社會經濟科技化、加上國家主義、社會進化論、民主進展理論及資本主義結合之下的意識形態，韋伯式的「除魅」（disenchantment）或去除宗教色彩的世俗化進程算是完成了。[7] 從廿世紀下半葉開始，西方社會進入「後基督教」（Post-Christianity）時代。但是，東亞許多二戰後新興的國家、城市、社會，卻急促地經歷現代化與世俗化步伐，還來不及消化現代思想，就已經面對後現代思想給現代的批判。二戰之後獨立的新加坡，其社會現代化進程正反映世俗化的精神面貌。

然而，這是不是意味著宗教信仰必然在新加坡式微了？是不是如上世紀初的宗教社會學者韋伯（Max Weber）分析資本主義社會的宗教趨向所言：宗教必然在世俗化進程中銷聲匿跡。叫人驚訝的是，新加坡社會不但沒有在世俗化的進程中淘汰了宗教信仰，相反的，我們看見五大宗教——儒、釋、道、回、基——都採取了不同的路線回應世俗化：有的不屑世俗化進程；有的順應世俗化進程；有的抗衡世俗化進程；有的阻止世俗化進程。而在多元的回應路線之中，宗教群體產生一種新的宗教生態，不容讓世俗主義橫行霸道去取代宗教的內涵與本質。

一個有目共睹的事實是，這社會許多宗教正在經歷著前所未有的復興，各個宗教聚會都充斥了善男信女，尤其是走大眾化、服務化、科技化以及社會化路線的宗教，更倍受到年輕一代的歡迎。[8] 當然，到底在各別宗教的教義和實踐上有多少成功或

7　德國神學家潘能博格一生致力於回應世俗主義 基督教神學的挑戰，點出西方世俗主義的 起和基督教神學當都有的理解。參 Wolfhart Pannenberg, "How to think about Secularism," *First Thing 64* (June/July1996): pp.27-32.
8　一個有趣的社會觀察，也是我在新加坡《聯合早報》發表過的一篇言論所指出

失敗、進取或讓步、放棄或堅持，不是本文可能詳盡耗訴的。但是，為什麼採取世俗立場執政治國的新加坡不但沒有叫宗教信仰消失，反而為之注入生機？對於從事神學思考的人而言，這是一個身處新世紀之初建構神學的重要理解。

「俗而不化」的社會

我認為新加坡的「俗而不化」是一種世俗化盡頭的反動現象。其中緣由在下文分述。讓我們先來認識新加坡的世俗化運作。當然，政策制訂的非宗教化立場驅使執政者凡事都以務實的角度衡量：在不違反政黨、政府、國家的利益之前提下，實現大多數人的幸福和好處，就是好的政策。[9] 新加坡的政策之所以成功，其中一個很大的因素在於執政者的務實態度與當地人民的求生意識息息相關。島國在沒有任何天然資源的條件之下，惟有不斷培育人才、提升工商業生產力、加強國際物流服務業水平、促進旅遊業和娛樂工業的競爭力。如此生存的空間，維持國家社會的穩定和諧是舉國生死存亡的首要條件。

在如此求存的訴求下，即使島國人民對政治事務一般的興緻不高，卻非常關注各個民族之間的和諧共處，以維持政治和社會的穩定，朝野同心打造共存共榮、安居樂業的生活環境。在求存意識主導之下的社會，強調「人人平等、彼此尊重、宗教自由」成為政策的底限和考量坐標。無疑的，如此的寬容造就了宗教的發展空間和可能性，也促使社會為求宗教與種族的和諧，維持國家政策的世俗性（secularity）或非宗教立場（non-religious stance）是必須的策略。如此社會呈現什麼人文價值和精神面貌？以下從三個角度描述：

的，本地的宗教復興顛覆了韋伯的觀點，即宗教在現代社會必然經歷更全面的「除魅」（disenchantment）過程，以致漸漸的世俗化和功能化，而被其他社會功能取代。參拙作，《公眾倫理》，頁228-34。

[9] 當然，如此的道德目的論（Consequentialism）就是密爾（John Stuart Mill, 1806-73）和邊沁（Jeremy Bentham, 1748-1832）所倡導的功利主義（Utilitarianism）的最典型政策運用。

一、理性化的思維標準：新加坡以其高度理性化制訂並執行政策馳名海外，這是不爭的事實。我們從新加坡與馬來西亞兩國多年來的水供談判、馬國在新國的火車站搬遷商議、兩國填海的爭論，以及其他大大小小的雙邊課題，無論那邊廂如何激動爭辯，這邊廂仍然保持理性自律的風度，頂多是民間老百姓發發牢騷，不多久就煙消雲散。可是如此的理性化的思維標準也運用到制訂政策的原則，就如理性的量化古蹟、建築物、大自然、文化資產的存在價值，結果為要發展其它項目，有些富有人文價值、歷史意義和群體記憶的古蹟和自然景色就必須割捨讓位。在理性計算之下，像慘遭建築商砍伐的「障宜」百年老樹，乃此地的稀有樹種，民間為此大表不滿。有關政府部門則按照幾何量化原則，根據樹齡、樹身尺寸、樹種等標準計算肇禍單位應當承擔的賠款數目。不過，也因著理性計算的極致化之故，按照市場經濟的實用性衡量學科領域的價值，結果人文學科（文、史、哲、樂、藝術）的社會貢獻就常常被忽視，甚至被看為對國家建設無關緊要。如此，這個國家必然容讓科技理性和工具理性主導政策制訂的方向，以致教育以數理、工程、科技和科學為主流學科，其他文科則大受冷落和忽視。[10]

二、經濟化的生活規劃：島國缺乏天然資源，因此唯一能夠衡量生活品質的標準就是經濟成就，因此一個自然的約化邏輯就應時地處境而生：經濟就是生存的基本條件。建國以來，每次的大選造勢活動都以經濟為政治課題，而其它課題如母語與英語的關係，都以經濟效益作為考量標準，唯有能夠保持經濟競爭力的語文，才可能找到它的政治正確性（political correctness），進而能夠說服朝野上下。[11] 就連婦女的社會地位也必須從經濟效

---

[10] 筆者認為那是科技文化在本地過度發展以致失衡的地步，因此本地社會必須盡早提倡通識教育，讓學生能夠在基礎科目中涉獵文理兩大領域的知識，才可能免除如此惡性的學科競爭。並且也指出教育若以經濟效益為坐標，長期必然會削弱國家的人才和人力資源。唯有通才教育才可能出現專業知識領域之外的監督者，負責回饋和補充行內人或專業人士的觀點，提供不同角度的理解和洞見。見拙作《公眾倫理》，頁74-97。

[11] 語文與經濟挂鉤之後，一切文化繼承和使命感都失去其應當有的地位，反之，在求生存的語境之中，英語成為國民身分的典範。見拙作2003年1月17日〈在政治現實與求存情結之間〉，《新加坡聯合早報言論版》。

益來衡量，因此過去卅年來婦女若不走出廚房，出外在職場上打拼，也會遭受旁人白眼。[12] 自然的，為了國家前途，也就是經濟前途，政府鼓勵國人儘早生育、多多生育，但是經過多年努力，成績仍然差強人意。仔細探討才發現國人不生的原因，主要是從經濟效益考慮，理由不過是：若我生育（兒女），等於減低生計（經濟）。其實，許多婦女之所以墮胎，為的就是保持物質享受和經濟競爭力，簡言之，有孩子就注定減少收入。[13] 一個意想不到的局面是，今天年輕一代的國民不看重國家政治發展，從民眾對政治冷感的態度可見一般。叫國家領袖更加憂心的，就是許多國人選擇移民美國、澳洲、新西蘭等地，原因不外是：那裏生活條件好、舒適、收入高……。說穿了，還是經濟考量。

　　三、現世化的人生理念：看重今生此世過於來生彼岸，是時下都市人的生活態度。現世化（temporalize）生命認定一切的努力以今生得失為重，所有的勞苦為此世盛衰為本。但是911事件的爆發給予都市人一記警鐘：一個恐怖攻擊事件就可能叫人喪失所有物質、財富、成就。而SARS病毒在本區域蔓延帶來數百人患病，逾百人喪命，也帶來一個反思生命的機會，死亡並不分富貴貧賤的臨到任何一個人。一時之間，全國上下都自行戒嚴、保持衛生、減少外出，市場經濟一蹶不振。如何在苦難之中繼續如常生活，是心靈力量和生命信念的支撐，不是金錢物質所能夠兌現的生命力。[14] 但是這一切的反省只是曇花一現，都市人適應了恐怖主義和SARS危機之後，又在現世化的生命狀態之中繼續過著「碎片式」的生活，在片斷的生活時空中繼續以自己關注的事務為生活的目的。[15]

---

[12] 有關於現代女性地位在本地的評估，筆者認為必須給予家庭主婦和職業婦女同等尊重和價值。見拙作《公眾倫理》，頁131-37。

[13] 如此顛倒價值對錯，是許多發展中國家的常態，不過也可以看見經濟化生涯帶來人倫危機。見拙作《公眾倫理》，頁28-34。

[14] 許多時候，突而其許多時候，突而其來的災害給予都市人一個生命反省的契機，是因著那種「生命限度」的危機意識之覺醒，轉向可能的信仰世界。見拙作《公眾倫理》，頁206-12。

[15] 英國猶太籍社會學家包曼（Zygmunt Bauman）深入刻劃後現代處境中都市人的生活形態，其中最大的窘境就是時空和人際關係的片斷情況極端惡化，以致

新加坡的融合文化

　　如此高度物質化與世俗化的國度，為何不至於淘汰宗教信仰和傳統價值？為何以世俗政體定位的新加坡社會管理與國策方針，不至形成第一世界（資本主義）以世俗替代宗教價值的趨向，也不至於陷入第二世界（共產或社會主義）以物質否定宗教精神的危機？其中重要的原因，在於新加坡建國前後數個世紀以來都是移民社會，本土文化與外來文化一直處於磨合的張力之中，沒有固定不變的文化身分與定位，卻產生彼此共存、互動、包容與融合的價值觀。加上19世紀初受西方殖民，也逐漸融合本土與西方基督教為本的主流文化。如此融合價值觀體現在治國理念、教育方針與傳統價值各個方面。

　　新加坡建國最有代表性的功臣之一李光耀先生，在1958年5月份為馬來亞的立國憲制在倫敦展開第三次會談，以後短暫幾天逗留在羅馬，曾經就西方基督教政治文化與東亞政治文化做了「融合」的思考：

> 　　一天早上，我信步走到聖彼得大教堂的時候，不禁感覺一陣驚喜。教皇坐在轎子上，由幾名瑞士守衛陪著剛好出現。電視正在拍攝這個過程。就在瑞士守衛把他抬到教堂走廊中央時，環繞在他周圍的人群不禁齊聲歡呼，並高喊「教皇萬歲」。站在轎子四周的修女興奮莫名。由於參加過共產黨召開的群眾大會，我本能地抬頭張望帶頭喝彩的人在哪裏。我發現他們就在我上面，是一批唱詩班男童坐在柱子上邊的圓形平台上。這使我領悟到，羅馬天主教會原來早在共產黨之前幾百年便採用這種動員群眾的方法。羅馬天主教會很早便建立完善的制度，難怪經過將近兩千年的歲月，它仍然經久不衰。

友情、愛情和婚姻逐漸變得難以獲得。換言之，現代性切斷了生活時空的連續環節，造成都市人活在破碎的人際關係之中，在道德上無能，也在政治上無能。參包曼，郁建興等譯，《生活在碎片之中》（上海：學林出版社，2002），頁110-11。

我記得讀過有關天主教制度的文章。原來教皇是由大約100名紅衣主教推舉出來，而紅衣主教則是各前任教皇委任的。我從羅馬回來後不久，便建議行動黨模仿教皇的推舉制度，選出中央執行委員會。在我們擬出有關細則期間，教皇庇護十二世於10月9日逝世，紅衣主教集合在聖彼得大教堂，選舉新教皇。三個星期內，教皇約翰十三世當選的消息便宣布了。我們注意到這個制度的功效，於是在11月23日召開的黨的特別大會上，便對黨章作了必要的修改。

修改後的黨章規定黨員分為普通黨員和幹部黨員兩種。普通黨員是通過黨總部或黨支部直接入黨的；幹部黨員則須由中央執行委員會遴選，經批准後加入，他們的人數共有幾百名。只有中央執行委員會挑選出來的幹部，有權推舉候選人進入中央執行委員會，正如教皇委任的紅衣主教，有權推選另外一位教皇一樣。這就杜絕了外人進來的門路；也由於中央執行委員會控制黨的核心，今後外人不可能奪取黨的領導權。[16]

然而這並不意味著新加坡的執政方針全然模仿西方，尤其在價值觀方面，李光耀先生曾經在一個訪談會中說明新加坡選擇的是「亞洲價值」：

坦率地說，如果我們不曾以西方的優點作為自己的指導，我們就不可能擺脫落後，我們的經濟和其他各方面迄今會處於落後狀態。但是我們不想要西方的一切……人性的某些基本方面是不會改變的。人性中有惡的東西，你必須防止它。西方人相信，只要有一個好的政府制度，一切問題都可以解決；東方人是不相信的。東方人相信，個人離不開家庭，家庭屬於家族，家族又延伸到朋友與社會。政府並不想給一個人以家庭所能給他的東西。在西方，特別是在二次大戰後，政府被認為

---

[16] 李光耀，〈第十七章：憲制會談始末〉，《李光耀回憶錄：風雨獨立路》。

可以對個人完成過去由家庭完成的義務；這種情況鼓勵
了單親家庭的出現，因為政府被認為可以代替父親，這
是我這個東亞人所厭惡的。家庭是久經考驗的規範，是
建成社會的磚瓦。[17]

　　從上述言論可見，「亞洲價值」的最大特點就是以家、社會
與群體為本，相比之下，「西方價值」卻以個人或個體為本。當
然，這兩者的文化到底哪一個比較符合基督教信仰內涵或精神特
質，可謂眾說紛紜、莫衷一是，不太可能有明確的定論。借助長
期探討東西文化的中國學者劉小楓談及中西審美主義的差別，我
們可以略略了解西方與亞洲的文化（這裡特指中國文化）差距之
關鍵：「西方的審美主義是在神性精神的背景上分裂出來的，盡
管離開了超越的神恩，仍然與超然的上帝有一種緊張的關係。中
國的超脫精神從來沒有這樣一個與之對立的神性世界，漢語思想
的現代使命難道不應當首先是與神性拯救的西方精神相遇？」[18]

　　換言之，延續著中古教廷神學所闡述的自然／恩典、超然／
內住、普遍／特殊、上帝／世界的張力，西方的世俗文化仍然與
上帝保持一種緊張的關係。因此，西方世俗文化的對手是教會信
仰的神性世界。華夏文化卻不然。自儒家以來，華夏的傳統價值
體系是人性世界，充滿著世俗性，因此也就奠定了現代世俗化的
對手：不是上帝，而是人本身。為給予讀者一個更明晰的圖畫，
東西方對世俗文化的理解差異對比如下：

---

[17] 美國《外交》季刊1994年3至4月號刊登了李光耀與該刊編輯法裏德・紮卡利
亞的長篇談話紀錄《文化是決定命運的》。
[18] 參劉小楓，《拯救與逍遙》（上海：上海三聯，2001），頁36。

對比層面	西方 （猶太基督教文化）	東方 （華夏文化）
世俗文化的資源	個體	社群
世俗文化的方向	人本化	現代化
世俗文化的動力	兌現人性尊嚴與本能	兌現西方的現代文明
世俗文化的願景	實現人權 （自由、平等）	科技化、民主化、 理性化社會制度
世俗文化的對手	傳統教會信仰的 神性世界	傳統價值體系的 人性世界

首先，西方文化以個體的自由、自主和理性為世俗化的資源，而東方以社群的人倫關係，即家庭、社會、國家比個人的權利更優先。其次，西方的世俗化方向，對比過去以上帝為導向，現代卻以人為導向，最終為實現人性的尊嚴和潛能，而東方世俗化進程則強調社會制度與現代化為目的。進一步探討這一個差別，主要在於西方以維護並實現人權的自由平等為其世俗文化的制高點，直接挑戰維繫西方傳統的教會信仰——神權。但是東方卻以社會建設達致西方的文明水平為標準，結果亞洲社會高舉科技、民主以及理性為社會發展與價值方向，往往放棄維繫人倫關係的價值信念。

世俗性的宗教情操

然而，新加坡社會至少到目前為止，還沒有陷入如此惡性的現代化與世俗化的價值危機。為什麼？關鍵在於多元文化、價值、人倫與宗教在政治、經濟與社群共存的訴求之下逐漸「融合」。多元、融合、卻不一統化（totalized），是新加坡世俗政治與宗教生活的特色。這是什麼「類型」的世俗化？我認為那是一種具有「世俗性」（secularity，關注今生此世事務）的宗教生活或宗教情操。

　　誠然，新加坡高度世俗化具體表現在理性化的思維標準、經濟化的生活規劃、現世化的人生理念。正如上文指出的問題，如此生命和生活如何可能孕育類似宗教信仰那樣能夠承載苦難和死亡的能力？顯然，世俗化難免衍生價值虛無感。而且，如此的虛無感在文化、信仰和政治上都可說是一種「空洞」的狀態。社會一旦陷入虛無的狀態，任何時候都可能因著不滿足而爆發扭曲人性的暴力。有鑒於此，任何大都會的規劃和管理都看重社會能量的疏導，讓都市人有便利的途徑或是發揮想像力、或是投入群體活動、或是盡情娛樂、或是沈迷物質享樂。為什麼？因為在世俗性的深層結構，蘊含著一種「賦予」（given）的慾念，人人皆尋求生存的意義、價值和超越自我的境界。這是向外在於「我」（self）的「他者」（other）開放，也就是潘能博格所指的「宗教情操」（religiosity）。[19]

　　若對世俗性帶著這樣的理解，就可以明白到現代世俗化的盡頭就是人尋求外在於自我的他者，理由何在？因為過度專注於自我實現、滿足己欲的世俗化進程，終必叫人失去自我，進而失去自我生存的意義。這一點理解具含無窮的意義。「我」之所以為「我」，因為「我」能向你開放「自我」的緣故。而在開放的「我－他」關係中，首先必然的關係就是：我肩負著對你的道德關係。[20] 一切為人的意義（愛、忠誠、信仰等）從這裏衍生。而基督信仰的福音性──實現完美人性的好消息──就在這裏給予普世人類一個新的可能性，使人向他者開放之時，也對終極的他者（上帝）開放自己。神學思考和神學工作就是一種 釋生命處境的工夫：其普遍性在於「我－他者」關係；其特殊性在「我－上帝」關係。這兩者並行不悖，缺一不可。

---

[19] 潘能伯格深入探討人性的內在結構，指出向世界或他者開放是人性尋求意義和界定自我的途徑。他的神學人類學贏得神學之外其他學科的讚賞。參 Wolfhart Pannenberg, *Anthropology in Theological Perspective*, trans. Matthew J. O'Connnell (Edinburgh: T & T Clark, 1985). 也參謝木水，《人之為人：神學人類學素描》。

[20] 當然，談及我與他者的道德責任比本體知識更為優先，不能不注意到法國猶太籍哲學家列維納斯（Emmanuel Levinas）的道德哲學。參 Emmanuel Levinas, *Totality and Infinity* (Pittsburgh, Pennsylvania: Duquesne University Press, 1969)。也參謝木水，〈如何詮釋聖經而不導致暴力？列維納斯的文本詮釋與福音神學〉，《華神期刊4》，2012/10，頁121-47。

　　不過，當我轉向他者建構生命價值和意義之時，我不一定就尋得答案。就以911事件而言，許多人因著如此一樁暴力事件看見信仰上帝可能淪為殺人機器，或可能從中看見人性追求普世宗教和諧的必須性，也可能從今以後再也不信上帝⋯⋯其中許多的可能性都看見一個實際的需要：我必須對他者（異教徒、仇敵、鄰舍等）負責任，才可能避免下一回人性浩劫。但也可以看見另一個需要：若基督徒不參與公眾的道德責任，就沒有充足的道德理由引導人歸向永恒的他者上帝。因此，在宗教暴力不斷升級的時代，基督信仰不是在內室的靈性，而必須是外向的面對公共領域；基督信仰必須對公共領域發聲，不然就淪為政治工具。在世俗生活中，基督徒以世俗常識參與社會建構，也以宗教的特殊信念見證福音。這是「後世俗」（post-secular）的宗教情操。

　　什麼是「後世俗」？若世俗化進程必然帶來除魅或去除宗教的結果，「後世俗」現象卻指出世俗化帶來另一始料不及的轉向，就是現代或後現代社會經歷著「再魅」（re-enchantment）的過程，在各個生活層面重新納入宗教信念和實踐，甚而去除世俗化的負面後果。[21] 為說明新加坡的後世俗宗教情操，以及在後世俗社會做公眾神學的策略，容許我在下文梳理現代的公眾神學路線。

現代公眾神學的三條路線

一、基要主義：社會政治運動

　　再魅現象在歐陸以外的美洲、亞洲、非洲等地藉由各種宗教的基要主義（fundamentalism）路線繼續提供現代人另一種理性（alternate rationality），本質上不一定是反理性，而是許諾繼承傳

---

[21] 伯傑認為歐陸世俗化（Euro-secularization）不等同美洲的世俗化，因為後者明顯的看見保守信仰的復興。參 Peter Berger, "The Deseculariztion of the World: A Global Overview," The Deseculariztion of the World: Resurgent Religion and World Politics, ed. Peter Berger (Grand Rapids, Michigan: Eerdmans, 1999), pp.1-18.

統信念，集合群體力量去抗衡現代化的除魅趨勢。2004年11月的美國總統選舉之所以再次讓布希當選，其中一個重要的因素，它是由基督教保守主義帶動的社會運動促成的結果。從基要主義對個體信仰和理性自主的平衡功能而論，它給予活在碎片中的後現代人一個安身立命的信仰立足點。因此英國籍猶太人社會學家包曼（Zygmunt Bauman）認為基要主義必然彌補現代社會的缺憾而贏得群眾：「源於那一體驗〔基要主義〕的信息是：人類個體並不是自我滿足的，因而需要被指導，被指引，並被告訴該怎麼做。這是一個關於乏的信息。但是，不像前現代宗教所傳遞的信息，它不是人類種族弱點的信息，而是人類個體無法彌補的缺點的信息。」[22] 當然，這不只限於基督教本身，伊斯蘭和佛教的基要主義也帶動了一些政治運動，修正世俗化的危機。

二、解放神學：社會批判的資源

　　解放神學是怎樣的運動？基本上，它是不滿於基督教對社會需要的冷感和忽視而產生一種入世的福音行動，在社會各個層次參與政治、文化、教育、生活條件等的改造，並且不惜發動信眾的群體力量反對執政體制，達到社會改革的地步。解放，不但是靈魂得救，更是弱勢群體從政權宰制之下得以自由。隨著第二次世界大戰的結束，歐陸不再熱衷於鼓動信仰群體的社會運動，反而在非洲和美洲卻常見解放神學的社會參與。不過，時至今日的解放神學，已經進入另一形態，借助後馬克思主義和後社會主義的社會理論為批判世俗化政體的資源。[23]

三、溝通理性：公眾行為的理性

　　相比之下，歐陸的公眾神學路線仍然擺脫不了韋伯式除魅的陰影。因此在二戰期間由潘霍華（Dietrich Bonhoeffer）倡導的世俗神學雖然受到不少學者青年擁戴，不過因著過於側重神學與世

---

[22] 包曼，鄒建立等譯，《後現代性及其缺憾》（上海：學林出版社，2002），頁225。

[23] G. Gutirrez, "The Task and Content of Liberation Theology," *The Cambridge Campanion to Liberation Theology*, ed. Christopher Rowland (Cambridge: Cambridge UniversityPress, 1999), pp.19-38.

俗性的契合，因此不比巴特（Karl Barth）的道之神學（Theology of the Word）有反世俗主義的力量。這可以從上個世紀下半葉在歐陸盛行的神死神學（God-is-dead Theology）、非宗教的基督教（Religiousless Christianity）、新靈性運動（Movement of New Spirituality）等看出世俗神學的後繼不力。於是，歐陸神學如潘甯博格、莫特曼（Junger Moltmann）、雲格爾（Eberhard Jungel）等都轉向當代德國社會學泰斗哈伯瑪斯（Jurgen Haberemas）所倡導的公共理性（public ratioanlity）以及公共溝通行為（public act of communication）尋求神學的公共性，成果非凡。[24] 其中一個最重大的進展，就是指出基督教神學符合公眾理性的訴求。因此神學的真理觀和真理測定必須符合公眾理性的原則，與其他學科進行科際對話（interdisciplinary dialogue），以致神學不只是私人的信心論述，更是公眾的理性表述。[25]

現代公眾神學的不滿足

上述的公眾神學在現代主義的框架之下進行神學反思的工作，在反抗現代世俗化進程之中也顯示出自身神學的困境。以下是一些扼要的分析：

一、保守主義的道德危機

保守主義打著傳統價值和宗教教義的旗幟，鼓吹信眾支持有著同樣信念的政治家上台，帶領抗衡國內的世俗化力量，以及面對國際化的恐怖主義的威脅。但吊詭的是，當保守主義打壓被視為對手敵人的自由派和恐怖份子之時，卻過於簡化宗教在世界的

---

[24] 對哈伯瑪斯社會理論研究深入的學者曾慶豹對神學與公眾理性和溝通行為這兩方面有相當全面的探討，參曾慶豹，《上帝、關係與言說》，頁129-95。

[25] 潘能伯格極其看重神學的公眾理性之面向，視為神學面對世俗化世界一個必要的信譽問題。參 Wolfhart Pannenberg, *Theology and the Philosophy of Science*, trans. Francis McDonagh (London: Darton, Longman &Todd, 1976), pp.1-28.同樣的，巴特的學生英國神學家托倫斯（Thomas F. Torrance）也視神學的公共理性為現代神學必須達致的標準，不過也重申神學作為一個獨特的科學之特殊性，參《神學的科學》，頁347-434。

世俗性成分，以致不能清楚分別敵人和罪惡、國家與天國、政治與宗教之間互動共構又有分別的關係。因此，保守主義的神學路線傾向於劃分界限的敵我界定，而忽視與我之外的他者進行真誠的對話和尋求和睦的社會關係。以歐陸世俗化進程為借鑒，因著卅年宗教戰爭以及二戰大屠殺的背景，社會人士對於宗教被政體或意識形態利用的可能性起了戒心，因此寧可採取非宗教立場治理國家，也不要宗教領導國家。而且，不少社會觀察家也指出，歐陸傳統的基督教勢微也與宗教戰爭有著密切的關係。如今的美國不斷發動反恐戰爭，保守主義的信仰價值是否能夠贏得世人的信任呢？深信日後國際之間和宗教之間會滋生更多的仇恨，基督教信仰將面對更大的反抗勢力，其公眾性和公信力也必然面對挑戰。

二、解放神學的世俗危機

一個糾葛不清的神學問題是，解放弱勢群體的工作真的等同與靈魂得救的工作嗎？事實上，解放神學不惜放棄傳統神學的語言和教義論述，採納社會與政治理論為神學素材，也促使解放神學走向與政權掛鉤，被意識形態操縱的危機。南美的解放神學就是一例。30年代開始，基督教群體不滿執政者弄權舞弊，當中不少神學家採取馬克思社會主義批判政權的腐敗，也積極推展共產思想，看為符合聖經的理想社會模式。不過，隨著共產主義在東歐的瓦解，許多共產國家紛紛轉向更為開放的市場經濟路線時，解放神學也就失去了群眾。為什麼？主要在於過於強調福音的世俗性，忽視其超越性（transcendence）面向，導致神學支離破碎，就如婦解神學、黑色神學、米飯神學、水牛神學、第三眼神學等都有豐富的社會處境為神學資源，不過卻嚴重缺乏超越的上帝觀和國度觀。

三、公眾理性的信仰危機

把神學真理擺上公眾論域的平台，接受其它學科或知識領域的審視和判斷，本來就是符合現代學術標準和理性良知的路線。誠如潘能伯格所言：基督教神學必須同時具有基督教教義的系統理解以及與其他知識領域的聯繫，以致符合理性的認知內涵和知

識表述。[26] 更進一步，他認為信心的功能基本上是理性對客觀事物的回應，只要基督教信仰內容合乎普遍理性的標準，人就能夠按照其合理性判斷、認同而相信。[27] 可是如此的公眾神學忽視了理性可能在罪性蒙蔽之下，歪曲了真理的客觀性。而且，如此理性也忽視了聖靈工作的優先性，以致神學知識成為純學術的橫向活動，沒有上帝啟示的縱向層面。況且，神學的道德性和關係性面向就難免遭受理性主導的思維所忽視。

後世俗的「世俗性」神學

從公眾神學的困境，我們可以看見神學必須正視神學的世俗性（the secularity of theology），同時也保守著神學的超越性。但在世俗化的社會處境以及基要主義激進的參與政治的氛圍之中，基督教信仰如何向現代人傳講福音信息呢？以下是個人觀察新加坡社會多年提出的淺見：

一、宗教神學的公共性：神學既然是眾多知識領域其中一種，就必須接受其它學科同等的公共理性批判，在理性論述真理的過程當中，務求精確清楚、實事求是、客觀從容的與其它學科對話。沒有一個學科是獨立的，不然的話，那學科必然被邊沿化一種靡靡之音的玄學。神學思考因此需要應用思考者的本科知識或專業知識，在客觀理性和主觀信仰之中繼續對話，帶給神學更多元、更合理、更普遍的論述內涵。所以，教會群體必須要把握知識份子和專業人士，裝備他們在各自的知識領域中能夠進行神學或信仰反省的工作。

二、宗教經驗的日常性：信仰經驗有神秘的和日常的兩個特質，但若要表達經驗的世俗性，神學論述就要轉化為日常語

---

[26] Wolfhart Pannenberg, *Systematic Theology 1/3*, trans., Geoffrey W. Bromiley (Grand Rapids, Michigan: Eerdmans, 1998), pp.17-26.

[27] 潘能伯格將信心看為對客觀事物的信任（trust）。同前書，頁112-13。

言（language of everydayness）。如此的神學論述貼近人性，感受生活，也深入民間，有如近代佛教禪宗的入世語言、基督教的靈修小品、靈修神學的職場聖徒等，直接在日常生活點滴中體驗信仰。

三、宗教語言的現象性：不過與日常語言不可分割的，是對日常事物做現象學的分析（phenomenological analysis），從而提煉和汲取神學語言的日常性。現象學是什麼？沒有辦法準確定義，只有比較接近的意義範疇：就是在一切可見的現象中，暫時擱置理性批判的思考和判斷，在現象之後發掘一個不能再約化或簡化的成分。對基督教神學而言，那是一種給予的（given）成分，促使所有的認知和理解成為一種可能的經驗。也只有如此的途徑，神學才可能發掘內在的世俗性，對建築、電影、音樂、身體、食物、味道、性等生活課題進行世俗性反思，從中提煉出神學的超越性面向。

四、宗教信仰的特殊性：現代過渡到後現代的一個特殊情況就是容許多元文化、信仰和語言在同一社會中共存共構。不過要謹防的是，多元主義可以是「多元但同質化」（pluralistic yet homogenous）的一種手段，若不留心，基督教信仰和文化就在多元宗教的社會中被約化為與其他宗教同一本質的宗教，失去它獨有的特殊性（基督信仰）。我們應當在多元宗教中積極尋求彼此理解、認識和對話的空間，為要堅固宗教的和諧關係，帶給社會安定和平。不過，也要確保信仰的特殊性，不能夠被政體、社群或其他宗教同質化的獨特信仰，建構一個多元但不同質（pluralistic yet heterogeneous）的社群生活。

五、宗教群體的合一性：歐陸宗教世俗化的結果是信仰個體化，不上教堂但自認有信仰的人為數不少。但非歐陸的宗教世俗化的結果是信仰群體化，然而不是走向合一的群體，而是分化的小群（sects）。這尤其發生在更正教或改革宗的教會，只要某個教義的解釋稍有不同，就分裂而產生新的教派。這是教外人給基督教會最嚴重的指責：基督教雖然宣揚愛的真理，但是活出來的

卻不是愛的生命。你幾乎可以接下去說，「只要聽他們所說的，不要照他們所做的。」惟有教會走向合一的對話，才可能對普世人類見證教會信仰的是同一位主。因此，信徒與信徒之間、教會與教會之間、宗派與宗派之間必須努力打破彼此的隔膜，進行真誠的對話，增進彼此的認識，更要化解過去造成的誤解和紛爭，世人才可能看見基督徒群體真是基督的門徒。

六、宗教操守的道德性：保守主義或基要主義提供另一種理性，給予信仰身分另一種界定方式。不過，在基督教和伊斯蘭基要主義嚴重衝突的時代，如此的理性常常讓人看見缺乏了更根本的德性：一種不分宗教、文化、語言、民族而尊重彼此、愛惜對方的道德力量。基督教信仰應當表彰出我為他者的道德高度，在任何時候的社會參與，都以人為服事的對象，不應當按照福音果效和信主人數為參與社會的正確理由。只要是人，就是按照上帝形象所造的，亦即我的鄰舍，要求我對他承擔絕對的道德責任。

總結：後世俗的靈性生機

現代東亞社會世俗化的盡頭是什麼？我推想這答案可能是相當極端的：一方面，世俗社會仍然要世俗化下去，直到完全以人本主義的自由和民主取代為止；另一方面，世俗社會必須轉向精神世界，復興傳統的人文教育與道德教育，以此杜絕純世俗化帶來的非人化危機。

上述兩個方向，無論人本或人文的追尋，若缺乏超越又臨在世界的上帝，都市人也就難以看見外在於己的他者面向，以致失去了一種超越自我、私欲、功利的創造能力。如何克服世俗化掏空信仰、道德與價值的危機？

以新加坡俗而不化的後世俗現象為借鑑，我們看見一種包容多元宗教、文化、價值的共存與融合，或許是克服世俗化危機的策略。換言之，世俗化的盡頭不一定是上帝信仰的絕境荒漠，反而是人性經過物化、異化、除魅化之後，在面臨價值虛無、道德相對化的人道危機之中，更醒覺到世俗人認識超越又臨到他者的

上帝之迫切性和必要性。

　　耶穌教導門徒的禱告文可以一瞥上帝臨到世俗世界的景象：「我們在天上的父，願你的名被尊為聖，願你的國降臨，願你的旨意成就在地上，如同在天上一樣……」耶穌延續希伯來信仰的上帝是創造普世人類的父，並且天國同時超越的臨在，也要求以色列跨出自己的國界把天國信息帶給外邦，為的是實現上帝在選民和萬民中掌權的國度。

　　緊接著，耶穌禱告說：「我們每天所需的食物，求你今天賜給我們；赦免我們的罪，好像我們饒恕了得罪我們的人；不要讓我們陷入試探，救我們脫離那惡者。」對那些向耶穌學習禱告的門徒而言，「神國臨在」不是遙遠的、彼岸他世的靡靡之音，而是具體在俗世凡塵之中經驗神國臨在叫人心滿足的豐盛、罪得赦免的和諧，以及得勝罪惡的能力。

　　可見世俗之城的「世俗性」正是天國臨在的空間，是神與人、人與人互動的心靈空間，所以是充滿活潑、豐盛、和平的靈性生機之地。

從破題到解題

——守望教會事件與中國政教關係芻議[1]

楊鳳崗

美國天主教大學社會學博士，現任美國普度大學社會學
教授、中國宗教與社會研究中心主任

---

[1] 〔編按〕本文已於 2011 年第一次發表，http://www.christiantimes.org.hk，「時代
論壇時代講場」，2011.05.05。太陽花學運後，獲楊鳳崗教授同意收錄於本論
文集再次刊載，一同再思教會與政治社會關係的樣貌。

北京守望教會事件已經成為國內外媒體關注的一個事件。簡要地說，這個事件是守望教會在失去了租用的聚會場所之後，從 2011 年 4 月 10 日開始，連續在幾個星期日試圖在中關村一個廣場舉行戶外禮拜，而警方對此進行了封堵。守望教會成員以戶外禮拜的方式表達他們的訴求，即允許他們進入自己購置的或租借的場所進行集體禮拜。警方採取的措施至今（5 月 5 日）為止表現出極大的克制，對於牧師長老和成員由居委會和社區民警予以勸說和攔阻，對於在星期日進入或接近預定廣場進行禮拜的人進行羈押和審訊，羈押最長沒超過四十八小時。這個事件已經引起國內外媒體的持續報道，包括國內的《環球時報》，美國的《紐約時報》、英國的《衛報》、加拿大的《環球郵報》，BBC、CNN 等電台和電視臺，美聯社、法新社和路透社等通訊社，等等。

顯然，中國政府對於這樣一個高度公開的「家庭教會」處理方式，已經成為國內外很多人士關注的焦點，這個事件已經成為考驗執政者智慧的一道政教關係難題，假如處理失當，有可能引發更多、更大的社會政治問題。本文試圖從宗教社會科學的角度回答這樣的問題：怎麼看？怎麼辦？具體一點說：這個難題的癥結何在？這個難題的正解是甚麼？

誤解與誤判

首先，北京守望教會被稱為「家庭教會」，這個名稱引起了誤解。其實，她已不再是在一家一戶中的小組聚會，而是已經發展成為堂會型的正規教會。1993 年，清華大學畢業的金天明先生在自己的公寓中開始了一個學習《聖經》的小組，最初不足十人。與眾多《聖經》學習和團契小組一樣，當小組的人數增加到三十人左右時，由於寓所空間有限，小組就一分為二或一分為三，在人數繼續增加之後，會繼續分出新的小組。猶如有機體的細胞分裂，這樣的裂變使得城市基督徒人數迅速增加，因此形成城市小組型「家庭教會」現象。

這樣的小組型「家庭教會」在 1990 年代的中國城市中湧

現，有其歷史原因。為了遠離政治，在市場經濟起步階段，很多人跳進「商海」從此不問其它世事，但是也有很多大學師生、知識份子從此走上了精神探索之路。這其中有人出家當了和尚[2]，有人躲進深山成了隱士[3]，也有人到儒家經典中去尋求出路，但有更多的人開始追求基督教信仰，出現了「基督教熱」。在追求基督教的過程中，有些人走進了在「基督教三自愛國運動委員會」領導下的政府批准的教堂（簡稱「三自」或「三自教會」），但是其中不少人去過之後又離開了，因為他們聽到和看到（一）講道內容時常讓他們覺得有太多的政治色彩；（二）缺少成員間的密切關係；（三）在行政上不斷受到政府部門的干擾。與此不同的「家庭教會」則是疏離政治而又關係密切的獨立群體，頗具吸引力。守望教會的牧師當中就有人曾經是「三自」缸瓦市教堂青年聚會的活躍分子。但是，1994年12月缸瓦市教堂主任牧師楊毓東在宗教局和警察的壓力下被迫走下講台，離開「三自教會」。[4] 當時那一批缸瓦市教堂的年輕基督徒也隨之離開，隨即組成了幾十個「家庭教會」分別活動，掀起了北京「家庭教會」發展的一次高潮。總之，城市新興「家庭教會」在1990年代興起，其中一個重要原因，是一批想遠離政治的年輕人，在小組型「家庭教會」這種形式的基督教生活中找到了精神家園。

進入廿一世紀以後，在家庭中的小組聚會方式越來越不能滿足宗教生活的各項需求，包括信眾參加集體禮拜莊嚴儀式的需求、子女的主日學宗教教育的需求、牧師長老講道和牧養信眾的需求等等，因此出現了小組型「家庭教會」走向聯合、組成堂會型教會的現象。堂會型教會一般有幾十人到幾百人，其集體禮拜的莊嚴氣氛和各項服務是小組型「家庭教會」所不能具有的。這

---

[2] 比如河北柏林寺方丈明海於1991年畢業於北京大學哲學系。1989年開始留心佛學，1990年於北京廣濟寺結識淨慧和尚，從此歸心佛門。1992年於河北省趙縣柏林禪寺剃度出家。

[3] 比如北京大學教師王青松、張梅夫婦，上世紀九十年代初拋下一切，遁入深山，尋找他們心中的「桃花源」。參見 http://society.people.com.cn/GB/14493419.html。

[4] 參見 http://hi.baidu.com/shangdidepuren/blog/item/79cd96d6334cbd2e07088b1f.html；http://jesus.bbs.net/bbs/15/80.html。

樣規模的教會自然需要比較固定的場所進行聚會禮拜，也必然需要走向對外公開。教會從家庭走向公共空間，這種建立和成長方式，是基督教兩千年來一直存在的教會發展模式，在美國和港台以及世界各地都是常見現象。

守望教會僅僅是北京眾多的堂會型「家庭教會」之一，自從2005年由十幾個小組型「家庭教會」組合而成以來，開始租借寫字樓中的場地進行禮拜聚會，制定了教會規章制度，其財政和行政非常民主和公開。2006年，守望教會以獨立教會的名義向政府部門申請登記。在幾經波折之後，宗教局拒絕了這個申請。宗教局提出的前提條件是，要求守望教會及其牧師得到北京市「三自」的認證。這樣的要求在已有的政策框架中看似合理合法，但是實際上就像強令人們穿戴清一色的解放帽、解放服（國外稱「毛服」）。可是，今日中國的現實生活早已是豐富多彩了。這個前提條件所反映出來的問題，是宗教政策的落伍，宗教政策已經與現實生活發生了嚴重脫節。

從宗教社會科學的客觀角度說，守望教會拒絕參加「三自」，這是由於他們的福音派神學立場所決定的。基督教福音派神學的特點是重視傳播福音和拯救靈魂，對於政治問題則一向比較淡薄、疏離、被動，因為他們認為社會問題不能依靠政治行動獲得根本解決，只有心靈深處的悔改和拯救才是終極性的解決。比如，誠信的缺乏無法依靠政治措施解決，而是需要在人心深處建立信仰的根基。在美國，福音派基督徒除了作為公民參加選舉投票以外，很少參加其他政治活動。這種政治態度與自由開放主義神學和基要主義（又譯為原教旨主義）神學都有所不同。自由開放主義神學試圖借助政治力量改造社會，基要主義神學在逃避政治和控制政治之間搖擺不定。前者是政治的（political），後者是反政治的（anti-political），而福音派基督徒的政治立場則是非政治的（apolitical）。對於基督教中不同的神學取向及其相應的政治態度，人們需要有更客觀和更全面的宗教社會科學瞭解。對此缺乏瞭解，也就很難避免犯「一刀切」的錯誤，鬍子眉毛一把抓，把所有的「家庭教會」都當成基要主義，這樣的誤判將會造成付出不必要的政治代價。

往遠一點說，「家庭教會」之所以出現，恰恰是1950年代後

期宗教政策向左急轉的後果。「基督教三自愛國運動委員會」是1950年代的產物，打著那個時代的烙印。在政治運動充斥社會每個角落的年代，泛政治化的思維把單純的信仰問題當作政治問題來對待。在1954年建立了全國性的「基督教三自愛國運動委員會」前後，因著神學立場單純信仰的原因而拒絕參加「三自」的基督徒遭到了程度不同的政治打擊，有些人為此坐了十幾年甚至二十幾年的監牢。1958年進一步解散了所有的基督教宗派，強力推行在「三自」統一領導下的聯合禮拜。不允許基督教內部宗派存在，這在世界任何地方都是個不可思議的政策。強制性的聯合禮拜導致很多基督徒停止去教堂禮拜，卻由此開始了在自己家裡的禮拜。根據各地的口述史資料來看，中國的「家庭教會」現象正是肇始於1958年前後。

「家庭教會」形成以後，表現出了極大的生命力，因為其形式靈活而又隱秘。隨後幾十年歷經多次政治運動的暴風驟雨，「家庭教會」歷久不衰。在「文革」期間，當所有宗教場所都遭到關閉之後，基督徒人數卻成倍增長。[5] 回頭看來，正是由1950年代極左的宗教政策所導致的「家庭教會」在中國延續並擴展了基督教信仰。伴隨著「改革開放」政策的啟動，從1979年開始逐漸恢復開放了一些「三自」教堂，但是，為了盡可能地遠離政治，很多「文革」前的基督徒和「文革」期間皈信的基督徒拒絕參加「三自」。在1980年代和1990年代，一方面「三自」屬下的教會逐漸恢復和迅速發展，另一方面「家庭教會」在廣大農村也如火如荼地增長。[6] 在城市中，家庭教會也在巨大的壓力之下穩定存在，比如，廣州的林獻羔和北京的袁相忱曾經因為拒不參加「三自教會」而坐了多年監獄，但在出獄後在自己家中舉行基督教禮拜，常有數十人甚至數百人參加那裡的禮拜聚會。在1990年代湧現的以知識份子為主體的城市新興「家庭教會」，無論是由老的「家庭教會」發展而來，還是「三自教會」中游離出來的基督徒組成，大多自覺認同1950年代以來的這個「家庭教

---

[5] 1982年中共中央十九號文件承認當時已有三百萬基督徒，而在文革前，基督徒僅有一百萬。

[6] 梁家麟，《改革開放以來的中國農村教會》（香港：建道神學院，1999年）。

會」傳統，秉承其疏離政治的信仰立場，認定「三自教會」中有太多的政治，缺少信仰的純潔性，因此拒絕參加「三自」，甚至「寧為玉碎，不為瓦全」[7]。

政策與現實的脫節

守望教會與政府有關部門從 2011 年 4 月 10 日以來的僵持對峙，意味著這個政教關係難題已經破題，就是說，這次事件已令這個難題到了不得不面對，不得不解決的時候了。而且，已有的處理方式均告失效，必須尋求新的解決方案。

此前，政府方面已經多次嘗試在現有政策框架下解決問題。例如，在北京奧運之前的 2008 年 5 月 11 日，守望教會在華傑大廈內正在舉行星期天禮拜聚會，北京市警方和宗教局官員突然襲擊，以「非法聚會」為由勒令立即停止聚會，並且對於參與聚會的每個人進行錄影，拍照，登記身分證、工作單位、住址和電話號碼，事後通知參與聚會人員所屬單位和學校，責令對於這些基督徒進行教育和施壓，讓他們停止參加守望教會的禮拜聚會。但是，在之後的數個星期日，守望教會在華傑大廈的禮拜聚會人數沒有減少，而是穩定增加。對於信徒個體的壓力失效之後，政府方面改為對於出租場地的房東施壓，迫使房東在 2009 年 10 月底與守望教會提前解除租借合約。在四處尋找卻無法租到新的聚會場所的情況下，守望教會於 2009 年 11 月 1 日在海澱公園東門外的空地上舉行了有四百多人參加的「主日崇拜」聚會，此後又於 11 月 8 日在此舉行了規模更大的聚會。迫於國內外的關注和壓力，政府有關部門最後默許守望教會重新租借場地，回到室內聚會。但是，此後每次租借場地都不能長期使用，房東在政府部門

---

[7] 在回應《環球時報》社評《個別教會要避免讓自己政治化》時，守望教會的文章《不要把專注於信仰的教會政治化》明確表示：「家庭教會不願意參加『三自』，另一重要原因恰恰就是因為『三自』是政治運動的產物，是教會政治化的結果。」http://opinion.huanqiu.com/roll/2011-04/1652371.html；http://www.shwchurch3.com/files/guanyuwomen/gywmDetail.aspx?cDocID=20110426203203320301。

的種種壓力之下，總是要求終止租借合約。鑒於這種動盪不安對於教會生活造成諸多不便，守望教會克服重重困難，在短期內籌集了二千七百萬元人民幣捐款，於2009年底付清現款購買了寫字樓中的樓層。但是，在政府有關部門的壓力之下，業主一直拒不交付樓層的鑰匙。顯然，政府的策略是希望在守望教會無法得到聚會場所之後，教會自行解散。

令人沒有想到的是，守望教會拒絕分散聚會，堅持集體禮拜。在失去室內聚會場所之後，意志堅定地嘗試進行戶外禮拜聚會，不惜遭受軟禁、羈押和坐牢。對於守望教會的這種選擇和堅持，無論是在政府官員和學者當中，還是在國內外的基督徒當中，都有人表示難以理解。其實，從宗教社會學的角度來看，就不難理解了。這就像已經發育成熟的青年不可能再拾起兒時的衣裳穿在身上一樣，童裝無論多麼可愛，已經無法遮蓋發育成熟的身軀。同樣，小組型「家庭教會」無論多麼可愛，都已經無法滿足已經發育成熟的堂會型「家庭教會」的各樣宗教需求。守望教會事件表明，堂會型「家庭教會」已經發展成為一個不容忽視的社會現實，這個社會現實要求宗教政策做出與時俱進的調整，不然就是迫使成年人穿童裝，或者迫使大家一律穿戴過時的解放服、解放帽。

這次守望教會事件並非孤立事件，而是政府在現行宗教政策框架下，過去幾年來持續舉措的組成部分。2009年11月，在北京守望教會被迫搬離華傑大廈的同時，具有兩千多會眾的堂會型「家庭教會」、「上海萬邦宣教教會」遭到正式公文取締，警方和宗教局官員強力驅趕教會牧師和信徒去「三自」教堂進行禮拜聚會。廣州的「良人教會」、成都的「秋雨之福教會」也都先後受到類似的驅趕和壓力。國家宗教事務局在2011年1月24日公佈「國家宗教事務局2011年工作要點」[8]，其中的「著力解決重點難點問題」一項就包括這一條：「加強對基督教活動的規範管理，把參加私設聚會點活動的信教群眾引導到經登記開放的堂點裡來活動，促進基督教活動的正常有序開展」。似乎是為了避免有人覺得這是含糊其辭，新華社在同一天用英文發佈了專題消息：

「China to lead Protestants worshipping at unregistered churches to official ones」[9]。這是用官方慣用語言宣示政府的決心，就是要把不被政府承認的「家庭教會」引入、趕入「三自教會」之中去，不然就將其壓散、打散。因此，在2011年4月份發生守望教會事件，不足為奇。

應當說，這項政策舉措保持了宗教政策的連貫性，但是，卻與社會現實發生了嚴重脫節。這個政策舉措的基礎是中共中央1982年十九號文件《關於我國社會主義時期宗教問題的基本觀點和基本政策》。這個在「改革開放」初期頒發的重要文件在當時發揮了「撥亂反正」的積極作用，扭轉了「文革」期間對於宗教的極左認識和消滅政策，團結了廣大信教群眾共同致力於經濟發展和現代化事業。然而，隨著「改革開放」的深入，社會各個領域的基礎性文件幾乎都已更新多次，惟有對於宗教的基本觀點和基本政策三十年不變。在經濟方面，由當時的「計劃經濟」，經過「在計劃指導下的商品經濟」，進一步轉變為建立「社會主義的市場經濟制度」。與經濟基礎的調整相適應，上層建築也進行了重大調整，包括吸收企業家和商人加入中國共產黨。然而，與計劃經濟配套的宗教政策卻完全停滯不前。

更遠一點說，1982年十九號文件是在「文革」之後重新接續1958年前後形成的觀點和政策。在那時的統戰部長李維漢領導下，在農村的集體化和城市工商業「社會主義改造」基本完成，即將全面實施計劃經濟之時，提出了這套有關宗教的觀點和政策。在隨後的「反右運動」等一系列左傾路線主導下，李維漢及其觀點受到批判。「撥亂反正」時回到李維漢的主張，是具有重要的積極意義的。不過，即使這套觀點和政策適應了1950年代當時的經濟基礎，在「改革開放」逐漸深入的新時期，它已不可避免地與現實脫節了。現在的中國社會已經進入了市場經濟時代，此時卻仍要堅持1958年前後形成的向計劃經濟過渡的那這套觀點和政策，這猶如反向開去的火車，必然會脫節甚至脫軌。這是「改革開放」以來宗教政策失效的深刻根源所在。認識不到這一點，也就不能理解為甚麼政府的舉措沒有效果。

---

[9] 見 http://news.xinhuanet.com/english2010/china/2011-01/24/c_13705217.htm。

　　為甚麼2008年政府有關部門對於守望教會信徒個體的壓力沒有起到作用？這是因為在市場經濟體制下，工作單位注重的是經濟效益和工作效率，至於職工的個人信仰是甚麼，工作單位少有興趣去管，也無動力去管。2009年以來，政府有關部門對於房東和業主施壓，不出租或出售場地給守望教會，這些又是違背市場經濟規則的舉措，因此難以拿到枱面上來執行。2011年4月以來雙管齊下，一方面迫使房東和業主不租不售，一方面對於參加戶外禮拜的守望教會信徒施壓，並且迫使房東和工作單位對信徒施壓。這雙重壓力雖然不能說毫無效果，但是到目前為止，只有極個別的人被迫搬家或丟掉工作。為甚麼？因為租房和工作更主要地是在遵行市場經濟中的規則。再加上市場化和全球化時代人們思想觀念的改變，有越來越多的人，特別是大學師生和知識份子，認同宗教信仰自由這個憲法所賦予公民的權利，因此對於有宗教信仰的大學生和同事基本採取寬容相待的態度。而且，有越來越多的人認為宗教信仰對於信徒個人、家庭和社會未必是壞事，反而是好事。

　　當然，如果政府下定決心，不惜代價，並非完全沒有可能打散堂會型「家庭教會」。但是，如果打擊力度過大，則不可避免地引發國際輿論的壓力和中國社會內部的反彈。值得指出的是，「文革」期間的打擊力度不可謂不大，結果卻是基督徒人數的成倍增長。現在的打擊力度，還能超過「文革」時期嗎？恐怕不能。因此可以說，除非放棄市場經濟制度，並且完全不理國內外的壓力和反彈，否則，試圖把堂會型「家庭教會」拆散、壓散、打散，把「家庭教會」信眾驅趕進入「三自教會」的政策舉措，基本沒有成功的可能性。

跟上時代，各從其類

　　難題已經擺在面前，如果要找到這道難題的正解，既需要更新認識，又需要調整政策。更新對於各類宗教現象的客觀認識，可以說是必要和首要的。這裡僅撮要提及關鍵幾點。

　　第一，基督教自從產生開始就確定了「上帝的歸上帝，凱撒

的歸凱撒」這個政教分離原則。雖然歷史的發展非常曲折，皇權與教權在歐洲爭執長達一千五百年，皇權對於教會的掌控帶來戰爭災難，教會對於皇權的利用製造了宗教裁判所的酷刑慘案。但是，現代國家用憲法的形式明確確立了政教分離原則，在西方基督教文化之內，從此政教之爭趨於平緩，既不再有宗教戰爭，也不再有宗教迫害。因此，為了國泰民安、社會和諧，需要打破「政主教從」等陳腐觀念，認真實行《憲法》中所規定的宗教信仰自由和政教分離原則，把政治的歸政治，把宗教的歸宗教。

　　第二，基督教從初期開始就有不同的神學思想和教會體系，在十六世紀歐洲宗教改革之後，更形成了很多自成體系的基督教宗派，包括路德宗、改革宗、聖公會、長老會、浸信會，等等。因此，把全國的基督教都統一到一個組織之下，這是不可能真正實現的。英國曾經嘗試用聖公會統一全國教會，結果是清教徒被迫出走，移民美洲，最終不惜與英國一戰，成為一個獨立的新國家。因此，需要破除大一統思維，接受宗教多元現實，平等對待不同宗教，允許同一宗教中不同宗派的存在。這是宗教的內部之爭，讓宗教的歸宗教。對於這種宗教內部事務的政治干擾，只能徒增政府管理成本，既勞民傷財，又不會取得成效，反而會增加社會政治風險。

　　第三，在美國，基督教的有些大宗派自發聯合，組成了基督教協進會（National Council of Churches），後來發展出世界基督教協進會（World Council of Churches）。美國的另外一些宗派自發聯合，組成了全國福音派聯盟（National Association of Evangelicals），後來發展出世界福音派聯盟（World Association of Evangelicals）。基督教協進會成員一般是歷史悠久的宗派，在神學上比較開放，政治參與較多，與社會主流文化張力較低。與此不同，福音派聯盟的成員則在神學上和倫理上比較保守，與社會主流文化張力較高，強調基督徒要專心于福音傳播使命，注重拯救一個一個的靈魂，除了公民選舉等一般性參政方式之外，對於政治活動比較淡泊，大多採納被動順服但疏離政治的態度。在這兩個主要的基督教團體之外，還有更為保守的基要派或稱原教旨主義的教會及其組織，他們總是在逃避政治和接管政治的兩極之間搖擺，他們彼此之間的合作也很難持久，因此其規模很

小，社會影響也有限。比照美國的情形來看，中國的基督教「兩會「(「三自」和基督教協會）是世界基督教協進會的成員，從其政治態度和張力程度等方面來說，頗為符合基督教協進會的原則和精神。中國目前沒有對應福音派聯盟的教會團體。客觀地說，以守望教會為代表的城市新興「家庭教會」在神學上、倫理上、疏離淡泊的政治態度上，都是與福音派聯盟非常契合的。未來發展，應該在基督教「兩會」之外組成一個新的教會團體，加入世界福音派聯盟。其實，在2010年第二屆「洛桑會議」的籌備參會過程中，這種類型的福音派「家庭教會」進行了聯絡溝通，一個新的福音派基督教聯盟已經是呼之欲出。如果政府的政策調整，很可能會水到渠成。一旦公開化地組織和活動，不僅更有利於政府和社會外界的監督管理，而且他們的組織內部也會自覺遴選、排出、抵擋極端的基要派的教會。基督教協進會和福音派聯盟都是美國社會的主流教會團體，信徒總人數旗鼓相當，但是他們彼此獨立、互不干擾、和平相處、各司其職。我相信當中國的兩類基督教會各從其類、各就各位之後，必定形成一個新的、更好的宗教秩序，也會更加有利於各類教會的健康發展，有利於社會的和諧與穩定。

總之，在對於宗教的基本認識和基本政策上，需要跟上時代，打破框框，各歸其類，允許在「三自」之外登記而成為公開的教會。只有這樣，才能開創新局面，建立新秩序，更好地構建一個和諧的社會。

雨傘運動

——時機還是災禍

龔立人

英國格拉斯哥大學神學博士，現任香港中文大學崇基學院公共神學副教授、優質生命教育中心主任

　　雨傘運動標誌了香港政治運動的分水嶺。香港人在是次運動中，首次表達相對較強烈的政治覺醒和意志。無論對是次運動有何意見，香港人要為自己命運抗爭的信息是很清晰的。當香港政府有意解讀是次運動為一場社會運動，並以為可以藉某些社會政策來解決是次運動的矛盾時[1]，這場政治運動已經開始塑造香港人的日常生活政治。[2] 作為神學工作者，我的責任有二。第一，呈現這場運動的神學重要性，讓基督徒能從神學角度詮釋這場運動。第二，讓沒有基督信仰的朋友對解放爭取有其它考慮的可能性。

「和平佔中」與「雨傘運動」

　　首先，要簡單釐清兩個容易混為一談的字眼——「和平佔中」與「雨傘運動」。雨傘運動來自原本稱為「讓愛與和平佔領中環」（下稱和平佔中）。佔領中環自戴耀廷於2013年1月提出後，引起香港社會討論，同年3月27日正式以「讓愛與和平佔領中環」名字出現。[3] 和平佔中是一場公民抗命的運動，目的是提升人們的意識，並向北京政府施加壓力，要求它遵守它的承諾，即2017年普選行政長官。其原定計劃是在2014年10月1日佔領中環，但為要回應學生於9月22日開始罷課、天馬公園集會和佔領公民廣場等行動，和平佔中於2014年9月28日凌晨1時40分啟動。不過，雨傘運動亦同樣於當日晚上，當警察於當日下午6時左右以催淚彈驅散示威者開始。尤其當示威者不跟從和平佔中呼籲撤離金鐘時，他們已開始新一場公民運動。自此，雨傘運動逐漸取代了和平佔中，而其發展也超出了和平佔中的原初計劃。

---

[1]　特首梁振英在2014年10月23在東方日報訪問時承認政府在回歸以後未有做好青年工作，並於11月29日在扶貧委員會會議中提及將計劃以專責小組回應青年的訴求。參考 http://www.inmediahk.net/node/1029512（瀏覽：2015年1月7日）

[2]　戴耀廷，〈「雨傘時代」下的香港民主運動〉，《信報》，2015年1月2日。http://www.chinainperspective.com/ArtShow.aspx?AID=34316（瀏覽：2015年1月7日）

[3]　戴耀廷，《佔領中環：和平抗爭心戰室》（香港：天窗，2013）。

有別於和平佔中，雨傘運動不是由一小撮人策劃，而是一場由學生和不同群體的示威者主導。地點從和平佔中的中環轉到金鐘（約五至七分鐘步行路程）。

從和平佔中到雨傘運動有其傳承，包括對真普選要求和非暴力原則，但他們仍是明顯不同。第一，和平佔中有清晰的領導、組織架構和詳細計劃，但雨傘運動相對地鬆散，不強調組織。其中一句口號是「沒有大台，只有群眾」。此外，雨傘運動的示威者多是自發參與佔領，不是由領袖推動。[4] 他們參與雨傘運動，因為他們被學生的真誠感動了，也被警察過份武力而忿怒。第二，相對於和平佔中，專上學生聯會（成員主要是大學生）和學民思潮（成員主要是中學生）在雨傘運動中扮演主導角色（例如，於10月21日，與政府對話的代表是學生）。我們可以說，雨傘運動是一場學生運動，也因此，雨傘運動相對地得到市民較多的同情和政府的寬容，因為學生運動的特徵是純正和烏托邦，而其政治意圖可以淡化。第三，大部分人估計和平佔中不會持續多於一星期，而警方也預料清場時不會遇上太大反抗。但雨傘運動最後持續了79日（從2014年9月28日至12月15日），示威者與反示威者間中發生衝突，佔領區也從金鐘擴至銅鑼灣和旺角。示威者的表現亦較警方預期的更頑強和投入。總體來說，雨傘運動比和平佔中更加廣泛和深化，有評論認為兩者的差異正反映出世代之爭，即由年青人帶動的運動是相對地少組織性、少策略性和傾向以絕對眼光看事物。[5] 毫無疑問，和平佔中為雨傘運動立下基礎，包括意識提升、非暴力和參與式民主的經驗。

和平佔中和雨傘運動的出現是關乎「2017年普選行政長官」的訴求。這個訴求源自於2007年12月，全國人大常委會作出的議決，即2017年第五任行政長官的選舉可以實行由普選產生，但全國人大常務委員會在2014年8月31日的議決，不但沒有依其承諾，更將政制改革由原初定下的「三步曲」改為「五步

---

[4]　陳韜文、李立峯，〈佔領運動新組織形態初探〉，《明報》，2014年11月10日。

[5]　自從2000年代起，支持民主的年輕示威者開始懷疑老一輩示威者的心態和慣常方法。例如，新一代會挑戰老一輩領導的層級結構、政治策略，以及原則與妥協的考慮等。劉紹麟，〈老泛民與新社運〉，《明報》，2014年12月2日。

曲」[6]，並只容許香港市民在2017年行政長官選舉中，選出得到提名委員會過半數提名的二至三位候選人。這安排的問題在於從現時提名委員會組成架構，我們可預期過半數提名委員會成員來自親建制人士。因此之故，雨傘運動才會以「我要真普選」作為最核心的口號，因為若二至三個候選人都屬於親建制派，香港人便等同沒有選擇了。

最後一點需要澄清的是，「雨傘運動」一詞並非由香港示威者提出，反而是由西方媒體首先開始使用。這次為這場運動命名的神來之筆不但為這場運動賦予一個有意義和特色的象徵，更讓示威者有機會享受一股清新的革命精神，為那一把擋警方的胡椒噴霧和催淚彈的雨傘而自豪。雖然雨傘原是保護自己的工具，但傳媒成功將之轉化為運動的象徵，為這場運動提供一個圖騰，即凝聚和鞏固。就此，建制派議員嘗試透過建立雨傘是武器的論述，來拆毀雨傘的象徵。其中民建聯梁志祥表示，

> 看過黃飛鴻電影的人就知道雨傘是武器，用來與「奸人堅」格鬥，他認為雨傘可成為武器傷人，是基本常識。小時候有些長輩說出街要帶傘，一是用來遮雨和太陽，二是用來行路當扶手杖，第三是用來打野狗用，所以雨傘的攻 性不低。[7] 他的言論令人啼笑皆非，因為示威者主要帶伸縮型雨傘遮擋警方的胡椒噴霧。當雨傘的象徵開始為人們接受之後，示威者便謹慎地將西方傳媒所用「雨傘革命」的字眼改為「雨傘運動」，因為他們不希望中央政府以此為藉口，刻意錯誤理解是次運動與顏色革命連上關係（即2000年代初期在前蘇聯發生各種運動，而導致政府倒台）。事實上，2014年10月4

---

[6] 三部曲
立法會全體議員三分之二多數通過、行政長官同意、報全國人民代表大會常務委員會批准，但中央政府私自加多兩個要求在三部曲之前，分別為：（一）行政長官就是否需要進行修改向全國人大常委會提出報告；（二）由全國人大常委會予以確定。

[7] http://rthk.hk/rthk/news/expressnews/20141016/news_20141016_55_1046164.htm
（瀏覽：2015年1月7日）

日《人民日報》，有評論員文章已評論這是一場港式的
顏色革命。一來，因為示威者選擇以黃雨傘為標誌[8]；
二來，仍有一定數目示威者繼續用雨傘革命描述這次運
動。查實，革命一詞不必然代表行使暴力和推翻現時政
治制度。例如，我們一般所說的工業革命就不存在推翻
政權之意。革命一詞指出一種基本轉變，可以包括政
治、經濟、科技和文化等。雖然如此，但礙於中共對其
政權合法性的恐懼和香港政治現實考慮，示威者刻意以
雨傘運動取代雨傘革命。黃洪說：

> 雨傘運動是民主覺醒運動不是革命；這運動要求個
> 體自主，不是要求香港獨立；它是公民社會的自我管
> 理，不是無政府主義；雨傘運動力量是源自市民大眾，
> 不是外國勢力影響；它是能動者的覺醒，不是由螺絲釘
> 組成的群眾運動。雨傘運動最重要的是一場價值反思的
> 運動。[9]

由此可見，雨傘運動是在接受中央政府的合法性下，一場尋
求政治改革的政治行動。至於那些繼續沿用雨傘革命的示威者不
一定要推翻中共政權或支持香港獨立，但相對地，他們有很強的
本土意識。也因此北京政府從沒有放棄它以顏色革命來理解雨傘
運動。

雨傘運動中宗教的角色

相對於基督宗教，其它宗教在是次運動的角色較為消極。這
不奇怪，因為在中國歷史上，佛教與道教對政權皆取採順服態
度。[10] 例如，自雨傘運動發生後，於2014年10月5日，香港佛教
聯會發出緊急呼籲：

---

8 黃雨傘之所以是黃色主要是回應早前學聯推動罷課時，以黃絲帶為標誌。
9 黃洪，〈雨傘運動是甚麼？不是甚麼？〉，《明報》，2014年11月6日。
10 C. K. Yang, *Religion in China*.

(1) 希望所有參與集會人士保持冷靜，立即和平離開所有集
會現場，以免人身安全受到傷害。

(2) 希望所有佛教徒、佛教學校師生不要走近示威現場或附
近地方，亦呼籲朋友及子弟不要參與及走近集會現場附
近，以免受到事件的波及。

(3) 本會希望發起佔中行動的組織者，開小我，放下成見，
以香港社會穩定及市民生計大局為重，切實保護集會人
士，免受任何身心靈傷害。

(4) 香港的繁榮安定乃港人的幸福之本，得來不易，希望港
人團結一致，珍惜所有。就目前的政治異見，宜互相尊
重，不相是非，誠意商討，求同存異，切莫期望以爭鬥
達至目標，令香港福祉遭受損減。[11]

香港佛教聯會的呼籲是一面倒，因為它從沒有就普選一事表
達它的看法，也沒有就警察使用過份武力發出譴責。相反地它
只關注穩定，卻放棄公義與真相。至於香港道教聯合會，它沒
有就雨傘運動發表任何公開宣告。反諷的是，在佔領期間，它於
2014年10月4日舉行「道教論壇賀國慶」。

另一值得留意的事件，示威者在旺角（其中一個佔領區）設
立了關公廟，而關公在中國民間宗教代表忠、義、仁、信。他被
用來代表對一個完美的處世理念，如對國以忠、待人以義、處世
以仁、作戰以勇。[12] 為甚麼示威者選擇拜關公呢？查實，拜關公
是警察傳統的習慣，而且關公的神位也見於大部分警署。[13] 警民
衝突在旺角出現的次數比其他佔領區多，也有更多有關警察濫權
的投訴。示威者設立關公廟是要挑戰警方：即保護警察的神明已
轉而支持示威者，因為公義在他們那邊。雖然警方不會在意關公
的去向，但該神壇在衝突中的確有其象徵意義，就是警方已不再
代表公義執法。此外，關公代表的勇表達示威者的決心和不妥協
態度。

---

[11] http://www.hkbuddhist.org/（瀏覽：2015年1月7日）
[12] 張斌，〈淺談關公文化的現代意義〉，《劍南文學》，5（2012），頁164。
[13] 汪志剛，〈看香港警察拜關公〉，《檢察風雲》，12（2012），頁64-65。

　　至於天主教，雖然湯漢樞機主教反對以佔領方式進行政治抗爭，但天主教社會訓導和退休的陳日君樞機為天主教會的社會責任立下穩固基礎。至於基督教，情況較為複雜。在9月28日警察施放催淚彈之前，除了循道衛理聯合教會牧師部和個別獨立教會外，大多數香港教會在普選議題上皆持沉默態度。即使有些教會曾撰寫牧函回應和平佔中，其主要關注是希望信徒尊重各人的意見分歧，而非和平佔中對真普選的核心關注。但自雨傘運動開始後，更多教會公開譴責警方過分使用武力，並要求政府與佔領者展開坦誠對話，以解決當時的政治窘局。再者，在佔期間，最多有十多間教會開放作為蔭庇所。雖是如此，但發表對雨傘運動公開言論的教會仍屬小數。

　　或許，有兩間教會的事例可以說明建制派教會和與示威者同在教會的分別。中國基督教播道會港福堂位於金鐘（雨傘運動所發生之處）。在運動初期，該教會在其門外豎立「私人地方，洗手間恕不外借」。從資本主義角度，這教會的做法沒有甚麼不妥，因為資本主義與私有產業是分不開的。此外，這教會的決定可能是一個管理課題，但因為該教會堂主任吳宗文牧師曾公開反對和平佔中，以管理問題為由拒絕開放洗手間予公眾人士之說，實在難以服眾。再者，教會的大公性與「教會是私人地方」是對立的。大公性，因為基督帶給我們的救贖恩典向眾人開放；大公性，因為教會被派遣去接納所有人，接納全人類。教會被召，是為了向眾人實踐上帝的使命，即上主包容的愛和祂對眾生的開放。「向所有人開放」（*Offen für alle*）是萊比錫聖尼古拉教堂在東德共產政權統治期間，所堅持的信念和實踐。這導致日後柏林圍牆倒下重要因素之一。自由使用洗手間是對上帝向眾人開放的重要表達之一。

　　相反，位於灣仔、距離金鐘約五至十分鐘步行路程的循道衛理聯合教會香港堂，就曾為9月28日因催淚彈而受傷害的示威者，開放教會作為庇護所。其中有段小插曲。當日87枚催淚彈施發後，示威者向各方逃走，其中有些人逃到演藝學院去。然而，示威者中擔心警察會否進入演藝學院拘捕示威者。約晚上九時，其中一位示威者致電給我，要求我向循道衛理聯合教會香港堂查詢：若警察要入教會拘捕示威者，教會會否讓警察進入？我

立即聯絡該教會的主任牧師袁天佑，而袁牧師很快回覆，「除非警察有搜查令或拘捕令，否則，我不會准許警察入教會捉人。」直到佔領最後一天，該教會仍每天開放至凌晨12時，供示威者休息和安靜默想。立法會民建聯議員葉國謙曾以此指控教會（循道衛理聯合教會香港堂、中華基督教會公理堂和基督教樂善堂）為示威者提供庇護和食物，是美國勢力入侵中國內部事務的例子。這三間教會駁斥為毫無根據。雨傘運動挑戰了教會的本真，即教會是甚麼，以及教會如何在香港生活。

至於基督教在和平佔中和雨傘運動的角色，我們可以從兩個角度說明。第一，基督教如何影響和平佔中和雨傘運動的領袖和參與者？第二，基督教參與是次運動情況如何？和平佔中三子中，戴耀廷教授和朱耀明牧師都是基督徒。戴氏在不同場合，分享基督教信仰如何支持他推動這場運動。朱氏則是柴灣浸信會的退休牧師，參與社會運動多年。他更曾安排參與「六四」的異見人士從中國逃難到港，再前往其他國家，是「黃雀行動」的重要策劃者之一。陳氏雖然不是基督徒，但他曾在中學時期參與信義會教會聚會，並建議在「佔領中環」之前加上「愛與和平」。愛與和平不是基督教的專有名詞，但卻承載強烈的基督教意味。學民思潮召集人之一黃之鋒，來自基督徒家庭，並曾公開承認其基督教信仰如何強化他的政治參與。或許，我只集中這些骨幹人物，但現實是，很多基督徒因著其宗教回應這場運動。靈性與政治的關連如何在個人身上運作，並由此帶來社會轉化等課題值得進一步探究。這是近十多年來對靈性資本的關注。[14]

雖然筆者未能全面調查基督宗教在運動中的呈現，不過身為運動的參與者之一，可略舉數例。例如，香港中文大學崇基學院神學院學生在罷課期間，於添馬公園舉行泰澤祈禱會；有基督徒在雨傘運動期間於金鐘添馬公園設立緩衝區，為有需要人士提供輔導服務和靈性關懷；有基督徒在旺角設立聖法蘭西斯小教堂，

---

[14] Peter Berger and Gordon Redding eds., *The Hidden Form of Capital: Spiritual Influences in Societal Progress* (London: Anthem, 2010); Michael O'Sullivan and Bernadette Flanagan eds., *Spiritual Capital: Spirituality in Practice in Christian Perspective* (Farnham: Ashgate, 2012); Samuel D. Rima, *Spiritual Capital: A More Core for Social and Economic Justice* (Farnham: Ashgate, 2012).

表達耶穌對所有身在該處者的保護。其中傘城網上教會誕生，結合不同堂會的基督徒。另外，不同的基督教非政府組織於不同時間在各佔領區設立論壇，促進交流和宣講民主理念。雖是如此，但我要指出大部份基督教教會在雨傘運動是沉默的。一方面，他們因錯誤地理解政教分離，以致沒有勇氣在政治事件表態；另一方面，他們不想因參與雨傘運動而導致教會的內地事工受影響。此外，吳宗文牧師、香港聖公會教省鄺保羅大主教和祕書長管浩鳴牧師曾發表的反佔中言論甚有破壞性。例如，吳宗文牧師曾說，「教徒犯法應逐出教會」論，並指牧師參加違法的公民抗命，就要辭去教會職務。[15] 鄺保羅大主教挖苦示威者，鄺保羅在週日（2014年7月6日）的講道中表示，每當人們看到他或其它教會領袖時，就會說「我們要出聲，整天都要出聲，什麼都要出聲，一定要抗爭。」

> 鄺保羅質疑為什麼要出這麼多聲，好像一不發聲就沒機會、就變成啞巴。
>
> 他繼而談起沉默的美德，引聖經指耶穌被彼拉多判死刑時默默無聲，像是一隻待宰的羔羊。他說，有時大家無需說話，沉默比任何話都有用。
>
> 鄺保羅週日還以諷刺語氣，談到七一遊行後在遮打道靜坐而被捕的511個人。
>
> 鄺保羅稱，一些學生被捕後對記者抱怨沒東西吃、上廁所也必須排隊。他質疑他們為何不帶著菲傭去遊行。[16]

管浩鳴指天主教陳日君樞機及發起佔領行動的佔中三子在雨傘運動中站得太前，他希望宗教人士不要站得太前線，因為這令教會有很大尷尬。雖然他們三人在基督教沒有甚麼代表性，但在傳媒影響下，他們的言論的影響比想像中大。

---

[15] 《明報》，2013年5月7日。

[16] http://www.nanzao.com/tc/hk-macau-tw/14c315f1fb70f29/sheng-gong-hui-wei-kuang-bao-luo-pi-zhan-zhong-yan-lun-bian-hu（瀏覽：2015年1月7日）

　　說回來，雨傘運動是一場公民運動，而它對教會的挑戰就是讓我們對上主宣教（Missio Dei）有更寬闊的理解。

「時機到了」

　　要為雨傘運動下一個神學判決不是容易的事，因為歷史本身充滿含混。雖是如此，但教會不能逃避歷史責任，因為上主在歷史中將我們從歷史重擔中釋放出來（free us from history within history）。因此，我們需要辨識此時間的記號。就此，我嘗試提出「時間」（chronos）與「時機」（kairos）兩個概念理解雨傘運動。這兩個字都是關乎時間，但他們有明顯分別。簡單來說，「時間」關乎時序、時鐘的時間和時間的過去，而「時機」關乎時刻的出現，要求人回應和行動。相對於以量性為主的「時間」，「時機」是質性的時刻和一個可能的時間。

> 　　我們經驗「時間」是延續，而「時機」是一個異象時刻，它打破延續，以另一時間出現，為我們行動提供機會。在「時機」，時間的不延續。[17]

　　「時間」與「時機」最基本的分別是後者須要辨識，並作出適合回應，而前者只需要按規律生活。至於他們的政治意含，「時間」可以被理解為一種以社會現狀（status quo）為核心的社會秩序，而其將來只是延續當下人們已認識的秩序。簡單來說，穩定是「時間」的主詞。「時機」就是對社會現狀的衝擊，革命的刺激。只有一個人願意忘記「時間」，他才可以有效地在「時機」下行動，因為「時機」將現時的正常性懸掛。相對於「時間」的秩序性特徵，「時機」有一種混亂和改變的傾向。雖是如此，但「時機」不是用來對抗「時間」，因為「時機」是讓「時間」出現，而「時間」需要「時機」，以致我們從中製造意義。

---

[17] Felix O'Murchadha, *The Time of Revolution: Kairos and Chronos in Heidegger* (London: Bloomsburg, 2013), pp.3-4.

> 「時機」的特徵就是它的不延續性產生的危險。但
> 從這不延續性，歷史出現了，因為沒有這危險，我們對
> 昔日的懷疑就不會出現，將來也不會以將來出現。[18]

　　雖然「時機」開啟了一個有別於過去的新的可能，但「時機」是一個機會時刻，也可能是一個災禍時刻，因為在人類經驗下，我們對將來的內容認識有限，也不肯定將來會帶給我們甚麼。說到底，「時機」是一個沒有保證的時間。雖是如此，但這不是理由要求我們只活在「時間」中。事實上，人們不會滿足於在「時間」中生活，因為人們的行動就時常創造「時機」。對基督徒來說，上主是那要來的上主，而祂的終末就是「時機」，因為上主的終末已進入人們的「時間」。至於雨傘運動，這毫無疑問是「時機」，因為它的出現打擾日常生活的「時間」。那麼，我們的關注：雨傘運動是機會的時刻還是災禍的時刻？我們如何回應以「時機」出現的雨傘運動？

　　政府批評雨傘運動是違法、混亂和破壞秩序，而示威者卻讚揚雨傘運動是非暴力、覺醒和充滿機會。除了以政治作為參考點外，我們可以有其他參考嗎？對教會來說，這是神學。一種可能就是問「上主在哪裡」，繼而反問「我是否站在上主的一方」。例如，若上主有參與佔領行動的話，教會就應該參與。在佔領運動前後，教會的討論主要環繞：耶穌潔淨聖殿、保羅有關對順服政權的教導。耶穌潔淨聖殿關乎佔領和行使暴力，而保羅在羅馬書第十三章的教導關乎基督徒對政權的順服。然而，以上只集中這兩段聖經雨傘運動的「時機」之辨識有其不足之處。第一，因缺乏對雨傘運動有較全面認識，以致他們的神學反省議題過份單薄和簡化，呈現一種 proof-text 的傾向。第二，他們的關注是教義的準確性，多於對處境真誠的回應。所以他們的反省是以安全為主，缺乏冒險成份，即正確教義比正確實踐更重要。

　　第二種對「時機」的理解是從上主對人的呼召開始。「時機」是上主與人相遇下人的實存體驗，重點是人的回應。實存是個人的，不但因為不是每一個人都有同一個呼召（除了呼召成為上主

兒女），更因為被呼召者需要真誠地回應上主的呼召，沒有人可以被代替和被代理。佔中三子之一戴耀廷常常指出和平佔中是一場覺醒運動。而不是基督徒的陳建民分享說，他刻意選擇在教堂發佈「和平佔中」，並在十字架下拍照，因為他體驗超越的臨在。我們知道，若沒有個人意識覺醒，就談不上社會政治轉化。然而，「時機」中的實存經驗卻要面對的它私人化和非歷史性傾向。事實上，教會在雨傘運動一事上就以尊重個人實存性為理由，對雨傘運動沒有嚴肅討論和立場。奇怪的是，教會對同性戀一事卻採取鮮明和公開的態度。

以上兩種對「時機」的辨識主要從上主是製造「時機」和人是回應「時機」的關係下來詮釋。然而，人從來不是歷史的被動者，也不是只有回應者角色。反而人也是「時機」的製造者，而上主也是在歷史中回應人的「時機」。從這角度來看，我們不一定需要証明雨傘運動是上主的「時機」，反而因這是由人製造出來的「時機」，它向上主和祂的教會，並世界帶來衝擊。雨傘運動不會因上主和祂的教會的沉默已失去其「時機」，反而上主和祂的教會的沉默使他們失去反省機會。我們可以如何理解人帶來的「時機」和上主回應？

除了出埃及事件，上主對人的回應也反映在耶穌身上。馬可福音作者對耶穌的使命有以下的介紹，

> 約翰下監以後，耶穌來到加利利，宣講上帝的福音，說：「日期滿了，上帝的國近了。你們要悔改，信福音！」（一 14-15）

「日期」的希臘文就是 *kairos*。上主的國近了被視為一個「時機」，因為這不是一個時間發展的結果，而是上主進入了平常性的「時間」，製造一個干擾，要求人對此的回應。然而，「日期滿了，上帝的國近了」不是一件非歷史事件，而是回應因約翰宣講和下監一事。因此，第一，「日期滿了，上帝的國近了」是有歷史的，而不純是個人實存或一個超越歷史的「時機」。第二，若沒有約翰下監，「日期滿了」可能仍未滿。「日期滿了」不是時間演進的結果，而是來自耶穌對約翰宣講和下監的回應。

那麼，約翰帶來一個怎樣的「時機」？

基本上，約翰製造出來的「時機」是挑戰一個以維穩為本的「時間」秩序，拒絕「被時間」秩序吸納。所謂以維穩為本的「時間」秩序就是維持社會現狀（status quo），不容許對它作出任何挑戰和改動。縱使容許，也只可以在容許範圍以內。循序漸進是「時間」秩序的特徵，因為重點是序，不是進。所以，約翰對當時希律政府的批評（個人道德生活和管治方法）（路三19-20）就是破壞秩序。約翰製造出來的「時機」是一種政治力量，帶來對社會關係和人在當下身分的再思。因「時機」是對「時間」的干擾，以致人在「時機」下有空間和能力去反思「時間」秩序的操縱性和合理性。

面對由約翰製造出來的「時機」，希律選擇將他下監，藉此製造政治恐懼，使約翰的跟隨者和其他人士不敢公開批評希律政權。至於耶穌，他回應約翰下監，說，「日期滿了，上帝的國近了。你們要悔改，信福音。」。一方面，因約翰下監，上主的國走近了。另一方面，耶穌呼召我們以悔改回應因約翰而來的「時機」，即對希律所做的說不。悔改不是一個學習的結果，而是一個激進過程，即從先前的視野轉向另一視野，經歷主體和世界的轉化。就著悔改內容，郎尼根（Bernard Lonergan）提出宗教的悔改、道德的悔改和知性的悔改等三個面向。[19] 簡單來說，宗教的悔改是從一個對以上主是愛的超越領域之忽略轉向對超越領域的投入。道德的悔改是從一個人的自我封閉轉向自我超越。至於知性的悔改，它告別偏見與迷思，進而邁向超越，即知性整全性。宗教悔改、道德悔改和知性悔改關乎生命結合，一種心靈覺醒。本真是從自我超越達成，而持續的自我超越只有透過悔改方可成就。

按以上對「時機」的討論，雨傘運動絕對是由人帶來的一個「時機」。它不需要成為上主「時機」，反而上主和教會被它挑戰，並被要求要回應。為何雨傘運動是一個「時機」？簡單來說，它打擾一個已被安排和規範「時間」的政治和生活，即以順

---

[19] F. Crowe ed., *A Third Collection: Papers by Bernard J. F. Lonergan* (Mahwah: Paulist, 1985), p.247.

服、循序漸進和秩序成為核心價值。習慣了「時間」秩序的人和社會害怕「時機」，因為他們對將來缺乏想像，也不願意想像。所以，雨傘運動是一場覺醒。此外，受惠於「時間」秩序的人不願意讓「時機」出現，因為「時機」可能令他們的既得利益受損。法律就成為他們的尚方寶劍，使人沒有勇氣製造和回應「時機」。一方面，蓄意違法就是錯，而留有案底對日後工作和海外旅行帶來不便。另一方面，透過《基本法》控制或規範民主普選內容、步伐和程序。

上主會如何回應由雨傘運動帶來的「時機」？若上主不是一系列原則的話，我們就要接受上主的自由，並承認「時機」本身的突發性。然而，對「時機」的回應不是來自一時的衝動和勇氣，而是來自一份的生命特質，即從控制倫理轉向冒險倫理。沒有這生命傾向，我們不容易看見「時機」，反只看見「時間」秩序。

簡單來說，控制倫理所關心是結果，即所做的事是否可達到預期結果。所以，仔細計劃、執行和評量是必須的。冒險倫理所關心是由它製造出來的機會和可能性。所做的事是否可達到預期結果不是它主要的關心，因為一個行動帶來的影響力不只是由結果來決定。一個傾向控制倫理的人或機構可能會出現少做少錯和不做不錯的生活邏輯，而一個傾向冒險倫理的人或機構會以應做就去做的態度做事。縱使可能爛尾收場，但這又何妨，因為不做就不會知道有甚麼結果。或許，問題不是在控制倫理與冒險倫理兩者之中任擇其一，反而我們相對地傾向那種倫理。說回來，對控制倫理與冒險倫理的傾向跟人所坐的位置有關。所謂位置，不純是權力，更是責任。例如，擔起家庭經濟擔子的人就不容易傾向冒險倫理，因為你可以選擇不吃飯，但你的家人卻要吃飯。當然，在高度競爭下，機構也要選擇冒險。除了坐甚麼位置外，控制倫理與冒險倫理跟人的年齡也有關。意即較年輕的多會傾向冒險倫理，不是因為相對地他們沒有包袱，更因為年輕人的世界多是開放的。另一個影響人的選擇在於他所承傳的文化。例如，基督宗教本應傾向冒險倫理，因為終末不是當下人類歷史自然發展的結果，但以制度形式出現的教會卻傾向控制倫理。只有跳出控制倫理，我們才能認識周遭世界的多元性。在冒險倫理下，價值

理性比工具理性優先、被接觸（being approached）比規範重要、偶爾比安排更合適對世界的認識。說回來，雨傘運動的矛盾正是控制倫理與冒險倫理的矛盾。

當約翰因其宣講和對「時間」秩序的挑戰而被下監時，上主不只探監（太廿五），更以堅持的態度向一個「時間」秩序的社會說：「日期滿了，上帝的國近了。你們要悔改，信福音」，並製造新一個「時機」。

機會時刻還是災禍時刻

若雨傘運動以佔領作為核心的話，2014年12月15日就是結束和收傘之日。但若雨傘運動以運動為核心的話，我們的焦點不會是12月15日，而是它的轉型及繼後的影響。像一切「時機」一樣，雨傘運動逃不出其兩面性，即機會時刻

災禍時刻。不論恩典是完成本性（grace completes nature）還是恩典挑戰本性，上主行動與人的行動共同塑造歷史。那麼，上主以上主國出現的「時機」對雨傘運動有何意含？

第一，自和平佔中提出後，香港社會便因政見分歧，人際關係變得緊張，更出現朋友、家庭、教會信徒和世代之間的撕裂。這種撕裂不僅在支持和反對一事上，更在支持者中也出現矛盾。和平佔中和雨傘運動應為此承擔責任嗎？還是我們可以積極地理解人類和社會關係的張力，因為專權政府絕不容許內部和外在張力出現？我們應否考慮爭取一個更民主的政治結構，以致我們可以非暴力和理性地處理張力，而非只怪責個別人士？現實是北京政府拒絕讓香港進行更民主的政治改革。從神學角度而言，教會有非常豐富的資源理解和實現復和，不過復和的實踐與中國和諧社會的意識形態絕無關係。沒有公義，便沒有真正的復和；亦正如因此，張力和衝突在實現復和的過程，實在無可避免。而且，復和不應只侷限於個人關係，更必須有結構和文化的向度。復和需要很大勇氣和決心，不但因為復和者要無懼地指出犯罪者的罪，也要面對內心報復的傾向。教會的責任，就是批判地反思何謂復和，以及具想像力地實踐復和的職分。

　　第二，實踐復和其中一個可能是對話。自戴耀廷提出和平佔中後，他就刻意舉辦多場商討會，並最後以投票方式表達香港人對選舉要求。在其中，我們經歷了對話中應要有的民主商討、公民授權和約章等。所以，和平佔中是一場政治運動之餘，也是一場公民教育運動。自雨傘運動發生後，我們對對話更有新體會。例如，對話不只在議會發生，也在街道發生；對話不只屬於政治家和精英的專利，更屬於任何一個願意關心社會的市民。我們如何延續這種對話精神在日常生活中？又如何與不同政見的人對話？執筆之際，政府剛推出2017年行政長官普選辦法公眾諮詢。我們以甚麼態度回應這次諮詢？是否杯葛討論？對話是否必然拒絕妥協？「袋住先」是否出賣民主？這場公民運動弱點之一就是絕對主義傾向，認為妥協等同出賣原則。政治對話是一門語藝技巧的課題，還是參與者德性的課題？政治對話的目的是解決紛爭，還是揭露政權自我神聖化？政治對話是一個理性課題，還是權力爭奪的課題？政治對話是對美好生活的想像，還是誰勝誰負？至於教會，他是一個對話群體，不但因為上主的道要求教會聆聽和回應，更因為教會向世界的宣講也是對話。事實上，道成肉身的耶穌向我們展示對話的態度，即不以戰勝態度進行，而以謙虛、開放、忍耐和勇氣進行。教會以具體的堂會座落於社區中，參與日常生活，在其中發生對話。

　　第三，我們怎樣理解混亂與秩序？反佔領者批評示威者阻街、使香港變得混亂，並為港人製造麻煩和不方便。尤有甚者，他們認為示威者不但違反法例，更鼓吹無政府狀態。再者，當示威者強調非暴力時，但他們的佔領是一種強迫，與暴力差距不遠。可是，我們必須要思考反佔領者所指的秩序是甚麼。相對於秩序的關注，更重要的問題是現有秩序是指向公義，還是對社會狀態（*status quo*）的維持。我們應否為了達致更公義的秩序，而容許輕微的混亂（指程度上和時間上）？法律是不是終極的呢？法律的目的是甚麼？為何人們會選擇公民抗命？德里達（Jacques Derrida）提醒我們，法律跟武力分不開，因為沒有武力，法律就無法執行。按他的理解，現代法律只不過是延續昔日君王對其管治地區行使暴力的專利權而已，並以合法保障

律法和他們的目的。[20] 從神學角度來說，如果秩序屬於創造任命
（creation mandate），現有的政治秩序又在甚麼程度上表達創造
任命？創造任命會否容許混亂的出現，來挑戰社會現狀所代表的
虛偽秩序？混亂會帶來失序，還是秩序的先兆？混亂是否由當下
有權者所建構的社會秩序之結果？法律與上主永恆律的關係又
如何？為何「順服上主，不順服人」只限於宗教自由一事上？
說到底，我們如何理解社會是約的關係（covenant）還是利維坦
（Leviathan）？

　　第四，我們如何理解我們是誰——基督徒、香港人及／或中
國人？因著香港獨有的「一國兩制」結構，身分的議題都是敏感
和具爭議性的。[21] 香港居民是中國香港人、香港中國人、中國人
或是香港人？中央政府不容許普選在香港實現主要原因之一，就
是他們害怕因著越發強烈的本土身分認同，而導致香港出現分
離主義。近日有調查顯示，香港居民對香港人身分的認同感正在
提升，而對中國人身分的認同感則下降，這個情況特別見於香港
青少年。[22] 其實，雨傘運動與本土意識的關係毋庸置疑，但問題
並不在於強調本土身分的對錯，而是中央政府不容許人際生活的
差異。然而，近年來在香港興起一種反中國遊客的行動強化排他
主義。從神學角度來說，本土意識的提高如何塑造香港的本土神
學？當香港信徒尋索他們的本土和國族身分時，基督徒身分是否
被本土和國族身份吸納了？又強調異類僑居者的基督徒身分是否
只是一種逃避身分？基督徒要成為中國基督徒、香港基督徒或身
為異類僑居者的基督徒？若 1997 年香港回歸中國事件曾影響基
督徒如何思考其身分，2014 年雨傘運動是否將會成為一個範式
轉移？

---

[20] Drucilla Cornell and Michael Rosenfeld eds., 'Force of Law: The Mystical Foundation of Authority', in *Deconstruction and the Possibility of Justice* (New York: Routledge, 1992), pp.3-66.

[21] Gordon Matthews, Eric Kit-Wai Ma and Tai Lok Lui, *Hong Kong, China: Learning to be a Nation* (London: Routledge, 2008).

[22] 'People's Ethnic Identity Survey', *Public Opinion Program*, University of Hong Kong. Also see Ho-Fung Hung, 'Three Views of Local Consciousness in Hong Kong', *Asia–Pacific Journal*, 12 (2014):1. http://japanfocus.org/-Ho_fung-Hung/4207（瀏覽：2015 年 1 月 7 日）

　　「時機」是機會時刻，也可以災禍時刻，所以，我們不能斷然肯定雨傘運動的影響。雖是如此，但上主回應雨傘運動的「時機」時也製造另一「時機」。它不是要為雨傘運動提供合法性，而是以上主國為核心，挑戰任何絕對主義、歸邊主義、秩序主義和沙文主義等，並要求人悔改。

總結

　　「時機」沒有因佔領行動結束而消失，反而它將香港帶進一個新時代。這將會是一個甚麼時代？是否政治對話不再有可能、中央政府與香港的關係變得更緊張、示威者變得更激進還是走向犬儒、香港社會變得更政治化？香港的未來是樂觀還是悲觀？有別於歷史哲學，「時機」以介入和製造危機等方式在當下出現，並邀請我們有責任地回應當下。未來是否樂觀或悲觀不是由歷史決定，而是由我們如何回應當下。作為公共一員的教會是以其終末性或彌賽亞群體介入當下，並以「上主旨意行在地上，如同行在天上」的禱告進行對社會想像、批判社會和建設社會。

藝術介入基督信仰的社會運動參與

——以萊比錫尼可萊教堂〈和平之柱〉為例

羅頌恩

東海大學美術系碩士，現為德國萊比錫大學藝術史碩士生

前言：

　　「太陽花學運」[1]期間，媒體報導的畫面時常出現抗議標語，其內容不只是文字敘述，還有許多強烈的圖像表現，它們賦予了文字之外更多的情緒感，讓抗議標語不只是訊息傳播的媒介，同時還要引起接受訊息者更多的情感共鳴。符號學家艾可（Umberto Eco, 1932-）在《開放性藝術品》（Opera Aperta, 1962）中，將這種非主要訊息的作品元素視為藝術表現或「美學效應」[2]，在這樣的基礎上，我們能夠將社會運動中出現的許多抗議物件，也當作是一類型的藝術作品。在狹義的界定上，從現場和網路平台中還能看見許多傳統定義的藝術分類，如攝影、繪畫、雕塑等，甚至是藝術家團體直接組隊進到現場創作。[3] 2014年4月7日，學運結束的前三天，中央研究院歷史語言研究所助理研究員廖宜方在自己的臉書發表一篇公開文章[4]，說明中央研究院歷史語言研究所有意要對此次社會運動期間（2014年3月18日至4月10日之間）所造成的特殊視覺現象進行物件收集與翻拍存檔。在文序中提及分類項目包括「學運的藝術史」，內容如下：

---

[1] 2014年3月18日至4月10日之間在台灣發生的佔領立法院事件被媒體報導稱為「318學運」、「佔領國會事件」、「台版茉莉花革命」、「318學潮」、「佔領立法院事件」、「反黑箱服貿運動」、「太陽花運動」、「向日葵學運」等，其中最被大眾廣泛使用名稱為——「太陽花學運」。參照維基百科「太陽花學運」，網址：http://zh.wikipedia.org/wiki/太陽花學運，20140730。

[2] 參照：Umberto Eco：*Das offene Kunstwerk*，頁77-85，1977（德譯第八版），義大利原文 *Opera Aperta*，1962。

[3] 藝術家集體參與「太陽花學運」形式：現場參與請參考新台灣壁畫隊在青島東路8號的「318太陽花學運-民主限定創作」，https://www.facebook.com/media/set/?set=a.630313073683094.1073741837.189836387730767&type=3（現場側拍）；網路平台請參考「支持【太陽花】藝術人加入太陽花學運」，發起人許瑜庭、黃柏勳，成立時間：3月21日，臉書：https://www.facebook.com/events/627126300669671/、「人人都有太陽花」，發起人代表郝明義、科一正，活動發起時間：4月1日，活動網址：http://www.savetaiwan.net、「童心太陽花，同心太陽花」，發起人 Park Lee，成立時間：4月2日，臉書：https://www.facebook.com/events/685427304838341/?source=1。

[4] 詳文參考廖宜方個人臉書：https://www.facebook.com/roofwalkertw/posts/668972859805213。

「（……）我想請各位幫忙的事，就是去收集議場外的海報、文宣與各種你們認為有歷史價值、值得典藏、研究和展覽的事物。（……）這個學運的「現場」，是由立法院議場、中山南路、青島東路、濟南路與八巷，甚至稍遠的社科院、以及台灣、海外各地不能親自前來的人們，共同組成。所以絕對不是只有議場內的文物才重要，議場之外的四個場地，更是我們所有人共同參與的空間。如何記錄這個空間、這場運動，以下暫且分為三類（……）（二）學運的藝術史：在現場，我們可以看到專屬的『創作區』，各種平面美術、裝飾、裝置藝術和塗鴉。想要收藏這些創作，可能涉及智慧財產權，必須徵得創作者的同意。所有權人，是否可以先自行前往、保存？日後若有意願，請與我們聯繫捐贈之事。」（摘錄自「廖宜方臉書」，4日7日。）

不論後續的學術工作如何安置這些「視覺藝術創作」，這篇公開文章至少已經說明藝術的積極參與是多元形態，且被獨立看待。

在基督信仰方面，已有長期參與社會運動歷史的台灣基督長老教會，除了以總會身分參與這場街頭運動之外[5]，筆者從網路媒介得知，教會青年（如濟南教會）與各地神學院師生也在開放空間中唱詩歌與禱告，或者借由海報標語、制服背心、牧師袍等物件傳達出參與者的信仰立場。[6] 然而，同樣是積極主動的參與、同樣是關心街頭抗議的議題，在和「藝術參與」相較之後，突顯出基督教的行動極少在非基督教平台中被提及，反觀「藝術參與」的被接受度則是頻頻出現在許多大眾的臉書等媒介之中。

在這種「藝術普遍被人接受」的事實基礎上，筆者將目光從2014年的台灣轉向上個世紀90年代德國的萊比錫，以位在市中心尼可萊教堂廣場（Nikolaihof）上的〈和平之柱〉

---

[5] 參照台灣教會公報網路新聞：「長老教會參與太陽花學運，反對服貿協議」，網址：http://www.tcnn.org.tw/video-detail.php?vid=69。

[6] 圖文內容參考台灣長老教會網路新聞：林宜瑩報導，〈太陽花學運長老教會呼籲關心〉，2014年3月26日，網址：http://www.tcnn.org.tw/news-detail.php?nid=6590；林佳靜報導，〈太陽花學運實踐基督徒學生運動精神〉，2014年3月30日，網址：http://www.pct.org.tw/news_pct.aspx?strBlockID=B00006&strContentID=C2014033000001&strDesc=Y。

（Friedenssäule）為例，用藝術史的角度將它展開，讓在其中所指涉的基督信仰和社會運動能夠顯示出來，成為觀照的對象。

關於本文的書寫次序，在主題「藝術介入基督信仰的社會運動參與」之下分為四個部分。第一部分是〈和平之柱〉的成型過程。作為一件公共性的藝術作品，〈和平之柱〉不是單純的個人創作，也非神聖化人們對藝術的觀看。相對的，它是一個載體，能夠串聯不同屬性的群體相遇。第二部分是〈和平之柱〉的樣式解讀。對二十世紀的藝術發展而言，這支「新古典」的柱子沒有現代藝術的批判性特質，本身的「唯美」風格如同裝飾彩帶一樣缺乏所謂的現代感。但在藝術史的眼光中，它卻是「摩登的」（modern），反映現代化的啟蒙精神。第三個部分是〈和平之柱〉源頭的色彩內涵。它帶出新教與藝術之間現代化的初始階段，鋪成了之後神學家 Friedrich Schleiermacher（1768-1834）在《論宗教》（*Über die Religion*, 1799）中對「感受」與「凝視」的強調。第四部分則是關於東德政權下的基督教社會參與，也是〈和平之柱〉所引導出來的時代歷史。希望藉由這四個方向的書寫，能夠讓台灣教會的藝術事工有進一步的發展契機。

〈和平之柱〉的成型：

揭幕：1999 年 10 月 9 日
柱高：18 公尺
材質：混泥土、不鏽鋼、上彩
概念設計：Andreas Stötzner
二次設計與鑄造：Markus Gläser
銘文：09. Oktober 1989（Markus Gläser 設計的腳印銅板，安置在柱腳下的石塊地上）

柏林圍牆倒塌（1989 年 11 月 9 日）的隔年，「萊比錫文化基金會」（Kulturstiftung Leipzig）於 1 月 26 日成立，是私人基金會的系統，發起人皆屬文藝圈的知識份子，其成立目的在於資助古蹟維護、城市文化和環境生態的專案實踐與學術研究等相關實務

性工作。其中最主要的工程是修繕已有五百多年的「尼可萊高校」（Nikolaischule）建築主體，地址位在尼可萊教堂廣場的另一側，也是基金會辦公室所在地。1992年夏天，「萊比錫文化基金會」與市政府合作興辦一場國際公共藝術概念設計圖的徵件比賽，主旨是要紀念1989年10月9日在萊比錫發生無流血、無暴力的街頭抗議遊行──「89之秋和平革命」[7]。

這項競賽的主旨是希望將廣場塑造為「一個個人的、溝通的和有教養的城市空間，並顧及到古蹟維護原則，又以藝術性的方式反映出社會政治性的結果」，[8] 因此，它不該只是陳列一件單純的紀念碑（Denkmal），而是要讓這裡的居民與到此一遊的旅客可以「思想」（Denk mal！）這段歷史。[9]

甄件至終有53位藝術家入選，個別來自於捷克斯洛伐克聯邦共和國、波蘭、匈牙利和德國。在藝術家、建築師和市府代表組成的評審團之下，為期三年之久（1992-1994）的審查，最後由萊比錫藝術家Andreas Stötzener確定得標。其設計理念是將「89之秋和平革命」聚焦到尼可萊教堂裡的「和平禱告會」，傳達當時這場無流血革命是從教會裡開始發酵的。[10] 因此，Stötzener「複製」了教堂內的一根棕櫚葉柱子，並將它立在廣場的東側，以此暗示那段歷史。然後又在廣場西側，另設一座八邊形噴泉與其相互呼應。在視覺動向上，這小小的廣場因此有了城市焦點（point de vue）的文化視覺感。而在噴泉旁及教堂四周所種植的草坪區塊，則讓空間的文明化更加鮮明。

從1994到1997年之間，經費遲遲無法確定，負責機構也從「萊比錫文化基金會」轉到了市府之下。在一連串募款活動（占

---

[7] 「89之秋和平革命」意指在1989年秋天，越來越多不同地區的東德人民走上街頭抗爭共產政權的專制，並以10月9日萊比錫的無流血抗爭最廣為人知，被大眾認為是柏林圍牆倒塌的「決定性的一天」。參照：Arnd Brummer（總編）：《Vom Gebet zur Demo. 1989-Die friedliche Revolution begann in den Kirchen》──〈Christian Führer-Die friedliche Revolution als ein Segen Gottes〉，頁55。

[8] 參照：Angela Wandelt：〈Künstlerischer Ideenwettbewerb Nikolaikirchhof〉，《Leipziger Blätter》，93年春季刊，頁50。

[9] 參照：Gunter Böhnke：〈Die Säule auf dem Nikolaikirchhof〉，《Leipziger Blätter》，99年秋季刊，頁9。

[10] 同註8，頁7。

總金額三分之二）的努力後，協同工部門的補助共計籌得所需的
工程經費約有二十六萬馬克（約十三萬兩千歐元）。其中包括拍
賣布商大廈首席指揮（同時也是基金會創辦人之一）Kurt Masur
的十四瓶親筆簽名紅酒、募款音樂會、企業界贊助和萊比錫市民
的個人捐款。[11]

在經費確定之後，「Andreas Stötzener 的概念設計」也被稍
作修改。內容包括刪除教堂四周的草地建設，噴泉也另闢新的概
念競賽，最後只保留柱子部分需要實踐。這樣的調整，是在根本
上改變了 Stötzener 的創作概念。因為草皮分佈的形式引導了路過
此處的人進入柱子與噴泉構成的廣場，呼應當年禱告會結束後從
教堂出來的人們與大批群眾相聚集的景況。但修改過後，空間原
本具有的聚合性也一併削弱。

在實際執行方面，柱子鑄造的工程則由另一名萊比錫雕塑
家 Markus Gläser 負責。Gläser 並非只是工匠般地翻製設計圖。除
了因為經費考量的緣故，把原本 Stötzener 打算以義大利卡拉拉
大理石（Carrara- Marmor）石材雕塑的計劃改以混泥土鑄造，又
將所有的經費資助者姓名刻在這支棕櫚葉柱子內部的一支銅管之
中，讓籌建過程的「人民參與」包裹在柱身之內，如同看不見的
靈魂一般存在。在柱子基座西側的地面上，新制了一塊印有許多
同一方向鞋印的銅板，並在上面刻下「09.Oktober 1989」（09.10
月 1989）的字樣，以此標示當年的和平革命是從尼可萊教堂廣
場走向布商大廈前的奧古斯都廣場（Augustusplatz），改變了
Stötzener 當初設計尼可拉教堂廣場的整體感，有意識地將其延伸
至城市的另一個空間。

上述的說明旨在還原〈和平支柱〉有兩位不同的創作者存
在，都有各自對「89 年之秋和平革命」的創作思考。而創作設
計被修改的過程，更顯示藝術形態並非都具有高不可攀的崇高
性，這也導致了一般社會大眾看見這類作品時，極少會對作者產
生好奇，甚至不認為它算得上是件「藝術品」。對許多人來說，
〈和平之柱〉是立在廣場上的一件裝飾性作品，或者是一件紀念
歷史事件的立碑，不會對它產生藝術崇高感的想像。然而，這並

不是說立碑式的作品就不具藝術性，至少在羅馬尼亞雕塑家布朗庫西（Constantin Brâncu I, 1876-1957）的例子中，那座高20多公尺高的〈無境之柱〉（*La Colonne sans fin/Die endlose Säule*）便被譽為「支撐著天」[12]，並且被列為特爾古日烏城市徽的重要元素[13]。或者，〈和平支柱〉也不像德國西邊大城的科隆大教堂在2007年8月安裝上的〈李斯特花窗〉（*Richter Fenster*）一樣，吸引許多藝術愛好者關注的眼光。

這件位在科隆大教堂南面、長寬113平方公尺、由一萬一千多塊矩形色塊所組成的馬賽克花窗，是著名德國當代藝術家Gerhard Richter於2007年的作品，其創作概念來自於1974年的舊作。從創作自述中得知，作品色塊的構成是經由電腦排序而來，沒有夾帶刻意企圖的安排，為求「中性」[14]；在花窗製作上也不像〈和平之柱〉一樣具有一定難度的鑄造技術。然而，每年依然有許多藝術朝聖者會因為它進入教堂，凝望這件「藝術品」許久。

在〈李斯特花窗〉的對照下，突顯了〈和平之柱〉的兩位創作者在今日的德國藝術圈中沒有Richter那樣具有高知名度；但對作品進行分析與理解之後，〈和平之柱〉的作品內涵並非不如〈李斯特花窗〉。這樣的結果，反應了當今社會的藝術想像多是基於「大師」之名的循環體系裡：「因為知其作者是藝術家，所以有感於其作品的藝術性」的對價關係。然而，我們也能夠追問〈和平之柱〉在作者盛名之外的價值所在。對基督信仰的讀者來說，更可借由〈和平之柱〉的出現回到教堂藝術的脈絡裡，對信仰的社會性特質進行更多面的思考。

---

[12] 參照：Jürgen Hohmeyer：〈*Rost am Himmelspfeiler*〉，*der Spiegel* 39/1994。

[13] Constantin Brâncu I於1937-38年所做的〈無盡之柱〉與另外兩件作品〈沈默的桌〉（*La Table du silence*）、〈吻之門〉（*La Porte du baiser*）一同構成一左組公共藝術作品，旨在紀念在第一次世界大戰期間，羅馬尼亞軍隊在特爾古日烏（Târgu Jiu）成功擊退德軍的侵襲。參照維基百科：「Constantin Brâncu I, 2.3」（德文版），網址：http://de.wikipedia.org/wiki/Constantin_Brâncu i#Die_endlose_S.C3.A4ule。（2014.08.03.，11：56更新；2014.08.29.12：02參照日期）

[14] 參照：Wolfgang Ullrich：《*An die Kunst glauben*》，〈*Religion gegen Kunstreligion：Zum Kölner Domfensterstreit*〉，Klaus Wagenbach 2011，頁23。

〈和平之柱〉－描述：

〈和平之柱〉高有18公尺。柱子的基座是一單純的立方體造型。在其上方是一圈月桂葉環繞的「柱礎」（*Basis*），而柱身24道垂直的愛奧尼雅式凹槽（*Ionisch kannelierte Säule*）[15] 向上連接類似科林斯式（Corinthian Order）風格的植物柱頭。柱頭與柱身相連的部分被一圓盤造型區分開來，其上方的24片花萼造型並沒有向外延展開來，它們在對應柱身凹槽的相對位置上緊貼著柱子的輪廓造型、表面微微起伏地向上延伸，並在末端處以回勾造型表現出植物樣貌。在花萼造型的頂端則是由三個依序變大的圓盤所構成的基座，其中，又在花萼的相對位置上分別以鵝卵石般的蛋圓球浮雕裝飾。在三圓盤基座上方是向天空展開的青綠色植物，確切地說是棕櫚葉，它是〈和平之柱〉唯一設色的部分，裡面除了葉子造型之外，還有些許的果實雕塑。

〈和平之柱〉－源頭：

在Stötzener的概念中，〈和平之柱〉的整體造型是源於尼可萊教堂裡的柱子。身為〈和平之柱〉的源頭，「尼可萊之柱」並非教堂創建之初（13世紀晚期哥特時期）的設計，它是教堂在啟蒙時期內部改建後的成果。

1783年，萊比錫市長Carl Wilhelm Müller（1728-1801）向市議會建議需要整修聖尼可萊教堂的內部，並委託城市建築的行政機關首長Johann Carl Friedrich Dauthe（1746-1816）進行修繕。在市議員既建築理論學者Christian Ludwig Stieglitz（1756-1836）的共同促進下，修繕工程從原本1000塔勒幣（Taler）的小型規模變為需要花費18,8000塔勒幣（Taler）的大型改建專

---

[15] 愛奧尼雅式（Ionic Order）、多立克式（Doric Order）和科林斯式（Corinthian Order）共為三大主要的希臘古典建築風格。在愛奧尼雅式方面，若將柱身縱向切開，會得到約有20-24個溝槽，並在每個凹槽之間有一平面間格。

案，歷時十二年之久（1784-96）[16]。最後所呈現的明亮與柔美的親和感樣貌，是符合薩克森地區對新教講道空間的想像[17]。這項「教堂整修工程」的特色就是建築師Dauthe將原本屬於晚期哥特式（Gotik）的教堂內部「改建」為古典主義風格[18]，其中又以數十支「尼可萊之柱」[19] 所構成的「小森林」最為顯眼。當時的《萊比錫旅遊手冊》（1792年）如此形容：「（……）眼睛幾乎都被它極其豐富的美感所吸引，唯有非常不情願地才能將目光移開。」[20] 然而「尼可萊之柱」的視覺並非只是愉悅的美感表現，它涉略其它主題，如所羅門王聖殿、棕櫚葉的「異國情調」和（新）古典主義的思潮。

在許多對尼可萊教堂的描述中，多半會以「所羅門王聖殿」來神聖化佈滿棕櫚葉的空間，這也是基督信仰的觀者最容易理解的部分。其主要原因來自於基督教藝術的象徵體系關聯。作為聖經植物的「棕櫚葉」，多半帶有勝利、和平、生命和樂園的指涉含義[21]，而中世紀的《植物百科》（*Liber Floridus*, 1121）又進一步將它視為是「教會的勝利」（Ecclesia triumphans）的象徵[22]。在這樣的普遍概念下，身為神諭的完美之作——「所羅門王聖殿」[23]，就慣性地被想像成帶有「棕櫚葉的教堂」模樣。然而以它

---

[16] 參照：Arndt Haubold：《*Die Nikolaikirche zu Leipzig*》，Grosse Baudenkmäler 401 冊，Deutscher Kunstverlag München Berlin 出版，1991，頁9。

[17] 參照：Stephanie von Aretin, Thomas Klimm and Nikolaus Müller：《*Leipzig und seine Kirchen*》，Evangelische Verlagsanstalt Leipzig 2006，頁29。

[18] 這項教堂修繕計劃——將哥特式改為古典風格，是整個德語系文化中唯一的一件特殊案例。同註16，頁9。

[19] Johann Carl Friedrich Dauthe 在工程開始的第二年委託了室內空間浮雕裝飾家（Stuckateur）Johann August Käseberg 將空間裡的壁面與樑柱等處添上淺浮雕的雕花裝飾，其中包括在哥特式拱肋天花板結構上塑造「棕鋁葉」裝飾，並將柱身改作具有溝槽的古典柱子。總計8支全柱，8支1/2半面柱，2支半面柱，四支1/2角柱。同註17，頁29。

[20] 參照：Reinhard Wegner：〈*Gotik und Exotik im Zeitalter der Aufklärung：Der Umbau der Nikolaikirche in Leipzig*〉，收錄於：Reinhard Wegner（主編）：《*Deutsche Baukunst um 1800*》，Böhlau 2000，頁53、註釋1。

[21] 同註20，頁55。

[22] 同註20，頁56。

[23] 參照：Hubertus Günther：〈*Die Salomonische Säulenordnung. Eine unkonventionelle Erfindung und ihre historischen Umstände*〉，*Zentralinstitut für Kunstgeschichte*, Munich 2011，25（段）。

稱呼聖尼可萊教堂的說法，卻容易引來「上帝的殿」的神聖想
像，會誤以為這間路德宗的新教教堂，改建是為了建立基督信仰
在世上的權威感，但它其實最開始的整修動機，是為了要顯示出
當時的啟蒙精神[24]。

　　對「德國」的啟蒙時代而言，棕櫚葉這個不屬於阿爾卑斯
山以北的植物與建築的結合形式，首先出現在普魯士的宮廷藝
術之中，如波茲坦的「中國茶樓」（1755-64設計）和「拜律特新
城堡」（Neues Schloss Bayreuth）裡的「棕櫚葉廳」[25]，反映出王
室對遠東文化的喜愛。而這個被視為是「異國情調」的圖像符
號，也反映了貿易商城萊比錫的大學發展。早在17世紀晚期時
就被視為德國「東方學研究中心」（至18世紀中葉）[26]，自然對東
方世界持積極的開放態度。又在以研究為目的的長期海外旅行風
氣裡，促成了如萊比錫外科醫生Caspar Schamberger在日本的暫
留（1649-1651）和萊比錫學生George Marggraf在巴西的駐點研
究（1637-1644）等[27]「海歸派」，也帶回他們在異地的異國文化
記錄。隨著印刷出版及大學收藏的累積，萊比錫的異國色彩更加
帶有自然科學的寫實感。

　　而另一個「聖尼可萊之柱」的啟蒙色彩，則來自於古典主
義的藝術影響，其主要人物是法國建築理論學者Marc-Antoine
Laugier（1713-69）。他的「古典主義」美學被視為是十八世紀
教堂建築的改革[28]，一反當時屬於法國宮廷的洛可可文化。這位

---

[24] 參照：Timo John：《*Adam Friedrich Oeser 1717-1799：Studie über einen Künstler der Empfindsamkeit*》，Sax-Verlag Beucha，2001，頁202、註釋749。

[25] 同註20，頁55。

[26] 這裡的東方學研究指的是：中國語、印度語、奧斯曼土耳其語、希伯來語和敘利亞語等。參照自：Boris Liebrenz：〈*Orientalistik*〉，收錄於萊比錫大學600年慶展覽專刊《*Erleuchtung der Welt. Sachsen und der Beginn der modernen Wissenschaften*》，頁202。

[27] 參照：Detlef Döring：〈*Forschungs- und Bildungsreisen*〉，收錄於萊比錫大學600年慶展覽專刊《*Erleuchtung der Welt. Sachsen und der Beginn der modernen Wissenschaften*》，頁316-317。

[28] 參照：Georg Peter Karn：〈*Architektur des Klassizismus und der Romantik in Frankreich*〉，收錄於：Rolf Toman（主編）：《*Klassizismus und Romantik. Architektur-Skulptur-Malerei-Zeichnung, 1750-1848*》，Tandem Verlag 2009，頁69；Sabine Burbaum：《*Kunst-Epochen Barock*》，Reclam 2003，頁33。

同時也是耶穌會背景的宮廷神父，在其著名的《建築評論》[29]（*Essai sur l'architecture*, 1755）和《建築觀察》（*Observations sur l'architecture*, 1765）裡推崇了自然與理性應該是建築的基調[30]，並且認為在文藝復興時期裡被看作是「野蠻」（*barbarisch*）的哥特式建築可以和古典主義風格相互融合[31]。因此，尼可萊教堂的「古典化改建工程」，特別是「棕鋁葉柱頭」依附的哥特式肋梁天頂和愛奧尼雅式柱身的複合形式，以及空間宛如樹林的表現[32]，通常會被視為是Laugier建築美學的具體實踐。而自1776年開始，以「Laugier建築學專家」的身分在萊比錫藝術學院中任教的Dauthe[33]，則為這個「視覺想像」上的相似確立了更進一步的系譜關係[34]。

在德國獨自的藝術史脈絡中，史學家Reinhard Wegner認為對「聖尼可萊教堂改建」的解讀不該只是承接（屬法的）Laugier的建築理論[35]。在Dauthe的建築設計中，美感的理解並不是單一性的。雖然「尼可萊之柱」的綠葉造型和愛奧尼雅式的柱子形式，突出了傳統上哥特式等於原始自然、古典等於「技藝」的對立性，但在天花板上「形變」（Transformation）[36]的表

---

[29] 《*Essai sur l'architecture*》在1753年匿名出版，1755年添加上作者名後再版；德文版《*Versuch über die Bau-Kunst*》由David Andreas Schneller翻譯，1756年在法蘭克福出版。

[30] 在此之前，人們普遍認為自然與理性是處在對立的關係之中。同註20，頁57-58；同註29，頁69。

[31] 同註20，頁57-58。

[32] Laugier在《建築評論》（1755）中重提維特魯維的建築概念「原始草屋」（Urhütte）：樹幹為柱與梁，草葉為屋頂的基本樣態，與數十支上植物柱頭所構成的聖尼可萊教堂空間形成極高的對應性。

[33] 參照：Michael Wenzel：〈Die Zeichnungs-, Mahlerey-, und Architectur-Académie in Leipzig als Bildungsstätte von Künstlern, Handwerkern und Laien (1764-1799)〉，收錄於萊比錫大學600年慶展覽專刊《*Erleuchtung der Welt. Sachsen und der Beginn der modernen Wissenschaften*》，頁329。

[34] 可能影響Dauthe以棕櫚葉柱為概念設計的建築師還有義大利建築理論家Francesco Milizia、理論學家Carlo Lodoli和德勒斯登Friedrich August Krubsacius。同註20，頁58-59。

[35] Reinhard Wegner認為Laugier對哥特式風格的理解和Dauthe對聖尼可來教堂的實際處理是不相同的兩個建築美學。同註20，頁61。

[36] 尼可萊教堂的天花板是在幾何分割中置入自然花卉的裝飾風格，均化了藝術與自然原本對立的屬性。同註20，頁62。

現卻鬆動了自然（樹林樣）與藝術（幾何裝飾）之間的兩極化。
從「尼可萊之柱」到裝飾化的天花板，Wegner 認為「尼可萊教
堂改建」如同一個「即時的美學談論證明」（*Die Dokumentation
aktueller ästhetischer Diskurse*）[37]，見證了古典主義時期德國的知
識份子（Goethe、Herder、Friedrich Schlegel 等）對重新定義藝
術的積極[38]，以及呼應之後 19 世紀德國的浪漫主義對「自然」的
高度關注。

作為一個文化載體的存在，屬於新教脈絡的「尼可萊之柱」
為後代所揭示的 18 世紀異國情調和美學思潮，大大地削弱了
「所羅門王聖殿」的宗教性指涉。換句話說，這個改建工程並沒
有顯出專屬教堂藝術的信仰標示。反觀天主教的教堂藝術發展，
它在天特會議（*Konzil von Trient*, 1545-1563）中為了回應新教對
「偶像崇拜」的批評，產生出以「榮耀」為核心的神學美學，並
在神父鑑定教堂藝術合法性的機制中[39]，促成當時時代對巴洛克
風格的普遍理解，是具有宗教色彩的視覺表現[40]。例如以巴洛克
風格建造的德勒斯登聖母教堂（1726-1743），雖然屬於新教路
德宗，但空間中除了使徒聖像之外，觀者可以輕易看見華麗材質
的使用、天使、雲團和光芒等巴洛克風格的宗教性視覺元素。相
較之下，古典化的「尼可萊教堂整建工程」幾乎看不見明顯的基

---

[37] 同註20，頁63。

[38] 尤其是到了 18 世紀晚期，正統美學獨大的觀念已不復存在。參照：Wolfgang
Kemp：〈*Kunstwissenschaft und Rezeptionsästhetik*〉收錄於：Wolfgang Kemp（主
編）：《*Der Betrachter ist im Bild-Kunstwissenschaft und Rezeptionsästhetik*》，
DuMont Köln 1985，頁 12。

[39] 參照：Norbert Schneider：《*Geschichte der Kunsttheorie. Von der Antike bis
zum 18. Jahrhundert*》：〈*Die Bilderlehre der katholischen Kirche nach dem
Tridentium：Gabriele Paletots《Discorso》*〉，Böhlau（UTB）2011，頁 237-
240；Eva Karcher：〈*Ursache und Wirkung des Bildverständnisses des Konzils von
Trient*〉，收錄於：Rainer Beck、Rainer Volp、Gisela Schmirber（總編）：《*Die
Kunst und die Kirchen. Der Streit um die Bilder heute*》，F. Bruckmann KG. 1984，
頁 82-92；Wolfgang Kemp：〈*Kunstwissenschaft und Rezeptionsästhetik*〉收錄
於：Wolfgang Kemp（主編）：《*Der Betrachter ist im Bild-Kunstwissenschaft und
Rezeptionsästhetik*》，DuMont Köln 1985，頁 9-11。

[40] 參照：Jutta Held、Norbert Schneider：《*Sozialgeschichte der Malerei-vom
Spätmittelalter bis ins 20. Jahrhundert*》，〈*Der Hochbarock in Rom*〉，DuMont，
Köln 1993，頁 250-256。

督教色彩，對當時而言，它是一座「美麗的劇院」（Ein schönes Schauspielhaus），對今日來說，則是那時知識份子的品味外顯、中產階級（市民）的自覺表現[41]。

「尼可萊之柱」設色的含義：

「尼可萊之柱」柱身的粉色色調是唯一不同於〈和平之柱〉的藝術詮釋，正好突顯了特別之處。對18世紀而言，啟蒙教育所興起對「感受認知」的在乎，促成了「芬芳設色」（*ätherische Farbgebung*）的美感風氣，它是一種細膩、柔美的感知。英國政治、哲學家 Edmund Burke（1729-1797）認為「柔和色調」是最適合表現「美」的藝術形式，並進一步具體指出是「淺亮的綠色、柔和的藍色、柔弱的白色、粉紅色和紫色」[42]。在聖尼可萊教堂改建工程中，正是這樣的「芬芳色調」統領整個空間的營造，也是當時的民眾稱呼聖尼可萊教堂為「美麗的劇院」的關鍵因素之一。然而，主導這個藝術表現的人是領 Dauthe 進入學院體制的萊比錫藝術學院創校校長 Adam Friedrich Oeser（1717-1799），同時，他也正是尼可萊教堂改建工程的美學顧問及壁畫總監。[43]

雖然在「大藝術史」的書寫上 Adam Friedrich Oeser 默默無聞，但在他學生的眼裡卻充滿魅力。年輕的歌德（1749-1832）在寫給書商 Philipp Erasmus Reich 的書信（1770年2月20日）中提到，「Oeser 的教導會是我日後生命裡重要的引導」[44]；《希臘美術模仿論》（1755）的作者 Johann Joachim Winckelmann 更是將 Oeser 視為永遠的摯友[45]，稱他的創作是「描寫靈魂，為

了理智（Verstand）而畫」[46]。一些學者則是認為Oeser提供了Winckelmann撰寫《希臘美術模仿論》時不少美學上的啟發。[47]

Oeser 的藝術感染力來自於身為一位「善感主義」（*Empfindsamkeit*）藝術家的自覺，認為理智和感受就像是腦和心一樣同等重要。[48] 在寫給藝術理論家Christian Ludwig von Hagedorn（1712-1780）的信中提到，在他的創作中藝術最大的「責任」就是「為了理智（理解）和純粹的感覺」（1771年1月20日）。[49] 這是啟蒙時期世俗化的主調：道德的，並一切由個人主體經驗出發，同時對立了傳統的判斷標準。然而，這個強調個人感受的思潮並不是單純的「去基督教化」。早在十七世紀晚期時，反對生活僵化、信仰機構化的「虔信運動」（Pietismus）就強調了個人感受。在這波信仰奮興的運動中，生活精神化是虔信運動的目的[50]，身處在萊比錫的Oeser同樣受到這股「靈性運動」的影響[51]，以至於他在創作上時常以微調和「林布蘭之光」作為視覺表現的依據[52]。在1778年寫給女兒Friederike的信中，Oeser

---

編）：〈*Unbekannte Brief Winckelmanns*〉，收錄於：《*Jahrbuch der Sammlung Kippenberg*》，第一冊，1921，頁55。

[46] 同註25，頁39、註釋135。

[47] 從書信的研究中得知Oeser對Winckelmann的影響甚深，但無法確定Oeser是否有影響Winckelmann的理論論述，或多少程度的影響？同註25，頁50、54-55、註釋176。

[48] 18世紀中葉至晚期的藝術思潮。參照：Gerhard Sauder：《*Empfindsamkeit*》，第一冊，Stuttgart 1974，頁125；同註25，頁21-37。

[49] 書信（1771.01.20），參照：Torkel Baden（主編）：《*Briefe über die Kunst von und an Christian Ludwig von Hageborn*》，Leipzig 1797，頁97。

[50] 參照：Ulrike Gleixner：《*Pietismus und Bürgertum. Eine historische Anthropologie der Frömmigkeit*》，Vandenhoeck & Ruprecht，Göttingen 2005，頁24。

[51] 萊比錫同樣也在17世紀晚期受到虔敬運動影響，開始注重在高校教育的內容，以及真實的、有紀律的基督徒生活。與此相對的是18世紀開始的新人文主義，在非基督宗教的基礎上加深對古代文明的認識，除了語言之外，還有藝術、歷史和神話，是一個沒有基督教性的世俗化思想。參照：Jonas Flöter：〈*Das Gelehrtenschulwesen unter den Einflüssen von Pietismus, Aufklärung und Neuhumanismus im 18. Jahrhundert*〉，收錄於萊比錫大學600年慶展覽專刊《*Erleuchtung der Welt. Sachsen und der Beginn der modernen Wissenschaften*》，頁96-99。

[52] Oeser 的微調與柔化美學，可以從他臨摹「卡拉瓦喬」（實為Valentin de Boulonge之作）畫作的例子中看見，大大削弱了原本高反差的風格；關於Oeser對林布蘭畫風的跟隨，除了一種內化精神性的美學解讀之外，還涉及到

又特別提到他對另一個新興信仰觀的讚賞：

> 「（……）你無法相信，我是多麼喜悅在社會中遇
> 見兩位有著高貴靈魂的人，整個心胸舒展開來，思緒也
> 全然自由，在和這兩位正直的人交通之前，我從沒有對
> 「真的宗教」有如此多的感受。」[53]

　　從藝術史學者Timo John的研究中得知，Oeser提及的「真實的宗教」是指清楚、不含糊的「認信」（*Lutherische Orthodoxie*，新教正統派），並且與「新派神學」（*Neologie*）[54] 相對。在對權威排斥與歷史考古學的衝擊下，那種從上而下的官方「教義」思想並不能夠滿足身在商業社會中從事創作性工作的Oeser。反觀新派神學家Johann Friedrich Wilhelm Jerusalem和作家Karl Christian Gärtner的出現，則讓這位藝術家做出如此回應。其中，Gärtner的好友詩人Friedrich Gottlieb Klopstock（1724-1803）也是Oeser的摯友。Klopstock對基督教藝術地高舉（對抗古典主義崇尚描繪神祇主題），將它視為「成功宗教」（*Glücksreligion*）的概念則深深影響Oeser的創作基調[55]。

　　雖然在今日「聖經無誤」的「信仰正統」之爭中，新派神學時常被批評為「異端」[56]，但Oeser與虔信主義、新派相遇的事

此畫風受到市民階級的喜愛，也是Oeser在萊比錫富有盛名的原因之一。同註25，頁66-68，198-99。

[53] 參照：UBL（萊比錫大學圖書館），Kestner ICI 648：《Wissenschaftliche Beilage der Leipziger Zeitung》，No. 54，Leipzig 1886，頁351；Timo John：《*Adam Friedrich Oeser 1717-1799：Studie über einen Künstler der Empfindsamkeit*》，Sax-Verlag Beucha，2001，頁192；Hans-Georg Kemper：《*Deutsche Lyrik der frühen Neuzeit*》，第六冊，〈Empfindsamkeit〉，Tübingen 1997，頁194。

[54] 「它是從理性主義過渡到感情確定的『傷感主義』」，同「善感主義」於1740年出現，1790年開始日趨成熟。在神學觀上拒絕嚴格的教會正統說，對世俗知識持以包容思維。參照：Timo John：《*Adam Friedrich Oeser 1717-1799：Studie über einen Künstler der Empfindsamkeit*》，Sax-Verlag Beucha，2001，頁192；Hans-Georg Kemper：《*Deutsche Lyrik der frühen Neuzeit*》，第六冊，〈Empfindsamkeit〉，Tübingen 1997，頁151。

[55] 同註25，頁197-198。

[56] 華人信仰對「新派」的普遍理解。參照自：曾慶豹：〈誰是真正的「新

實，則深化了他那強調「感受」與「愉悅」的美學表現，並在失去基督教符號的教堂重建中，添上以基督為主的系列畫作。即使耶穌樣沒有宗教裡的神性感，讓人更覺得是對人的描寫，但卻已和呼應「神話」的古典思潮有所區別。在這個藝術範疇的基礎上，「信仰正統與否」得到恰當的懸置，轉而理解教會的「世俗化」並非「墮落」，而是生於社會之中的直接回應。

　　以藝術史的角度閱讀「尼可萊之柱」的色調，帶出基督信仰在18世紀的新教脈絡中被脫去鮮明的宗教標記，並換上世俗化的表現色彩。這段「浪漫主義」之前的時代襯托了〈和平之柱〉作為一個公共藝術的價值，讓今日的基督徒有契機回到那個啟蒙的、世俗化、但依然在乎基督信仰的時代，再一次思想「世俗化」與「再基督教化」（Rechristianisierung）的一體兩面[57]，而非平面地貼上「與世俗妥協」的道德標籤。

東德政權下教會參與社會：

　　西德教會討論反戰與和平議題的高峰是在1979年到1983年之間[58]，而東德教會的反戰主張則始於更早的1965年。在拒絕東德政權的徵兵制度（1962年）下，教會界聯合發展出「建築兵」（Bausoldat）來替代手持武器的軍種，以「清楚見證神當前的和平誡命」（deutlichere Zeugnis des gegenwärtigen Friedensgebots unseres Herrn）[59]；1978年東德政權對軍事裝備的高升，開始在學校裡開設「軍事教育」，以鼓舞青年支持政府軍事性的政策，而

派」？〉，時代論壇，第九九〇期，2006.08.20，網址：http://christiantimes.org.hk/Common/Reader/News/ShowNews.jsp?Nid=36442&Pid=2&Version=990&Cid=105&Charset=big5_hkscs。

[57] Ulrike Gleixner認為在「虔誠運動」（Främmigkeitsbewegungen）的發展上，公民發展邁向現代化的過程並非只是單向的世俗化，同時也是在基督教化。宗教並不是傳統的殘骸，而是現代的基底本質。同註51，頁393。

[58] 參照：Claudia Lepp、Kurt Nowak（主編）：《Evangelische Kirche im geteilten Deutschland (1945-1989/90)》，Vandenhoeck 2001，頁75。

[59] 參照：《Kirche Jahrbuch 93》，1966，頁256。

教會則以「和平教育」（*Erziehung der Frieden*）[60] 對應，並陸續興辦許多相關活動。除了基督徒之外，還有非基督信仰的公民參與其中，在「和平」的主題討論裡積極地自由提問與發言[61]；1980 年，在教會中出現的聖經經文織布標語——「*Schwerter zu Pflugscharen*」（刀劍變犁頭），後來也成為在東德政權中致力於和平工作的重要象徵。[62]

　　「和平」，是〈和平之柱〉上棕櫚葉直接的象徵含義，也是教會在東德政權下參與社會最重要的核心，一項實際的實踐工作。在教會的堅持下，東德青年人除了軍事教育之外還有機會接受「和平」所帶來的世界觀與人觀。1982 年開始，在德勒斯登牧師 Christoph Wonneberger 等人的推動下，東德青年更可以選擇「社會性的和平役」（*Sozialer Friedensdienst*）來徹底替換軍人的身分。從這一系列「去軍事化」的結果來看，自 1989 年 9 月 25 日開始走上街頭的六千五多人（10 月 2 日－兩萬）到 10 月 9 日的七萬多人的激增現象[63]，正是反映出教會長期在社會性與政治性範疇中的努力，是人民在萊比錫「89 之秋和平革命」裡高度自覺的重要基礎。

　　然而，在一個世俗化的社會中談論東德的「和平革命」時，雖然會有許多教會參與的因素，但像是如「戈巴契夫效應」、東歐國家民主化的連鎖影響、東德經濟失敗、五月選舉公然做票、萊比錫秋季商展的國外媒體等，都是這場「民主化」的重要話題。基督信仰並不會因為教會因素而得到更多的關注。因此，在這樣的多元談論中，〈和平之柱〉對基督信仰來說是一個特殊的出現。因為作為一個公共藝術的存在，在「城市旅遊」等文化性群體活動中，隨著導覽形式的運作，〈和平之柱〉將觀看「89 之秋和平革命」的視角拉進了教堂的脈絡中，也聚焦在聖尼可萊教

---

[60] 同註 59，頁 76。

[61] 同註 59，頁 77。

[62] 參照自：Anke Silomon：《*"Schwerter zu Pflugscharen" und die DDR: Die Friedensarbeit der evangelischen Kirchen in der DDR im Rahmen der Friedensdekaden 1980-1982*》，Vandenhoeck & Ruprecht 1999，頁 46-48。

[63] 除了萊比錫的市民之外，臨近城市的人也都湧進這個公路都被封鎖的城市。同註 59，頁 336-337（記事年表）。

堂的「和平禱告會」上。

　　早在 1982 年時，聖尼可萊教堂也同其他教會一樣開始舉辦「和平禱告會」，傳達基督信仰的反戰理念。然而，這個持續七年的禱告會並不像我們今日所想像的聖靈充滿、迫切禱告，或尋求潔淨、遮蔽等屬靈話語，或句句阿們的宗教性聚集。在「和平禱告會」中，雖然有儀式性的流程和牧師講道，但更多是開放給民眾有自由發言的機會，時常涉及政治迫害、環境污染和旅行自由受限等內容，其中有許多人並非是基督徒。換句話說，這種教堂空間成為一個能夠自由發表言論的場域，又時時沒有對焦在信仰話題的「世俗化」氣氛，則更接近古希臘時代的人們於廊柱下的辯論。如此，〈和平之柱〉的出現並沒有要加強宗教行為的虔誠表現，而是強調了教堂空間作為一個建築實體的特殊性。

　　被強調的聖尼可萊教堂空間，不論是源於十八世紀時的特殊風格還是東德時期的「言論」場域，都不會突顯基督宗教在傳統上的形象。相對地，它突顯的是新教與世俗化之間的緊密關係。對非基督信仰的人來說，他們在教堂空間中並不需要認識基督宗教，但卻不能沒有言論自由的行使。這種教堂空間中「忽視」基督信仰的氣氛，也是聖尼可萊教堂「向所有人開放」（offen für alle）的世俗化表現。當年主持「和平禱告會」的牧師 Christian Führer（1943-2014）如此說到：

　　　　「在『和平革命』的過程中，我們學習到耶穌行走各地傳講福音的意義，就是教會與街道（⋯⋯）教會必須走到街上，必須融在其中（和它周旋），必須要成為『世上』的鹽（⋯⋯）如此，世（俗）人就能夠再一次在教會裡找到立定之處。耶穌從來沒有躲藏在教會裡，他到那裡與那些受生命折磨的人相遇。他身在他們之中。如此，我們（基督徒）必須走向世人，同時讓他們知道教會是開放的，讓他們在這裡經歷到穩妥，並克服恐懼。（⋯⋯）這是我們在『89 之秋』以不可置信的方式學會的課題⋯⋯。」[64]

---

[64] 參照：Arnd Brummer（主編）：《*Vom Gebet zur Demo-1989 Die friedliche*

　　Führer 牧師對那段歷史的信仰回應是寫實的。在星期一的「和平禱告會」結束後，人們會順勢走上街頭。10月9日那天，當教會的兩千多人走出來時，外面廣場上已擠滿了群眾，寸步難行。這樣的經歷，帶出了尼可萊教堂的世俗化並不是要使用「非基督教形式」樣貌吸引人進入信仰群體裡，然後在氣氛之中令人認信皈依；尼可萊教堂18世紀的世俗化，在20世紀中後段時，被教會走上街頭的行動轉寫成一種開放性，是與世人一同關心人權與和平等普世價值。

　　在這樣的定位上，尼可萊教堂釋放出部分空間作為常態性的展覽，在主題人權、迫害、戰爭等相關內容的展現裡，沒有過度強調基督信仰的重要性，沒有呼召觀者「決志信主」，但卻有灰調的歷史事件對比柔美教堂空間的張力。這種靜態的表達，依然能夠讓前來的人可以察覺教會對深度人文的在乎和努力，也能夠讓觀者不要忘記，關於自己腳下土地的歷史記憶。

結語：

　　〈和平之柱〉以公共藝術的形態介入「89之秋和平革命」，突顯出社會參與的「和平禱告會」。豎立在廣場上的雕塑主體，以符號載體的形式為觀者開啟多扇「窗口」，帶出早期新教教堂藝術的世俗化表現、啟蒙時代的「復古」思潮和重視內在感受的美學觀，或者好奇異國情調的文化現象。議題多元的連接，是來自於藝術家從教堂內的視覺表現取得創作元素，而這些元素又因為教堂建設與時代相互對應，合法化在解讀上能夠賦予更多的歷史意義。這無關創作者的宗教歸屬，也非營造者刻意打算，而是信仰活在社會當下的事實與敏銳。

　　作為一個紀念性的公共藝術形式，〈和平之柱〉在公眾領域中連接了土地記憶，讓談論此作品的行為能夠從作品所展現的「窗口」截取言說內容、構建議題。它是開放的，是等待言說者

Revolution begann in den Kirchen》，Hansisches Druck- und Verlagshaus，2009，頁56。

進行釋義。在這樣的形式結構上，基督信仰的參與擁有了一定程度的自主，有權引領目光看向教會之於土地和社會當下的努力。回到「太陽花學運」的主題上。在運動中教會的參與不會是主導的力量，它更像一個庇護的空間，被動，但適時地提供無權力的弱者在其中暫歇。然而，不論是即時還是事後的規劃，在教堂空間中進行一個或系列主題的展覽計劃，或者是紀念性公共藝術的設立，在作為記憶與思想的養成上，讓關注普世價值的「非基督」信仰者、對美有所追求的朝聖者都能在教會的常態性展覽裡看見社會中發生的抽象議題，並有機會在教堂的空間中與基督信仰的思路相遇。

然而，藉由書寫〈和平之柱〉所提出來的文化與藝術事工，好像也是對今日的教會提問說，屬於基督信仰的空間是否能夠成為創作者靈感的來源？是否能夠開放教會讓一個藝術自主、常態性操作的展覽形態進入其中？讓它成為信仰權威和個人生存之間的驛站，讓人得以藉著藝術之名面向社會、進行提問與反思，而非僅只是為各自的信仰正統進行辯護，窄化了視野，或娛樂效果化了藝術性的表現。

參考書目（選）：

尼可萊教堂：

1. Stephanie von Aretin、Thomas Klimm、Nikolaus Müller：《*Leipzig und seine Kirchen*》，Evangelische Verlagsanstalt Leipzig 2006。

2. Arndt Haubold 著：《*Die Nikolaikirche zu Leipzig*》，Grosse Baudenkmäler 401 冊，Deutscher Kunstverlag München Berlin 出版，1991。

3. Claudia Lepp、Kurt Nowak（主編）：《*Evangelische Kirche im geteilten Deutschland (1945-1989/90)*》，Vandenhoeck 2001。

4. Reinhard Wegner：〈*Gotik und Exotik im Zeitalter der Aufklärung：Der Umbau der Nikolaikirche in Leipzig*〉，收錄自：Reinhard Wegner（主編）：《*Deutsche Baukunst um*

1800》，Böhlau 2000。

基督教與藝術：

1. Hubertus Günther：〈*Die Salomonische Säulenordnung. Eine unkonventionelle Erfindung und ihre historischen Umstände*〉，Zentralinstitut für Kunstgeschichte, Munich 2011。

2. Eva Karcher：〈*Ursache und Wirkung des Bildverständnisses des Konzils von Trient*〉，收錄自：Rainer Beck、Rainer Volp、Gisela Schmirber（總編）：《*Die Kunst und die Kirchen. Der Streit um die Bilder heute*》，F. Bruckmann KG. 1984。

3. Wolfgang Kemp：〈*Kunstwissenschaft und Rezeptionsästhetik*〉收錄自：Wolfgang Kemp（主編）：《*Der Betrachter ist im Bild-Kunstwissenschaft und Rezeptionsästhetik*》，DuMont Köln 1985。

4. Timo John：《*Adam Friedrich Oeser 1717-1799：Studie über einen Künstler der Empfindsamkeit*》，Sax-Verlag Beucha，2001。

5. Wolfgang Ullrich：《*An die Kunst glauben*》，〈*Religion gegen Kunstreligion：Zum Kölner Domfensterstreit*〉，Klaus Wagenbach 2011。

6. Norbert Schneider：《*Geschichte der Kunsttheorie. Von der Antike bis zum 18. Jahrhundert*》：〈*Die Bilderlehre der katholischen Kirche nach dem Tridentium：Gabriele Palelots《Discorso*》〉，Böhlau（UTB）2011。

7. Jutta Held、Norbert Schneider：《*Sozialgeschichte der Malerei-vom Spätmittelalter bis ins 20. Jahrhundert*》，〈*Der Hochbarock in Rom*〉，DuMont，Köln 1993。

期刊：

1. Gunter Böhnke：〈*Die Säule auf dem Nikolaikirchhof*〉，《*Leipziger Blätter*》，99年秋季刊。

2. Angela Wandelt：〈*Künstlerischer Ideenwettbewerb Nikolaikirchhof*〉，《*Leipziger Blätter*》，93年春季刊。

其他：

1. Arnd Brummer（主編）：《*Vom Gebet zur Demo-1989 Die friedliche Revolution begann in den Kirchen*》，Hansisches Druck- und Verlagshaus，2009。

2. Georg Peter Karn：〈*Architektur des Klassizismus und der Romantik in Frankreich*〉，收錄自：Rolf Toman（主編）：《*Klassizismus und Romantik. Architektur-Skulptur-Malerei-Zeichnung, 1750-1848*》，Tandem Verlag 2009。

3. Ulrike Gleixner：《*Pietismus und Bürgertum. Eine historische Anthropologie der Frömmigkeit*》，Vandenhoeck & Ruprecht，Göttingen 2005。

4. Anke Silomon：《*"Schwerter zu Pflugscharen" und die DDR: Die Friedensarbeit der evangelischen Kirchen in der DDR im Rahmen der Friedensdekaden 1980-1982*》，Vandenhoeck & Ruprecht 1999。

5. 萊比錫大學六百週年校史專輯：《*Erleuchtung der Welt. Sachsen und der Beginn der modernen Wissenschaften*》，Sandstein Kommunikation 2009。

（二）理論思索

新教倫理與社會信任的中國建構
——以當代中國的「基督徒企業」為中心[1]

李向平、楊鳳崗

楊鳳崗
美國天主教大學社會學博士，現任美國普渡大學社會學
教授、中國宗教與社會研究中心主任
李向平
華東師範大學中國史學研究所歷史學博士，現任華東師
範大學社會系主任、宗教與社會研究中心主任

---

[1] 〔編按〕本文已於 2008 年第一次發表，http://www.pacilution.com/ShowArticle.
asp?ArticleID=1615，普世社會科學研究網，2008 年 11 月 27 日。太陽花學運
後，獲楊鳳崗、李向平教授同意收錄於本論文集再次刊載，一同再思新教倫理
對建構華人社會信任與組織制度的可能影響。

一、基督徒企業・新教倫理・社會信任

　　本文的「基督徒企業」，即是由「老闆基督徒」經驗或管理的公司和企業。這些老闆基督徒，是當代中國社會變遷三十年的一大成果。在當代中國城鄉經濟的發展中，他們作為新的基督徒群體、當代中國一種新的宗教氣象，主要是以個體經營和民營經濟為基礎的商人、企業主、經理、董事和有股份的職工教徒。[2]

　　這些老闆基督徒，基於他們的私人或民營經濟資本，走出了國家權力和計劃經濟的固有架構，進入了一個天天在競爭、日日有危機的市場。為了商業精神及其公司、企業的經營，他們亟需一種公司精神或者企業文化來支撐他們的獨立經營。為此，這些老闆基督徒所擁有的基督教信仰，被他們帶進了公司和企業，並且成為了公司、企業的重要經營理念，演變成一種人際互動關係、甚至是商業管理原則。而這些公司、企業的名稱，也往往使用「天心」、「神力」、「神和」、「神信」、「迦南」等基督教傳統術語，作為這些企業、公司的命名。因此，伴隨中國民營經濟的發展和壯大，當代中國的經濟社會之中就出現了一批由這些老闆基督徒經營的公司、企業。

　　顯然，所謂的「基督徒企業」，即因這些身為基督教徒的老闆對於基督教信仰、公司基督徒職員團契的強調，使老闆基督徒不局限於私人信仰而結合了他們的公司和企業，並且以自己的企業、公司及其運作關係，作為他們表達和實踐其基督教信仰的組織基礎。目前，在中國東南沿海地區和一些經濟比較發展的大中型城市中，已出現了一批具有基督教信仰共同體特點的「基督徒企業」。

　　本課題對於基督徒企業的研究，主要是基於當代中國宗教信仰與社會信任系列研究課題中、基督教新教倫理與社會信任的子課題。該研究主要採用了宗教社會學質性研究中的訪談方法，先

後對近五十名基督徒老闆進行了每人平均兩小時左右的訪談。這些訪談，以半結構性訪談為主，集中瞭解新教倫理、基督教信仰與社會、經濟活動中的信任關係，同時也涉及到新教倫理對構成社會信任的內在功能，與其它宗教、社會信任的關係進行一定的比較。

我們認為，新教倫理與社會信任的內在關係，應當為是新教倫理在中國的主要實踐模式之一。馬克斯·韋伯提出的「新教倫理」，乃建立在基督教新教的教派倫理基礎之上的，它是亦內涵有社會信任的相關問題。這就是說，一個有信譽的教派，就是一份信譽良好的資格證書，進而涉及到該教派成員在日常交往、社會生活、經濟活動中的誠信程度，涉及到這一信仰共同體或經濟組織及其成員在社會、經濟活動中的相應成功。

在當代中國，就「基督徒企業」而言，一個信譽良好的公司或企業，同時也是新教倫理之實踐結果比較理想的現代經濟組織。所以，就新教倫理與市場、社會、人際關係之間的信任關係而言，它們之間已經發生了格外密切的聯繫。尤其是基督徒企業中的倫理要求和信任方式，與個人信任、制度信任、特殊信任、普遍信仰之間的特殊關係，亦已構成了當代中國基督教信仰、基督徒企業與當代中國社會信任關係研究的基本問題，它也是對馬克斯·韋伯新教倫理命題的繼續討論，是韋伯命題在中國社會的一個真實見證。

信任問題，作為人間社會的互動基礎，在本質上與現代制度緊密聯繫。它是現代社會學理論中的一個重大問題。韋伯、盧曼、吉登斯、福山等，均在不同程度上表示了對信任問題的普遍關注。尤其是在馬克斯·韋伯的宗教社會理論中，新教倫理使它的信徒忠誠於他們的天職規範，而不管這種忠誠是否有利。這使他們成為無條件值得信賴的個體，他們在精神上激發出的相互信任使他們整體獲益，並使現代世界成為可能。為此，韋伯提出的新教倫理命題，它集中討論的重要問題之一，實際上就是現代資本主義的一個前提條件，如何實現了從人格信任轉向非人格信任的改變？

韋伯曾經指出，基督教作為一種「倫理的宗教——尤其是基督新教的倫理的、禁慾的各教派——之偉大成就，即在於打斷氏

族的紐帶。這些宗教建立起優越的信仰共同體，與倫理性的生活樣式的共同體，而對立於血緣共同體，甚至，在很大的程度上與家庭相對立。從經濟的角度上來看，這意味著將商業的基礎建立在個人（於其切實的職業工作上所證明）的倫理資質上。」同時，在關於中國宗教的研究中涉及信任問題的討論時，韋伯就明確指出，中國人彼此之間存在著普遍的不信任，認為中國人的信任不是彼此之間存在著普遍的不信任，而是建立在血緣共同體的基礎之上，即建立在家族親戚關係或准親戚關係之上，是一種難以普遍化的特殊信任。「因為作為一切商業關係之基礎的信賴」，在中國總是基於純粹的（家族或擬家族的）個人關係上。[3]

這說明，韋伯及其新教倫理命題，實際上亦包含了這樣一個談題：作為信仰規則和信仰實踐的社會信任。它把信任作為一種宗教信仰現象。信任不僅僅是一種計算的取向，亦不僅僅是一種心理傾向，而是作為一種宗教信仰規則而出現。它不僅僅是一個人的道德屬性，更是一個宗教信仰共同體的整體屬性。正如福山指出的那樣，倫理習俗可使人自發地結合在一起，產生居於新意義的組織關係，並由此產生大量財富。所以，基督教的宗派性宗教群體，如浸禮會教友、循道宗教徒和貴格會教徒中，可產生緊密聯繫的小群體。這些小群體的成員通過信奉某些價值如誠實、服務而團結在一起。這種內聚力使他們受益非淺，因為商業交易在很大程度上要依賴信任。因此，福山再次強調了韋伯的觀點，強調信任感是經濟生活中不可或缺的一環，歷來就是由宗教習慣衍生出來的。[4]

遺憾的是，漢語學術界在討論新教倫理命題與現代中國的變遷與發展關係的時候，對於新教倫理命題之中所內涵的社會信任問題，可以說是被嚴重忽略。

對此，本文認為，馬克斯·韋伯提出的「新教倫理」，既是一個宗教社會學的理論問題，亦是宗教理念如何進行社會實踐的現實問題。多年以來漢語學術界以「儒教倫理」、儒教資本主義

---

[3] 馬克斯·韋伯，《中國的宗教》（桂林：廣西師範大學出版社，2004 年），頁 32。

[4] 弗朗西斯·福山，《信任：社會美德與創造經濟繁榮》（海口：海南出版社，2001 年），頁 36-37、45。

替代韋伯新教倫理命題的討論，實際上是懸空了新教倫理的實踐主體及其行為規範，忽略了新教倫理的制度實踐特徵。因為儒教信仰是一種缺乏宗教制度的信仰形式。因此，本文將新教倫理與中國近十年來興起的基督徒企業結合起來考察，擬集中討論新教倫理與社會信任等基本問題，至於對本課題經驗資料的具體分析和深入討論，將在另文進行。

本文的主要觀點是，基督徒企業作為一種「職場事奉」和「職場教會」，已在一定程度上具有了表達和實踐基督教新教倫理的（非教派）組織基礎，並在職業實踐的基礎上建構了一種「職場性新教倫理」，進而呈現了一個信仰群體的行動規範——即當代中國的基督徒企業所能夠建構起來的社會信任關係。而新教倫理與社會信任之間的關係，及其在當代中國基督徒企業中的一定呈現，或許會使中國人、中國社會以及漢語學術界重新理解基督教新教倫理的相關意義。

二、「中國問題」與「新教倫理」的替代

「新教倫理」，乃馬克斯・韋伯宗教社會學的核心概念之一。它出自於禁慾的基督教新教的職業倫理，而作為「經濟倫理的宗教類型」或「宗教的經濟倫理」，區別於一般類型的經濟倫理。因此，在宗教與經濟的內在關係中，韋伯特別關注在宗教與宗教組織內形成的工作規範、財富與財產的規範、以及關於貿易、工業和金融的規範、關於經濟變革與技術革新的規範，與那些缺少經濟資源者有關的規範及慈善等等，進而構成了基督教新教倫理的原形。[5]

為此，對於「新教倫理」這一概念的理解，直接決定了學術界對於韋伯宗教社會學的研究取向。比如，在解釋社會變遷的現象時，如果僅僅使用文化、價值、精神或倫理的概念，而不涉及社會組織、制度設置等問題，這種努力往往就會被誤讀、甚至是

---

[5] 理查德・斯威德伯格，《馬克斯・韋伯與經濟社會學思想》（北京：商務印書館，2007年），頁180-183。

落空。所以，學界一直有人把韋伯的新教倫理及其宗教社會學的比較研究，視為一種「文化心理學」或「心理屬性」的研究，甚至會認為，當韋伯試圖把資本主義的興起追溯到新教倫理時，他多數情況下即是把新教倫理看作是個體的「心理屬性」，[6] 從而把新教倫理與不同宗教體系進行比較研究時，其研究就會表現為一種文化心理的功能替代取向。

對於新教倫理概念的這種理解，對於 1980 年代初中期的中國學人對新教倫理的接納與討論，也有很大影響。一方學者認為，發軔於 1980 年代初的東亞「經濟奇蹟」，表明韋伯的相應論述，如不是有缺陷的話，至少也不完全，進而認為韋伯沒有充分、全面地考察儒教與道教中可能促進資本主義發展的因素[7]。這些討論，大抵就是以儒教之倫理功能，替代基督教新教倫理的始作俑者。

另一方學者，則強調韋伯主要論證的是，中國為甚麼沒有產生理性的資本主義形式，而這一形式卻會在西方蓬勃發展。因此用東亞「四小龍」的例子來證明韋伯理論的失誤；[8] 認為韋伯宗教社會學的基本思想，就在於研究世界幾大宗教教義的理性化程度及其過程，尤為關注基督教新教如何在其漫長發展中減除巫術、迷信的成分，而引發出一種普遍性社會倫理，最後影響了人們的經濟行為，與資本主義的產生構成親和力。[9]

從宗教社會學的發展軌跡而言，這些討論和爭論，之所以會呈現為一種文化心理功能的取代取向，主要是因為它們在一定程度上，受到了以結構功能主義為中心的現代化理論——即帕森斯式韋伯詮釋的影響。這一研究取向，以美國為藍圖的現代化研究，過分套用了韋伯對於新教倫理與資本主義之間關係的解說，其結果不僅容易造成理解韋伯作品本意時的盲點，亦未能把握到

6 羅德尼·斯達克、羅傑爾·芬克，《信仰的法則》（北京：中國人民大學出版社，2004年），頁37。

7 金耀基，《儒教倫理與經濟發展：韋伯學說的重探》，《金耀基社會文選》，（台北：台灣幼獅文化事業公司，1985年）。

8 楊善華、李猛，《中國大陸社會學重建以來國外社會學理論研究述評》，《社會學研究》，1994年第6期。

9 蘇國勳，《理性化及其限制——韋伯思想引論》（上海：上海人民出版社，1988年），頁59。

韋伯對西方文明自我批判的精髓。1960年代以來的社會學家，如貝拉（R. Bellah）、艾森斯達特（S.N. Eisenstandt）等人，皆試圖在現代化理論的架構下，尋求儒家倫理在非西方地區的「功能替代物」。這種對於韋伯的解讀和討論模式，造成了結構功能典範下的韋伯詮釋與中國現代化研究的結合，並將韋伯的新教倫理命題視之為非西方社會現代化的「功能替代物」（functional equivalent），以便尋找一條韋伯式的「現代化之路」。

再如楊慶堃於1964年為韋伯《中國宗教》英譯本再版所寫的引介中，也基本依賴帕森斯式的詮釋模式，認為韋伯的主要目的是證明「中國所以沒能成功地發展出理性的資產階級資本主義，其主要原因在於缺乏一種特殊宗教倫理作為不可或缺的鼓舞力量。此類詮釋，很容易誤導讀者為片面的唯心論」。觀諸近年論及儒教倫理與經濟發展關係的文章，仍然有不少學者是通過這個框框去理解韋伯的，乃至謬誤百出。[10] 甚至會認為中國儒教的天理世界，即類似於基督教新教倫理那樣的價值系統；而基於這樣一個對等物，「我們只要把『上帝』換成『天理』，便可以發現新儒家的社會倫理有很多都和清教若合符節。」[11]

由此可見，華人學術界始自1980年以來的韋伯及其新教倫理的研究，大多是在尋找一種等同於新教倫理的功能替代物——儒教或佛教倫理。雖然這些研究成果，是在借用韋伯對於新教倫理和資本主義產生的著名研究作為出發點，尋找重新解釋儒家倫理與東亞企業精神之間的關係，在全球範圍內重新考察韋伯的論點。可是，新儒家倫理往往被描述為具有與新教倫理相等的功能，有時也被描述為與西方的工作倫理基本一致，或者是可以比較的。[12] 尤其是國內學人讀解韋伯《新教倫理與資本主義精神》與《中國宗教》等作品時，常常是片面強調了信仰、倫理、價值

---

10 顧忠華，《韋伯學說》（廣西師範大學出版社，2004年），頁20-24、90、116。楊慶堃〈導論〉，見《韋伯作品集》V，《中國的宗教·宗教與世界》（桂林：廣西師範大學出版社，2004年），頁335-372。

11 余英時，《中國近世宗教倫理與商人精神》，《士與中國文化》（上海：上海人民出版社，1987年），頁499-511。

12 杜維明，《新加坡的挑戰——新儒家倫理與企業精神》（北京：三聯書店，1992年），頁140。

的現代化功能。受此方法左右，中國學界自 1980 年代中後期所緣生的「文化決定論」，把中國現代化的問題轉化為一個傳統文化如何改造的工程了。直至 1990 年代後期，東亞金融危機，世人才多少有了坦言，「儒教文化圈」的理論不攻自破了。

因此，新教倫理在中國現代化發展的語境中，早已基本形成了「新教倫理——儒家倫理——現代化」三部曲。這種以儒教倫理來替代新教倫理的局限，不得不使人感到，韋伯新教倫理在中國落地，首先就停留在學者的腦袋中，而無法找到一個真正地以新教倫理為中心的社會實踐主體。人們只關注到儒教倫理與新教倫理的對應角色和比較功能，但卻忽略了儒教信仰的擴散狀態、甚至是忽略了儒家信仰結構在現實權力秩序之中的深刻嵌入，無法提供一種獨立的信仰及其倫理的實踐平台。特別是儒教信仰的非制度、私人擴散的社會特徵，使儒教無法進入當代中國的社會經濟領域，而只能停留在概念的討論層面，或者是只能依賴於其他權力機構或社會組織才能予以表達。在此論域之中，「新教倫理」命題及其內涵的社會意義，自然就被「中國問題」及其儒家倫理所替代了。

與此同時，西方學術界亦對韋伯的新教倫理命題提出了一些新的批評。這些批評認為，韋伯探索新教與資本主義之關聯的研究具有開拓性意義，但其研究卻陷入一種單一的因果關係之中。韋伯遠遠沒有給予某些宗教信仰確定的經濟觀念與給予經濟基礎構成的因素以同樣的重視。特別是作為資本主義登上舞台的精神動力的信任，韋伯僅只是順便提到了「信任」這個概念，從而又很快的回到了合理性問題。實際上，信任作為勞動工具，信任才是資本主義精神的源頭。[13]

韋伯提出的新教倫理，把價值觀與經濟行為聯繫起來，但他並沒有論證，隨後的行為怎麼使得能產生不斷的經濟增長的特定制度和組織出現。所以，考慮到特定制度的和組織的結構演化和行為理念之間的關係，可以為這種演化提供一種解釋，那就是，既然宗教是前現代世界居主導地位的、有組織的信念結構，那

---

[13] 阿蘭‧佩雷菲特，《信任社會》（北京：商務印書館，2005 年），頁 14、401、405頁。

麼，體現在宗教中的人口／資源約束，可能就是信念的來源。[14]

由此可見，著名的新教倫理命題，雖然亦在一定程度上內涵有信仰與信任的內容，但少從信仰與信任的關係入手，研究新教倫理與社會信任、社會經濟發展之深刻關係，的確是新教倫理命題的進一步拓展。

從當代中國改革開放三十年歷程而言，今日中國的基督教事業的已較之往昔，具有了較大的起色。特別是在1990年代以來中國民營企業的崛起和發展中，悄然興起的一批「基督徒企業」，即是在一種社會組織和社會實踐的層面上，漸漸呈現了基督教新教倫理在當代中國社會的一種實踐形式。所以，本文將以當代中國社會近十年來興起的基督徒企業為中心，特別考察新教倫理在這些基督徒企業運作過程中的具體實踐過程，進而討論基督教新教倫理與社會信任在當代中國社會的特別建構。

三、基督徒企業與新教倫理的實踐路徑

崛起於民營企業陣營中的「基督徒企業」，也可叫做「信仰型企業或信仰型公司」。它們的組織運作及其系統設置，使作為管理者和經營者的老闆基督徒能夠通過公司、企業的運作系統而表達他們的個人信仰，並且在相當一個群體規模層次上，賦予其公司、企業的經濟行動以一定程度的信仰意義。一方面，這些經濟資本的運轉，具有現代公司、企業的制度要求，同時，這些基督徒企業又因其老闆基督徒的管理和經營，不得不表達出一定程度的基督教信仰及其倫理要求。所以，它們具有理性資本主義的某些特徵，用經濟術語來說，理性資本主義意味著是由理性的企業組織起來，理性的企業為大眾市場生產並通過資本覈算計算營利。[15]

新教倫理在當代中國社會經濟領域之中，獲得了一塊能夠進

---

[14] 道格拉斯‧諾思《理解經濟變遷過程》（北京：中國人民大學出版社，2008年），頁120-121。

[15] 理查德‧斯威德伯格，《馬克斯‧韋伯與經濟社會學思想》（北京：商務印書館，2007年），頁32。

入實踐的空間和制度平台，同時，也說明瞭這些基督徒企業與基督教的新教倫理之間，無疑就具有一種倫理與結構兩個層面上的親和力。雖然，新教倫理在當代中國的經濟社會領域，其本身並非經濟社會發展的直接結果，然它們卻因為是「基督徒企業」而能在其經營、發展的過程中，直接表達並實踐韋伯所提出的新教倫理。它們比那些固定的基督教教堂和聚會點，更加具有實踐新教倫理的社會能力和組織基礎。因為基督徒企業，本來就是一種職業群體、是一種經濟組織，具有一定的理性化程度。它甚至可以組織該企業的社會生活，滲透社會福利，從中孕育、建構出一種特別的意義系統，使同企業中的成員或職員產生職業群體的認同感和歸屬感。

在馬克斯・韋伯那裡，新教倫理與資本主義「精神」之間的關係，本來就不侷限於一種個人信仰與工作中的「精神」；更重要的，韋伯強調的新教倫理，同時也是一種社會規範。韋伯強調的是，現代資本主義精神及其文化的一個基本構成因素，就是以職業觀念為基礎的合理的生活態度。而這一生活態度，主要是出自基督新教的制欲精神。對此，韋伯講得很明白，資本主義精神即是社會互動的結果，是整個群體的發明，它甚至可以被總結為某種類型的、集體的「生活方式」。[16] 因此，新教倫理所包含的，本質上則是一種宗教的信仰是怎樣演變成為社會倫理規範的、如何進入現實社會生活、並且規範現實社會生活的問題。

實際上，在宏觀與微觀之間、或社會學講的行動與結構之間，絕非個人價值傾向、精神或者信仰的簡單拼湊。而新教倫理－禁欲主義新教理念只有在被教派強化的前提之下，它才能夠表明基督教新教的教派組織，乃是現代資本主義精神形成中能發揮積極功能的一種新機制。韋伯僅僅是表達了這樣一個命題：反映社會特徵的宗教倫理，在宗教改革中（特別是在那些信奉加爾文教派的地方）發展為新教；而新教倫理中卻包含了有利於資本主義經濟組織發展的價值觀念。[17] 儘管基督徒企業與正式的教派

---

[16] 理查德・斯威德伯格，《馬克斯・韋伯與經濟社會學思想》（北京：商務印書館2007年），頁176。

[17] 詹姆斯・S.科爾曼，《社會理論的基礎》（上）（北京：社會科學文獻出版社，1999年），頁9。

組織具有結構上的差異，但是基督徒企業之中所包含的職業團體要素、信仰團契功能、特別是它們具有能夠強化新教倫理理念的組織資源，它們就已經聯接了新教倫理中的個體行動者及其所能創造的社會規範之間的某種關係，企圖把它們建構成為一種新教倫理所要求的那種「清醒而系統的生活方式」。

在這些私營或民營的基督徒企業中，公司或企業主的組織權威基本取代了固有的行政權威，並以其公司、企業的民間組織權威取代了固有的政治權威。它們立足於國家之外的市場空間，依靠社會資源和人際關係，拓展了自己的生存空間，從而整合了民間組織權威、私人信仰與職業共同體。他們以其擁用的職業共同體，努力建構了公司、企業中新教倫理的某些信仰特徵，從而超越了固有的制度障礙；而他們自己選擇和委身的基督教信仰，同時也建構了一塊「信仰飛地」。雖然他們並不具有教派模式，但卻具有「職場教會」（workplace church）的雛形。這就在一個制度化的社會規範、群體行動結構上，基於基督徒企業中的組織權威，具體表達、並以群體信仰的形式，實踐了韋伯所提出的新教倫理。

四、宗教信仰與社會信任的同構關係

著名社會學家安東尼・吉登斯，把信任定義為「對一個人或一個系統之可依賴性所持有的信心，在一系列給定的後果或事件中，這種信心表達了對誠實或他人的愛的信念，或者，對抽象原則（技術性知識）之正確的信念。」然而，在現代性條件之下，吉登斯也指出，信任存在的情境之一，就是「由現代社會制度之動力特徵所導致的、急劇擴大的人類活動的變革範圍。」[18]

這說明，在簡單的社會系統中，超越對具體的其他個人信任的安全生活模式建立起來，一般要借助於有關真實存在、自然和超自然的以宗教為根據的假設，還借助於神話、語言和自然法。這也就是說，事物的正確秩序被視為正常的、並被確立為可

---

[18] 安東尼・吉登斯，《現代性的後果》（南京：譯林出版社，2000年），頁30。

信的。」在這建立信任的過程中，「與個人無關的信任形式是不需要的。每當必須要進行交流或對事物的秩序進行解釋時，往往是通過上帝、聖人或智者的權威來進行的，而且把他們當人來信任。」[19]

這種信任方式，同時也是經由一種信仰結構所建構起來的一種行動規範，甚至依靠著這樣一種信任文化結構而建構起人們之間的相互信任。它作為「一個規則系統——規範（norm）和價值（value）——它們調節給予信任和達到、回報信任以及相互信任的行為；簡言之，是給予信任和可信性的規則。信任文化把具有各種類型的信任佔優勢的持久的經驗積累和系統化為規則。」[20] 至於吉登斯強調的，現代社會之動力特徵所導致的信任要求，必須要經過制度而建立起來的信任方式，則是把信任文化與制度設置整合起來的一種信任方式。

這就是說，上述信任方式，是能夠在一個行為規範、誠實而合作的群體中產生，它依賴於人們共同遵守的規則和群體成員的素質。即使是信任還未能在該群體成員中得到普及之前，該群體也必須整個地接受共同的規範。[21] 這正如韋伯及其後來者認為，參加社團組織就等同於獲得一個「社會印章」（a social seal of approval），使得團體懲罰或群體信任成為更加可能。只要他們接受了整個團體規範的約束了，那麼，一種信任結構就會在其「社會印章」的基礎得以作者形成。因此，作為信任媒介，它們可以是真理、權力、愛情、貨幣、信仰等等，它們的功能，僅只是提供符號泛化的選擇代碼，使期待的結構和動機模式得以形成，使某些個人可能與他人進行聯繫。關鍵是它們的組織結構。甚麼樣的組織結構，配合有甚麼樣的信任文化，就必將有甚麼樣的信任結構被打造出來。

韋伯在新教倫理的命題之中，實際上就已經包含了宗教與經濟、社會、信任諸層面的關係，特別是：宗教對財富的態度；宗

---

[19] 尼克拉斯·盧曼，《信任》（上海：上海人民出版社，2005年），頁62。
[20] 彼得·什托姆普卡，《信任：一種社會學理論》（台北：中華書局，2005年），頁132。
[21] 弗朗西斯·福山，《信任：社會美德與創造經濟繁榮》（海口：海南出版社，2001年），頁30、31。

教組織及它們與經濟事務的關係；特定的社會－經濟階級和階層的宗教傾向；以及朝向救贖的不同方式及其對經濟的影響。[22] 由此可以看出，韋伯特別強調的宗教與經濟之間的內在關係，是經由一個組織而表達出來的經濟態度及其財富觀，從而才能影響一個階層、甚至是一個地區的經濟發展特徵。

在韋伯看來，教會就像是一個恩寵機構，「經營宗教救贖財有如經營一個信託遺贈基金，加入教會（在概念上！）是義務性的，因此無所謂保證成員的品質。相反的，教派是唯獨（在概念上）符合宗教－倫理資格的人所組成的自願性團體，當個人經由宗教的驗證而自發性地尋求接納，他是基於自由意志而加入教派。」宗教上的外在身分，成為了一般信徒的成就結果。如果他因為倫理過失而被逐出教派，這就意味著他在經濟上的信用喪失與社會上的降格淪落。[23] 那種不同於教會組織結構的「教派型」信仰群體，是韋伯希望看到的新教倫理的具體實踐結果，即是社會上的信任和經濟上的信用，進而建構了新教倫理與社會信任之間最基本的社會關聯。

比較而言，當代中國經濟領域中出現的基督徒企業，它們所能夠實踐的新教倫理，並非集中在教會或教派中的實踐形式。它們對於新教倫理的某種接納和實踐，本質上並非出自於韋伯特別強調的教派，甚至是超越了固有教堂和教派組織的強大制約，而是一種「職場性新教倫理」。中國社會的改革開放，雖然在基督教教會資源的重建與發展方面具有直接的影響，但教會本身作為一種恩寵機構，卻無法構成一種生活方式和信任結構。更加主要的是，這些影響並沒有直接帶來中國基督教教派關系的建構，遑論經由新教倫理的信仰而建構的社會信任了。

可是，基督徒企業中的聚會模式，作為信仰群體的團契，它們是一種自由企業細胞小組（Free-enterprise cells），依然根植於傳統教會。在這些聚會模式之中，基督徒企業容許在職場的會友與周遭的未信者，針對彼此有共同興趣的問題，建立有意義的

---

[22] 理查德・斯威德伯格，《馬克斯・韋伯與經濟社會學思想》（北京：商務印書館，2007年），頁147。

[23] 馬克斯・韋伯，《新教倫理與資本主義精神・新教教派與資本主義精神》（桂林：廣西師範大學出版社，2004年），頁196-197。

連接關係。基督徒企業作為「以信仰為基礎的團體」，又可稱之為一種「全新模式的團契」。它們不是直接的「堂－點」（church building and fellowship spot）聚會形式，卻近似於一種「第三種模式的教會」——既不屬於官方的三自教會，也不屬於以鄉村教會為主的家庭教會——正在城市迅速崛起。其中的聚會人士大多是專業人士，包括公司老闆、醫師、工程師、科學家、律師、社會管理者等等。此外，許多藝術家和作家也加入了這個全新模式的教會。它是一種在職場中，由職場事奉者所帶領的教會。[24] 或者說，這種聚會模式，與傳統的核心教會（nuclear church）具有一定的差異，但是它們卻應當是延伸教會（extended church）的一種存在形式，甚至可以按照延伸教會的原則來運作。為此，我們可以說，企業、公司裡面的信仰團契，實際上類同於「延伸教會」，信徒們可以在日常生活之中，常常以基督教信仰作為媒介，與不同的人建立商業合作關係，以提升彼此的效益。

它們與傳統核心教會的最大區別，是不在固定的教堂聚會，而在公司、企業提供的職場。其次，在職場上轉播福音的，並不是牧師，而是市場、經濟領域中的公司職員、經營者或企業老闆。這就促使社會生活中許多放棄傳統教會模式的職場教徒，正在尋找和建構這一創新型的替代性團體，來供應他們靈命上的需要與服事上的裝備。所以，基督徒企業實際上就是出現在當代中國社會經濟生活中的「公司教會」（corporate churches），或「職場教會」（workplace churches）。它們是由同一公司的信徒組成的教會模式。[25] 在公司允許的情況下，公司、企業中的基督徒可以不拘時間，在公司的會議室中聚會，彼此團契，相互激勵，近似於一個信仰共同體。

所以，這種特殊的職場團契，在很大程度上，就是新教倫理與中國基督教、在基督徒企業這種具有經濟組織中的最初整合。它們作為老闆基督徒在職場信奉新教倫理的一個結果，本質近似於核心教會之外的教派建構。他們雖然沒法去實踐那種作為清教

---

[24] 彼德・魏格納（Peter Wager），《教會在職場》（台北：基督教以琳書房，2007年），頁188。

[25] 彼德・魏格納，《教會在職場》，頁190-191。

徒、渴求成為職業人的倫理觀念，但他們卻是職業人，直接在實踐著作為清教徒的倫理觀念。他們能夠努力，「將工作視為屬靈的事情，是一種有紀律的企圖，就是希望籍由我們的努力（不管是否有酬勞）而使世界變得更好、更接近神所要的樣式，以致『我們自己和我們的環境』能與神的步調一致，並且使神的靈能在這個世界中動工。」[26]

因此，當你走進一家公司、在這家公司門口或大堂牆上讀到主禱文、使徒信經、十大戒條等文字的時候，你就用不著犯困惑了。這不是教會或教堂，而是一傢具有基督教信仰共同體特徵的商業公司。

一家基督徒公司的入門之處，曾經張貼有這樣一些文字，上面寫著：

1. 扶助值得幫助的親朋，你就會有福氣；
2. 敬愛家人朋友，也必得人尊重；
3. 把喜悅與人分享，喜悅也必會更加豐盛；
4. 奉獻愛心不求回饋的人，永不欠缺；
5. 愛自己的事業，誠實對人，必得成功；
6. 事事講求分享，代代永得平安。

我們亦曾在一些知名企業的會議室牆上，讀到了下面這些箴言：「我們務要認識耶和華，竭力追求認識祂」；「他的出現確如晨光，他必臨到我們像甘雨，像滋潤田地的春雨」；「敬畏耶和華是智慧的開端，認識至聖者便是聰明」；「人的信心若建在膚淺的砂土上，結果必然經受不住考驗。只有把根基建立在磐石上，我們的人生才有了堅實的基礎」……。

老闆基督徒經營的基督徒企業，他們不會把信仰侷限於個人的私密領域，而是把它們宣告出來，甚至行出來。通過他們的言行、公司的管理、企業的聚會或市場合作夥伴的選擇等方式，他們把他們所經營的職業共同體、商業經驗活動，當作了他們的信仰實踐方式。儘管他們在招聘職員時，並沒有打出廣告，說基督徒企業喜歡招聘具有基督教信仰的職員；但一些應聘的工人，亦曾因為聽說老闆基督徒不克扣工資，而喜歡去尋找那些老闆基督

---

[26] George F.A. Pierce, *Spirituality @ work*, Chicago: Loyola Press, 2001, p.19.

徒開辦的公司、企業。正是因了共同的信仰，他們之間能夠具備一種基本的信任，從而滲透在公司、企業的人事管理和人際交往的諸項原則之中。一個基督徒企業，因此而類似於一個信仰共同體，為充滿著信任的強烈而親密的互動提供類似家庭的環境，建構了一種人際信任模式。更重要的是，它們以這種方式變成了培訓基地：另一所「信任學校」（school of trust）。這也就是說，加入緊密聯繫的宗教共同體，——教會、教派等，就像在牢固的網絡和堅固的家庭中的一員——給人一種堅實的、團結的、互相支持的感覺。[27]

當然，基督徒企業並不等同於教會或教派，它們僅僅是能夠被理解為「信任學校」而已。這些老闆基督徒，他們作為一個企業、公司的負責人和董事長，他們已經自覺不自覺地、把他們的私人信仰通過他們的老闆身分，滲進了整個公司、企業的運轉機制，使他們的個人信仰具有了群體實踐、職場教會的某些特徵。這些基督徒企業，通過他們的企業、公司組織，把他們的私人信仰建構為具有某種共同特徵的信仰群體，以及彼此能夠分享的信仰模式。與此同時，還有一些老闆基督徒則會在公司、企業的規章制度之外，另外增添一層屬於基督教信仰的精神關懷和規範，另設有與《聖經》、基督教信仰緊密相關的職員守則，從而把公司、企業的管理制度、交往規範，與基督教信仰進行了基本的整合。一個具有宗教信仰特徵的經濟共同體，在一定能夠程度上，已經被理解為一種社會信任共同體。

特別是隨著中國民營經濟的進一步發展，這些老闆基督徒也隨著職場人士對於信仰的特別需求，通過相應的企業團契，把職業與信仰予以一定的結合，試圖把信仰共同體和信任共同體進行雙重打造，通過公司、企業的制度安排，把個人的基督教信仰表達為一個職業共同體的核心價值觀念：一種具有職場特徵的新教倫理，為基督徒企業中的人際信任和組織信任，奠定了最初的社會基礎。

---

[27] 彼得·什托姆普卡，《信任：一種社會學理論》，中華書局 2005 年，頁 176。

五、職場事奉（workplace service）中的信任關係

就信任類型及其社會關係而言，普遍信任、特殊信任、人際信任、人格信任、制度信任、能力信任、血緣信任、情感信任等等；不同的信任，自然就內涵有不同的道德關係、人際關係、利益關係、情感關係、血緣關係、信仰關係……。

在這些信任關係之中，最重要的應是普遍信任與特殊信任。然而，因為當代中國的社會中介組織向來就不發達，自由結社常常受到限制，所以目前還無法就中國的中介組織及其信任關係做出分析，[28] 還無法對普遍信任與特殊信任之間的各種關係，做出具體的梳理。特別是在人們無法完全進入社會公共生活的時候，中國人之間的普遍信任程度往往就會比較低。所以，基督徒企業或者信仰共同體之中的信任結構，很難不局限於「內團體」信任關係的研究，僅只是信任我們彼此認識、熟悉的人，而難以直接去信任那些不認識的人、或沒有人際交往關係的人。

不過，在指出這些信任現象之特殊性同時，我們也應當看到，一個制度化程度比較高的社會組織，對於該組織文化是否具有維繫組織身份、培養人際信任關係的能力，建構一個穩定的群體身份？這對於社會信任的建構，乃是十分重要的。因為，以信仰關係為基礎的信任，與基督徒、基督教社會組織的身份建構一樣，同樣都是一種社會建構的產物。[29] 這一特別的現象，不僅導致了以基督徒企業為組織基礎的社會信任的建構，不僅僅是一種信任的組織生成（group becoming），同時也是一種信任的社會生成（social becoming）。一個社會能夠為其信任提供的空間和資源方式，極大地制約了一個信仰群體內部的信任生成路徑。

如果說，固有的教堂對於新教倫理的信仰制約，決定了它所建構的信任方式，似乎就是一種「制度信任」的話，那麼，家庭教會能夠建立起來的信任方式，極有可能就是一種「人際信

---

[28] 張維迎，《信息、信任與法律》（北京：三聯書店，2006年），頁209。

[29] 羅德里克·M·克雷默等〈集體信任與集體行動——作為一種社會決策的信任決定〉，文收羅德里克·M·克雷默主編，《組織中的信任》（中國城市出版社，2003年），頁506。

任」；至於以基督徒企業為基礎而建立起來的信任結構，就極有可能是一種類似於企業、公司那樣的「團體信任」或「組織信任」，而在基督徒企業或者基督徒企業中公司職員們之間的相互信任方式，就一定是「人格信任」或「個人信任」了。

三十年來，中國改革開放及其經濟的高速發展，導致國家權力對於多重所有制的承認，承認了民間資本的獨立運轉功能，承認了民間公司、民營企業的自我治理功能。這就在無形中認可了民營資本及其職場的空間自主性。特別是隨著1990年以來中國經濟在國有、集體所有制層面的轉制，許多中國人已不需要固有的全能單位體制依靠，在固有的單位體制大致解體的情形下，大多數中國人開始到各種各樣的公司、企業尋求職業，同時也使他們能夠在精神信仰上自由選擇了。

為此，在民營公司、民間資本得以嶄露頭角的社會語境之中，老闆基督徒的特殊作用得到了逐步地呈現。他們以個人的信仰實踐方式，對各種固有的政教關係、教社關係、宗教－信仰關係予以了不同程度的解構，並以其經濟活動為基礎，在不同程度上重構了一系列有關宗教－信仰、宗教與經濟等方面的實踐關係。

依據現代社會理論，那種因分工不同而形成的職業群體，公司老闆及其公司職員，他們大多是以其職業結構作為一種社會共同體，在其公司、企業內部構成一種實質性和意義性的人際互動。因此，在上述這些老闆基督徒經營和管理的公司、企業之中，由於這些老闆基督徒既擁有一定的組織權威，同時又具有他們自己的信仰，所以他們在其職業行動與信仰層次上加以組織的共同體行動，無疑就建構了一種以職業共同體為基礎的信仰群體和團契方式，並在其職場之中能夠認同於新教倫理，同時進行不同層次的信任建構實踐。

比如，在一家著名的民營企業，它的週一晨會上，它能夠把公司、企業之群體信任功能，以職場信奉的現實加以建立。雖然這是週一晨會，同時也是該公司中層管理人員的工作例會，而它的進行方式卻如同一個崇拜儀式。

首先是唱詩，內容是《一件禮物》和《坐在寶座上聖潔羔羊》；接著是信心短片欣賞：《您聽到上帝的聲音了嗎？》；然後

是讀經：《詩篇》119篇；最後是公司負責人講他的見證。

> 「……我們始終是生活在正義和邪惡的爭戰之中。不論是我們外在的行為，還是我們內在的心思意念。我們原本可以把自己完完全全地交給上帝，這是一種非常理性的思維方式。因為，我們如果不依靠上帝，我們後面的路就非常複雜而不可測；如果我們信靠上帝，那我們後面的路就非常簡單而又明確。我們聚合在一起，我們在一起工作、生活。我想把最好的東西給公司裡的每一個人。我想在這個大家庭裡，少一些自私，多一些公義。」[30]

公司老闆的言語之中，既有公司的管理要求和經營目標，同時也包含了信仰的互動和信任的強化。他說：「信仰與利益無關，無論個人或企業。信仰，只關乎個人、家庭，關乎社會的和諧和安定。」晨會臨了，這位老闆建議，讓我們齊聲誦讀一段《聖經》經文。

表面上看，這樣的週一晨會，實際上就是公司管理的一個必要環節。可是，就是這樣一個晨會，其中已滲入了基督教禮拜儀式和崇拜的內容，已明顯呈現了這樣一個職業共同體，同時建立了一個信仰共同體的某些行動模式和倫理規範。這些儀式和規範都象徵了一種管理要求，那就是「誠信經營」；同時也表達了一種職場信仰：上帝不會虧待那些鍥而不捨、勤奮的人。這些信條象徵著一個原則：只要是信奉這一規範的職員，大家之間無疑就能夠彼此信任。

這些信仰和儀式，恰好說明該公司基於一種共同的信仰，把信仰的表達儀式與公司的管理制度結合起來了，進而要求公司的所有職員，必須做到：品格第一，品格是愛的具體行動；家庭第二，持守家庭永遠在事業的前面；事業第三，愛家的人做愛家的事業，讓更多的家庭充滿愛。最終體現公司的核心價值理念：愛

---

[30] 湖南夢潔家紡有限公司主辦：《夢潔‧愛家》雜誌，2005年，總第7期，頁6-7。

在家庭。這是因為,「商場上的敗壞使信徒生活中必須面對的一項事實……,職場上的信徒需要很高的道德標準和敬虔的智慧,才能有優越的表現。在職場上能為神所信任,並賦予他大量的金錢和自由作廣泛連接的僕人,實在是太少了。」[31]

神都信任了,人們之間的信任就具有了依靠。

在這裡,基於一個共同信仰的職業共同體,已基本呈現為一個信任共同體。還是在這家公司裡,不同的辦公地點,該公司在夏季設有一個自助冷藏櫃,每天為職員提供新鮮、冷藏的牛奶飲品。只要每一個職員自動往冷藏櫃中投入一元錢,就能夠獲得一品牛奶飲品。在無人監督的情況之下,每天賣出的飲品數和自動投入的金錢數都是正好吻合的。對此,職員感慨:在這裡我們共享著信任帶來的快樂。通過誠信的考驗,讓大家獲得了心靈的成長。

這些打造信任共同體的互動方法,不僅局限在公司職員裡,同時也能夠通過「愛家人」的系列活動,把不同身分的顧客聯繫進來。他們的口號是:「因為誠信是每一個愛家人所應該具有的品格。『一個令人信任的人,是一個幸福的人』」。為此,在該公司的企業內刊上,我們能夠讀到這樣一些文字。「我們信靠上帝得有一個目標……最主要的是『誠』和『信』。」對於企業的這些特點,廣大顧客給予了很好的肯定。一位顧客這樣寫道:「一個有著虔誠信仰的企業,一個天天把仁愛、感恩放在心裡的企業,沒有不被大家接受的。」[32]

正是這些職業化的基督徒、教派式的企業或公司,早已出離了作為恩寵機構的「教會」的影響,在公司、企業的管理制度中漸漸呈現了「市民的理性主義的擔綱者」[33] 的個人身分和群體身分。就此而言,新教倫理大抵上就被視為社會行為的一種類型,而「社會行為」即可視作利益制度化的表現,亦可看成是價值、信仰制度化的後果。比較那種局限於觀念形態而缺乏制度實踐的儒教倫理來說,它已經說明,即使是一種體系化的價值觀念或宗

---

[31] 彼德‧魏格納(Peter Wager),《教會在職場》,頁136-137。
[32] 《夢潔‧愛家》雜誌,2005年,總第6期,頁6、8-9。
[33] 馬克斯‧韋伯,《新教倫理與資本主義精神》,第221頁。

教信仰，依然需要一種它們與社會組織之間的親和力。這就是新教倫理及其制度層次的關聯問題。如果捨棄了後者，僅僅關注前者，就會遺漏了新教倫理中豐富的社會學意義。這就是韋伯在世界宗教的經濟倫理方面，特別強調的「理念」、「利益」與組織形態之間的關係，特別是當這類組織涉及人們需要「計算」自己與「世界」的關聯程度的時候。[34] 這就是吉登斯指出的，這種信任結構的存在情境之一，就是「由現代社會制度之動力特徵所導致的、急劇擴大的人類活動的變革範圍。

雖然，這僅僅是一種職場的信奉方式，信仰者也大多是公司成員、企業僱員、甚至是部分顧客，但作為一個多年來具有中國名牌、著名商標的誠信企業，儘管它不是韋伯特別推崇的教派組織，但該公司也往往能成為一種被經濟制度視為可資信任的象徵，以職場事奉的象徵形式，實踐著新教倫理，建構了該公司內部的信任結構。而該公司在社會上的評價，就能因為這是「某某公司的職員」、「某某公司的產品」，獲得了良好的商業信譽和社會信譽。如同韋伯所說：那宗教上作為有資格者團體的「教派」，可以篩選和培養出那些在倫理上具有資格的信仰夥伴；而一個教派的信徒，乃是一種「經過驗證的信用力」。[35] 因此，一個具有社會信任度的基督徒企業，其功能、其影響，就近似一個有資格者的教派，成為新教倫理最有力的實踐者和象徵符號，同時亦構成了新教倫理與社會信任之間最直接的中介。

在這裡，宗教信仰與經濟利益、公司經營、社會信任緊密地聯繫在一起，宗教信仰和企業誠信之間的關係，已經相對制度化，體現了韋伯主張的形式理性的某些要求。韋伯把宗教的理性化，視為社會行動和社會組織理性化程度的標誌，而宗教理性化則制約著人的行為方式和社會組織的發展；反過來說，社會的發展又進一步促進宗教理性化。所以，韋伯雖然強調唯有西方產生了「理性化」的發展可能，但他同時也承認世界其他地區、其它宗教都有建構出各異其趣的「理性主義」類型；而社會科學家所

---

[34] 施路赫特，《理性化與官僚制——對韋伯之研究與詮釋》（桂林：廣西師範大學出版社，2004年），頁7。

[35] 馬克斯‧韋伯，《新教倫理與資本主義精神》（桂林：廣西師大出版社，2004年），頁199、207、221。

要致力的，就是尋找出不同的理性主義的比較點，理解其中的異同、重建這些理性主義類型的歷史形塑過程。[36]

現代化的公司、企業，作為一種具有明顯的社會理性化特徵的組織，它們能夠使當代中國的基督教內涵了理性化的發展趨勢，從而使它具備了另一種理性主義的方式，不是教派，卻近似教派，具有一種延伸教會的組織形式。或許，這就是中國基督教的理性主義類型，它已經超越了教派和教堂的約束，首先是公司、企業的理性化組織結構，其次才是基督教信仰的制度化實踐。這裡是基督徒企業組織、而非基督教的教派組織，從而能夠為新教倫理在中國的具體實踐，提供了一種超越教派、教會組織的新的實踐路徑。

新教倫理在中國社會中的表達和實踐方式，可能在不同的基督徒企業中會有不同的實踐和表達方式，但它們的努力，說明瞭他們能夠脫離或改造了傳統教會的事奉模式，甚至可以說是以基督徒企業為主體的一種職場信仰運動（The faith in the work place）。

依舊在南方，一座開放城市中的工商團契，現已有成員150多人。會員大多為工商界基督徒。他們不分教會，不分宗派，每周團契一次，以各自在工商企業之發展，見證耶穌在工商界的神工。

這種工商團契的模式，源自於國際基督徒工商人員協會（CBMC），乃是一種組織性比較強的分會運作。每一分會的組織架構，除會長外，還同時設有禱告靈修、福音聚會、會體增長、跟進造就等四個小組。每一組設有組長，每一會員則按自己的意願，分配到各組中參與事奉。它的分會，如同傳統教會中的「小組教會」。每一小組團契的事工，每周有聚集，從禱告開始，系列學習《生命贏家》、《企業贏家》、《商場贏家》、《理財贏家》等教材，一起接受靈性操練，彼此建造扶持。同時，該團契還經常舉辦福音餐會、茶會，廣邀福音朋友，舉辦工商經營、財務、家庭、婚姻、醫學、心理等講座，以服務工商界和整個社

---

[36] 顧忠華，《韋伯『新教倫理與資本主義精神』導讀》（南寧：廣西人民出版社，2005年），頁9。

會。

團契過程中，個人信仰能夠彼此滲透，你我分享，真實體現了一個信仰群體深處的休戚與共。特別有意思的是，這些基督徒老闆通過組織化的工商團契，逐漸打造了一種信念：工作就是事奉；工作即是對人和對神的服事。他們組織了基督教徒企業家聯誼會和不同形式的工商團契，致力於在他們的職業組織中，建構一個能夠隸屬於公司、企業組織的信仰共同體。他們建構了一種理想，不僅把企業家對財富的創造視為一種責任，同時也希望能夠把對財富的使用，也看作是一種責任。

用馬克斯・韋伯的話說，一個宗教教派的成員就意味著是一種道德品質的證書。它確保了一個人在社會中的信用關係，從而直接提供了一個降低交易成本的保障。在中國基督教缺乏教派組織的社會背景下，中國的基督徒企業實際上就起到了一種信仰型公司、企業所能發揮的某些作用，他們能夠使自己的言行接受信仰的約束，進而使團體化、組織化的宗教行動模式，為他們的公司、企業提供了一種市場、社會、個人之間的信用保障。

這就在一個行動的規模層次上，基督徒企業替代了基督教組織。一個誠信企業的名稱或資格，可能被現實的市場經濟視為可資信任的象徵。它可以根據它的標準來選擇自己的公司成員、企業職員，使用公司、企業常有的誠實、良好的性格，甄別公司和企業成員，並通過對成員的持續的、相互的審查，來保持基督徒企業中比較高的倫理標準。正是這一獨特的社會學構造，把新教倫理轉成為一種工作方式、一種經濟態度、一種信任關係。

六、特殊信任與社會資本的建構

中國人的宗教、信仰在涉及社會實踐問題時，實際上即涉及了從行動到結構、從微觀到宏觀、從理論到實踐的若干環節。類似於基督教新教倫理這樣的價值體系，在宗教與社會之制度性「中介」缺失的前提下，它的確很難直接進入社會、經濟的實踐領域，整合個人信仰，以形成理性的社會規範，進而形成一種清醒而系統的社會、經濟行動。這應當是新教倫理的命題，給中國

學術界留下來的宗教社會學難題。

　　無疑，信任是社會、經濟的合作基石，但信任不是理性計算的結果，它產生於宗教、倫理、習俗那些與現代化無關的資源中。但現代經濟社會的發展，缺乏現代組織形式也是不可能的事情。為此，中國必須尋找自己的現代化的組織形式。[37] 所以，基於我們的研究，我們很難苟同這樣的觀點：今天在中國重建信任不僅僅是一個法治問題，更是一個中華文化的復興問題。[38] 雖然，文化復興亦很重要，但是在中國重建信任，最基本的應當是，現代法制架構中對於現代組織形式的建構。中國社會歷來就沒缺過文化；中國人往往只有單位和領導，沒有單位之外的現代組織及其提供的現代人交往方式。

　　從基督徒企業借助於公司、企業的職業關係，建構他們內部的信任機制的現象來看，基督徒企業所建構起來的信任機制，亦無法直接依靠當代中國的普遍性社會法規，只能是通過公司、企業內部的人際交往關係、新教倫理及其信仰關係、甚至是公司、企業裡面的某些運行機制來實現的。其中，文化等方面的因素雖有一定的作用，但最亟需的，卻是商業、文化、信仰、信任諸層面關係的制度化。

　　依據基於基督教徒企業中的某些運行機制，而建構起來的社會信任，就其社會本質而言，是一種以「內團體」關係為主的特殊信任模式。它是一種僅僅信任同類人的個別信任。在整個社會信任程度比較低下的語境中，這種「個別信任也許能夠使你的同類人的生活更好，但卻不能使整個社會更繁榮。」[39] 而特殊信任對於社會資本的建構，往往是不利的。所以，我們需要超出我們的親屬和小團體，轉而信任更大範圍的人，尤其是信任那些我們不瞭解和那些與我們不一樣的人。內團體局限於特殊信任，只信任自己人；其他人則不被理解。只有那些廣泛信任的人才能產生社會資本。特殊信任通常會抵消普遍信任的作用，導致人們脫離

---

[37] 鄭也夫，〈中譯本序言〉，收錄於福山，《信任：社會美德與創造經濟繁榮》，頁9-10。

[38] 張維迎，《信息、信任與法律》（北京：三聯書店，2006年），頁15。

[39] 埃里克‧尤斯拉納，《信任的道德基礎》（中國社會科學出版社，2006年），頁32、49。

公民生活，[40]

一般而言，內團體（in-group）與外團體（out-group）之別，乃是以人口統計特徵或對社會或政治集團的自我認同為基礎來定義的。[41] 為此，把普遍信任與個別信任區別開來的，就是你的道德共同體的包容程度。如果你僅僅信任你的同類人，那麼，你的道德共同體就非常有限。至於普遍信任則有這樣一種理解，它基於一種道德主義的信任，認為大多數人都屬於你的道德共同體，即相信他人與你共有基本的道德價值。因此，他人也應該得到你所希望從他人那裡得到的待遇。[42]

新教倫理在中國基督徒企業之中的具體實踐，無形中已構成了一種內團體的特殊信任方式，即是以信仰作為自我認同、或者是以公司、企業等組織認同為基礎的特殊信任方式。宗教信仰與人際信任、組織信任，已經借助於基督徒企業的特殊機制，構成了特殊的關聯。雖然這種信任模式，在目前的情況下，呈現為一種內團體的特徵，然其信仰結構卻是能夠超越這一內團體模式的。

尤其是在以關係為本位的社會結構之中，這種所謂內團體與外團體之間的內外關係，卻能夠被實踐為一種相對關係。即相對於信仰者來說，所有的信仰者都是內團體成員；而相對於信仰者來說的，那些非信仰者的外團體成員，卻能因為同處於一個基督徒企業之中，而實踐為一種內團體的關係。即使是在不同的公司、企業之間，一個基督徒企業的內團體關係，亦能夠因為比較於其他企業、公司的內部關係，而把自己公司、企業的關係，處理為一種外團體關係。由此類推、比附出去，所謂團體的內外關係往往就是相對的。它能夠使一種內團體信任模式，得以自我擴充、延伸出去。

如是，這就與儒教信仰的自我擴充過程有點近似了。經由自我信仰，而家庭、社群、公司、國家、世界。與此同時，這種對經濟發展做出了一定貢獻的信任模式，它倡導的既是個人信仰，

---

[40] 艾里克‧M‧烏斯拉納〈民主與社會資本〉，文收馬克‧E‧沃倫主編，《民主與信任》（北京：華夏出版社 2004 年），頁 116、121。

[41] 同前註，頁 118。

[42] 埃里克‧尤斯拉納《信任的道德基礎》，頁 21、31。

同時也是對一個更大價值實體的承諾。這個實體可以是我們的家庭、我們的公司、我們的集體或者我們的國家。這種信仰與信任，強調的是責任感，重視的是社會團契，是在一個特殊的團體中對我們合適的位置的尋求。[43]

此外，中國人之間的信任關係，雖然被理解為一種關係式的信任模式，但中國人對「信仰關係」或「信任關係」的理解，不單指只有通過交往才能建立結成的紐帶，而更多的還是指一種空間概念，或者說一種格局或佈局性的概念。[44] 本文所討論的基督徒企業與社會信任的關係，實際上就是一種特殊的格局或空間概念。它們能夠在信任的信仰基礎中，把信仰關係建構成為社會信任的基本空間。所以，我們往往能夠看到，「關係之所以能夠成為中國人信任的基礎，其原因不只在於關係本身，而且還在於關係中所包含的情感內涵，」[45] 甚至還因為是其中的信仰內容。

因此，中國人的關係網絡，其關係的基礎，完全在於個體共同持有的歸屬特徵，同時還具有熟悉和親密性、值得信任、互惠義務，能夠從中獲得自己期望的資源等等特徵，並能依賴這種社會關係網絡，以自己為核心，依據信任的情景需要決定相應的行為規範。[46] 在此基礎上，即使是個人的宗教信仰，即使是對同類信仰者的信任，它們亦能夠關係延伸，把信任建立在信仰基礎之上，建構成一種以群體信仰為基本內容的社會資本；特殊信任亦能夠具備了普遍信任的機制和內涵。

能否做到這一步？其中的關鍵，當然不是信仰，根本的問題也不局限於基督教徒企業本身。因為，當代中國社會之中，建立

---

[43] 此處討論，參照了杜維明先生有關儒教信仰的論述而有所改；參杜維明，《新加坡的挑戰——新儒家倫理與企業精神》（北京：三聯書店，1992年），頁140-141。

[44] 翟學偉，〈社會流動與關係信任——也論關係強度與農民工的求職策略〉，《社會學研究》，2003年第1期。

[45] 李偉民、梁玉成，〈特殊信任與普遍信任：中國人信任的結構與特徵〉，文收鄭也夫、彭泗清等著，《中國社會中的信任》（中國城市出版社，2003年），頁192。

[46] Bian, Yanjie 1997, 'Bringing Strong Ties Back in: Indirect Ties, Network Bridges, and Job Seaarches in China'. *American Sociological Review*, June, Vol.62.郭於華《農村現代化進程中的傳統親緣關係》，《社會學研究》，1994年第6期；張宛麗《非制度因素與地位獲得》，《社會學研究》，1996年第4期。

和維持信任的機制主要有私人關係、法規制度和道德規範三種。在傳統的中國信任行為之中，普遍性的社會信任不是依靠法規制度來建立的，而是試圖通過道德楷模的示範，如君子、聖賢、英雄等來予以示範的。而當代中國的信任危機，主要原因則是在於，以私人關係為基礎的人際信任和傳統道德性的社會信任，已經不能滿足中國社會的發展，而法制性的社會信任還沒能有效的建立起來。[47]

中國人亟需的，就是這個法制性的社會信任，實際上就是制度信任。但是，傳統的道德性信任與人際信任，亦應當是建構當代中國社會信任的社會資本。如果說，信任是社會資本的核心組成部分，那麼，其中最關鍵的，應當就是社會資本所能反映出來的一系列價值觀，尤其是社會信任。[48] 對此，我們可以提出這樣的問題：為甚麼中國人缺乏社會生活？為甚麼宗教生活與社會生活無法被直接地建構為一種社會資本？其中，就不是特殊信任的問題，而是一個基於制度信任而產生的普遍信任問題了。在普遍信任尚未完全建構起來的時代，即便是特殊信任模式，有時候，它亦能夠在一定程度上，發揮出普遍信任、或道德主義信任的普遍功能。

最後要指出的是，社會信任作為現代社會最亟需的一種「道德資源」，它是社會資本最關鍵的因素。但是，如果信仰、甚至是信任，無法把我們與自己所歸屬、認同的社群聯繫起來，並幫助我們解決集體行動中遇到的各種問題，這就難以建立道德主義的普遍信任。單個純的個人信仰，即使最純粹、最虔誠的信仰，亦無法建構一種信任，甚至會把一種固有的信任予以毀滅。為此，我們才如此關注正在成長中的中國基督徒企業，因為它們已大致具備了把這種對於神的「服事」，予以了一定程度的組織化、系統化和理性化。

倘若，「工作是神所設立的。因此，……工作即是對人和

---

[47] 彭泗清〈我憑甚麼信任你〉，文收鄭也夫、彭泗清等著，《中國社會中的信任》（中國城市出版社，2003年），頁297-299。

[48] 艾里克‧M‧烏斯拉納，〈民主與社會資本〉，文收馬克‧E‧沃倫主編《民主與信任》，頁113、127。

對神的服事。」[49] 那麼，崛起於當代中國經濟領域中的基督徒企業，正好是借助於現代企業組織的制度化機制，歪打正著，把這種對神的事奉及其信仰精神給予系統化了，從而建構了一種難得的社會信任與商業信譽。至於本文認為，這種信任模式具有特殊信任的特徵，不過是想強調，它所借助的是基督徒企業，而非基督教教會、或教派本身罷了。這就是中國式的新教倫理，中國式的社會特殊信任。

---

[49] Mark Greene, Thank God It's Monday: Ministry in the workplace, p.104.轉引自彼德・魏格納（Peter Wager）《教會在職場》，頁 19-20。

論信仰群體的緘默移交
——教會在太陽花學運中的緘默權

莊信德

東南亞神學研究院系統神學博士，現任台灣神學院兼任
助理教授、本土神學研究室主持人、台灣長老教會磐頂
長老教會主任牧師

楔子：

　　「太陽花學運」（the Sunflower movement）作為2014年台灣社會對存有焦慮的集體迸發，不僅為大型社會運動提供一個新的形構與串聯的樣態，更挑明了公民在國家機器遂行統治的繁複規訓中，有其自我展演的強大意志與炸裂規訓的行動主體。然而，當公民主體與統治主體在「規訓前提」上出現認同差異時，原本的「規訓共識／民主機制」便產生根本性的動搖。面對民主社會中形成共識的機制失能所引發的「規訓危機」，作為終極價值規範的基督信仰應當如何具體地回應？本文嘗試藉由廿世紀重要的神學家田立克（Paul Tillich, 1886-1965）的本體論神學作為反思的基礎，期待透過核心前提─「國家」的再構（re-structure），讓原本從公共領域中退場的「教會」（Spiritual Community）[1] 重新反思自己作為本質共構的重要身份。

一、從馬克思主義國家理論到田立克政治神學的進路

　　馬克思（Karl Marx, 1818-1883）的思想及其主義對於田立克神學的影響是毋庸置疑的，基本上田立克在他的神學構思中不僅正面地肯定馬克思主義與基督教神學一致之處，[2] 也多所轉用馬克思主義的概念，[3] 即便如此，田立克對馬克思主義也是提出許多尖銳的抨擊，特別是馬克思主義的無神論思想所導致集權主義危機。[4] 唐納利認為，田立克將馬克思主義視為豐富化神學詮

---

[1] Spiritual Community 在田立克《系統神學》（*Systematic Theology*）第三卷中的指稱，絕非語用定義上的建制性宗教團體「教會」（Church），而是將第三位格的遍在性呈顯出來；另，在《政治期望》（*Political Expectation*）一書中，則是指向具有具體社會性意涵的建制性宗教團體。

[2] Tillich,'Christianity and Marxism',in *PE*, p.90.

[3] Tillich,'Christianity and Marxism',in *PE*, p.91-92.

[4] Tillich, *A History of Christian Thought*, pp.476-487.

釋的重要素材，並將之涵攝入神學理解的系統之中。[5]

（一）論馬克思的國家概念

基本上，馬克思並未曾就國家概念進行專論研究，[6] 唐列維（Patrick Dunleavy）在歸納馬克思各著作中對國家的論述後，將其國家概念分成三個主要的模式。分別是工具模式、仲裁者模式以及功能式模式。簡述如下：

馬克思在《共產主義宣言》（*The Communist Manifesto*）一書中，將「現代國家的行政機構」當成「只不過處理整個資產階級共同事務的一個委員會而已」。在此，呈現馬克思最為人所熟知的「工具模式」（instrumental model）。這個工具模式所展現出來的國家，乃是成為資產階級利益的捍衛者，因為資產階級為了維護藉由宰制無產階級而得的利益，必然控制工業社會中的國家。此外，如果所有的資本擁有者都過份追求自己的利益，以至於過度壓榨他們的勞工時，某種程度的國家干預，便會增強工人的生產力。如此一來，國家會依據資本的長期利益而行動。[7]

其次，馬克思在《路易波拿巴的霧月十八日》（*The Eighteenth Brumaire of Louis Bonaparte*）一書中，則是產生了一個極為不同的國家概念：「仲裁者模式」。在這本著作中，馬克思認為國家可以從資本家直接控制中，享有較大的自主性，在這樣的國家中，階級鬥爭被平等地抵銷，並且給政治領袖和國家官僚創造了一個暫時性的歷史角色。基本上，馬克思和恩格斯希望這種仲裁者式的國家（the arbiter state）只是資本主義下的一個非典型政權，當歷史浪潮不斷向前推展，而朝向無產階級的權

5　Brian Donnelly, *The Socialist Émigré Marxism and the Later Tillich*, p.17.
6　由於馬克思沒有發展單一與一致的國家理論，因此，必須從馬克思對黑格爾的批判中，從馬克思的社會理論的發展（包括他的政治經濟學理論）以及他對諸如法國 1848 年革命與拿破崙（Louis Napoleon）專政，伙同 1871 年巴黎公社（*Paris Commune*）此類特定歷史事件的分析中，方能導出馬克思主義的國家觀。諾伊著，《國家與政治理論》，杜麗燕、李少軍譯（台北：桂冠圖書出版公司，2002 年），頁 55。
7　Patrick Dunleavy & Brendan O'leary 合著，羅慎平譯，《國家論——自由民主政治學》（台北：五南圖書出版社，1994 年），頁 230-231。

力變遷時，這種國家很快地會被廢除。[8] 此外，在《家庭、私有財產制和國家的起源》（*The Origin of the Family, Private Property and the State*）中，恩格斯發展了他和馬克思有關社會物質條件、社會結構與國家間關係的基本看法。在這本書中，他認為，國家起源於控制不同經濟利益間社會鬥爭的需要，並且認為這種控制是由社會中經濟上最強勢的階級來執行。資本主義國家就是對這種階級衝突的調和之必須性做出反應，以維持「秩序」並再造資產階級經濟支配地位的秩序。[9]

> 因此，國家絕不是從外部強加權力於社會，也不像黑格爾所斷言的是「道德觀念的實體」、「理性實體的影像」。反而，它是社會在特定發展階段的產物；它承認社會陷入了難以解決的自我矛盾，並分裂成它所無力驅除的嚴重對抗。而為使這些對抗以及這些具有衝突經濟利益的階級不致在一場無結果的鬥爭中與社會同歸於盡，就需要一種表面上凌駕於社會之上權力，以緩和這些衝突，並使之保持在「秩序」的約束之內，而這種權力出自社會卻位在社會之上，並日益遠離社會的權力，就是國家……。[10]

最後，馬克思在《資本論》（*Capital*）第三卷中，出現了對國家的「功能式觀點」（functional approach）。根據歷史唯物論的主張，國家機構、法律及其它的干預措施，形成了「上層建築」（superstructure）的一部分，而經濟「基礎」的發展，決定了上層建築中的變化。政府和立法－行政機構，被塑造成最能維持資本累積的形式。[11] 其實，這三個看似不同的模式，只不過是

---

[8] Patrick Dunleavy & Brendan O'leary 合著，《國家論——自由民主政治學》，頁 231-232。

[9] 卡諾伊著，《國家與政治理論》，杜麗燕、李少軍譯，頁 59。

[10] Engles, The Origin of the Family, Private Property and the State (1884)，1968。轉引自卡諾伊著，《國家與政治理論》，杜麗燕、李少軍譯（台北：桂冠圖書出版公司，2002 年），頁 59-60。

[11] Patrick Dunleavy & Brendan O'leary 合著，《國家論－自由民主政治學》，同上，頁 232。

從不同的角度切入的結果,如果按照馬克思所論述的文本焦點來看,基本上都脫離不開他對資產階級與生產關係的批判。[12] 這些批判基本上,也體現在田立克對國家與經濟關係中的論述。

(二)田立克對馬克思國家理論的轉化

經濟決定論對於馬克思而言,無疑是其論證國家概念的核心思考。受惠於馬克思階級視域甚深的田立克,[13] 對馬克思經濟視域下的國家構思有其批判性轉化的見解。基本上,田立克在論述國家與經濟這個主題時,乃是沿著他一貫本體論先行的論述模式,將焦點置於國家本質的基礎上,然後按照本體內必然達致和諧的原則來展開論述,[14] 並且在論述國家與經濟活動之間的關係時,保持一個開放的含混性。

田立克在〈作為期望和要求的國家〉一文中,明白地指出「國家對待經濟的態度,完全類似於國家與精神的關係。經濟和精神兩者都是國家通過力量和正義而使其存在的直接生產性因素。」[15] 在此,田立克從國家本體中的倫理意涵出發,論述國家與經濟的關係,明顯與洛克和馬克思從現象的描述入手,有著極為不同的立論差異。田立克沿用他對傳統國家三形象的描述,對國家與經濟的關係,開展出他個人從本體論角度出發的觀點。

首先,田立克批判重商主義(Mercantilist)為理論基礎所建構出來的象徵,是一種「利維坦」的象徵,也就是國家的惡魔形象,這個象徵主要以國家社會主義和某種形式的計畫經濟形式出現;其次,田立克批判自由主義為基礎所建構出來看守人的形象,這種國家強調的是經濟自由、貿易自由;最後,則是批判

---

[12] 根據卡諾伊(Martin Carnoy)對馬克思國家概念的觀察,提出三個核心的命題,分別是:1.馬克思認為社會的物質條件是社會結構的基礎,亦是人類心靈的一般發展伙同人類意志的集合;2.馬克思認為,產生與生產關係的國家,並不代表公益(common good),但它是生產中所固有階級結構的政治表現;3.國家是資產階級社會中資產階級的鎮壓武器,國家成為制約階級對抗的鎮壓武器,不僅體現了國家的階級性質,而且體現了它的鎮壓功能。卡諾伊著,《國家與政治理論》,杜麗燕、李少軍譯,頁55-60。

[13] 蒂利希著,《基督教思想史》,頁606-608。

[14] 所謂「必然達致合諧」一語,並非忽視田立克使用辯證法則的論述實況,而是針對田立克愛的本體論中,對存有力量相遇的終極結合而言。

[15] Paul Tillich,'*The State as Expectation and Demand*',in PE p.106.

將自身視為人間上帝的國家，在這裡國家將經濟生活中的神聖性減少到最低的程度。[16] 在上述三個不同經濟型態所構築出來的國家形象，田立克認為都無法真正將國家實質的精神呈顯出來。因為，國家高度參與經濟的結果，計畫經濟模式將使得國家成為一個資本力量的工具；而過度放任自由主義實現自律經濟的結果，國家表面上被限制在不干預市場的規範中，實際上卻成為資本家壟斷市場的矛盾工具。因此，田立克指出「不能根據重商主義或自由主義來看待國家和經濟的關係，但是也不可能採取浪漫主義的態度，將經濟視為服務於上帝／國家的僕人。」[17]

在具體的批判之後，國家究竟應當如何經濟之間，保持一個適切的關係？田立克在此回到本體論的論述原則。田立克將經濟活動與國家之間的關係，視為一種不可分離的整體。國家一方面立法保護生產活動中的各項自由，另方面卻需要適度抑制壟斷的力量，田立克甚至清楚指出「國家要打破資本主義的統治」。[18] 基本上，國家與經濟之間的關係，是處於既開放又封閉，既尊重又干預的動態脈絡中。這個動態的互動關係，不僅是國家與經濟活動之間的關係如此，國家與精神之間的互動亦若是。田立克稱這個態度叫做「緘默的移交」(tacit transfer，參下文監督原則)

田立克認為這個「緘默的移交」並非制度，而是一種行動。[19] 正因為是一種行動，其過程必然隱含張力的關係，因為國家一方面參與經濟活動，同時卻必須否定其自身的生產性。這個弔詭的關係，揭示出國家與經濟之間「關係的破碎性」(brokenness) 與「本質的含混性」(essential ambiguity)。田立克認為，如此一來便能有效防止國家與經濟任何一方陷入絕對主義之中。[20] 在此，我們清楚看見田立克論國家與經濟關係的兩個主

---

[16] Paul Tillich, "The State as Expectation and Demand ", in *PE*, p.106-107.

[17] Paul Tillich, "The State as Expectation and Demand", in *PE*, p.107. 關於田立克對「資本主義」(capitalism) 的深度分析，可參考 Francis Ching Wah Yip, *Toward A Critique of Capitalism As Quasi-Religion: A Study of Paul Tillich's Critical Interpretation of Capitalism and Modernity* (ThD diss., Harvard University, 2004), pp.40-43, 62-66.

[18] Paul Tillich, "The State as Expectation and Demand" in *PE*, p.108.

[19] Paul Tillich, "The State as Expectation and Demand" in *PE*, p.108.

[20] 基本上，田立克批判資產階級國家概念，由於絕對地高舉個體性的利益，。

要的特質。首先,是之前一再強調的本體論基礎,田立克不讓經濟活動從國家的整體中分割出來,乃是將經濟活動視為國家力量與正義的行動結果;其次,則是讓國家對經濟進行一種「緘默的移交」,這個移交使得國家思考經濟時既保持一體性,卻顯出獨立性。換言之,國家不應淪為經濟生產的工具,經濟也不應成為國家直接操縱的工具,兩者之間保有一個含混的破碎關係。這個含混的破碎,揭露出國家與經濟之間一個開放的可能性,向著不同的處境實況開放,一來得以避免任何一方絕對化,二來可讓田立克的國家與經濟關係,避免封閉的論述而被時代淘汰。

(三)小結

　　作為路德宗的牧師,田立克對於路德神學傳統中「兩個王國論」的影響雖然做出較為保守的評判,指出路德的政治神學「僅僅」只是否定的「革命的力量」,卻掩飾不了本體論範式的政治神學構思,對路德政教分離神學傳統的理論性批判。因為動力作為田立克政治神學本體論的明顯意涵,其外顯的必然實踐自是「革命的意識」。田立克婉轉地落在以「缺乏革命意識」作為對路德政治神學的反省,正好深刻地批判了路德兩個王國論的核心危機。此外,對於同樣經驗著德國國家危機處境的黑格爾,田立克高度使用黑格爾將國家與教會合一的本體性概念,強調出人民在國家之內的主動聯合的積極意涵。至於,從經濟的視域出發,將國家理解為階級化的馬克思,田立克並未採取馬克思對國家/經濟關係的理解,而是致力破除一種階級式的構思,轉而將經濟/國家置於本體的同一邏輯下,以此類比精神/國家的本體關係。據此,開展出田立克本體論範式的國家構思。

因此,不承認國家有任何預先設立的力量在支撐她。Paul Tillich, "The State as Expectation and Demand", in *PE*, p.109. 換言之,田立克批判資產階級的國家概念,因為專注此在的現實利益,而缺乏超越性的意識。

二、田立克政治神學中國家概念的動態性意涵

本節計畫呈現田立克對國家概念的梗概，分別從國家的起源與未來、國家的本質與表現、以及國家的規範與批判等三方面進行探究。

（一）國家的起源與未來

田立克對一次戰後不斷升溫的德國社會主義（German Socialism）現象，提出具體的批判，在《社會主義的抉擇》一書的起首，田立克指出社會主義作為一個反對運動有著雙重的意涵，最直接反對的就是資產階級社會，其次便是間接地反對封建貴族的社會形式。他認為，這些反對基本上是反映出政治思想的根本，意即人類對其自身環境所進行的反思。這個反思可以視為人類自我意識（self consciousness）的表現，也就是人類對其生存環境進行自發性檢視的活動。田立克甚至斷言，一切政治思想皆無法自外於人類對其社會環境及其起源的探尋。[21] 基本上，田立克所闡述政治思想中的自我意識，放在當時整體排他性的德國社會主義傾向中，可以清楚看見就是一種對「民族國家」概念的省思，是一種對希特勒鼓吹建立德國民族主義社會的絕佳批判。

田立克進一步指出，這種反思基本上是沿著兩個核心提問展開，第一個提問是「從何而來」（Whence），第二個提問則是「往哪裡去」（Whither）。前者展現出人類理解其生存經驗一個動態的問題意識，因為當人類探尋從他的生存經驗中探尋其來時路，必然面對一種理解的張力，就是理解生存經驗的當下與提供生存意義的來源之間的張力。不論如何，這個探尋都將我們帶回「起源的神話」（the myth of origin）。田立克認為，這個起源的神話，不斷提供一種「新而單一」（new and singular）的意義。[22] 這著實是一個饒富深度的觀察，一方面揭示出起源概念的目的性，另方面則展現出起源概念的封閉性。

---

[21] *SD*, pp.1-3.

[22] *SD*, pp.3-4.

　　田立克認為這種對起源神話的探尋必須要被打破，取而代之的是另一個對生存經驗的提問「絕對的要求」（unconditional demand），意即是「往哪裡去」所構成的提問。這個絕對的要求，呼籲一個應該存在卻尚未存在的事物，也就是一種對未來的期許。田立克認為這種打破起源的行動，就是政治中解放、民主與社會主義思想的根源。因為具體的起源，並非起源於真理之中，要真正實現起源必須完成要求；也就是說，人類「從哪裡來」的提問，將會實現在「往哪裡去」的提問中。[23] 換言之，國家的未來對國家的起源而言，具有絕對的優越性。

　　包姆（Gregory Baum）歸結田立克論起源的神話與浪漫主義關係時指出，受起源神話影響的政治浪漫主義，往往構成悲劇性的矛盾。一方面，浪漫主義的核心精神應是樂觀進取，深信社會合諧；但是，當保守主義者相信起源的力量時，社會中反而出現原初階級高下之分的鬥爭張力。[24] 換言之，田立克明確地指出，當國家在建構其自身的合法性時，所訴諸的是某種起源的神話，其結果必然導致一種排他的悲劇。這個悲劇就田立克親身經歷的第一次世界大戰，甚至戰後納粹民族主義興起時，對猶太民族的迫害現象，都在在印證田立克對國家起源解構的真確性。在此，田立克嘗試轉變檢視國家構成向度，從回溯轉向前瞻，從封閉轉向開放。這著實是一個富有洞見的國家起源概念，對任何嘗試將國家基礎，建構在民族主義精神上的民族國家（nation state），是極為忠肯的批判性檢視。

（二）國家的本質與表現

　　田立克晚年在著名的倫理學作品《愛、力量、正義》（*Love, Power, and Justice*）一書中，從本體論（ontology）的角度出發[25]，建構一個統合愛、正義、力量三個元素的群際倫理，這個

---

[23] *SD*, pp.4-6.

[24] Gregory Baum, *Nationalism and Religion Ethics* (London: McGill-Queen's University, 2001), pp.66-67.

[25] 本體論對田立克神學而言，具有描述存在的優先性。田立克在《愛、力量、正義》一書的序言，已經明白地指出：Thatcher 認為田立克含蘊著理性論與觀念論的本體論，乃是受惠於黑格爾的辯證本體論。Adrian Thatcher, *The Ontology*

倫理向度的實踐最終落在兩個真實的處境之中，分別是全書的最末兩章，即「群體關係」（Group relation）以及「終極關係」（ultimate relation）。本節則將該書論及群體倫理，特別是明確論及國家倫理的部分，以及《政治期望》（*Political Expectation*）一書中相關的論題，進行歸納整合。

1. 國家是正義的載體

田立克視國家為正義的載體。他指出，國家作為維護正義的共同體，是一個涉及面最廣泛的社會現象。[26] 這個社會現象對田立克而言，因為從本體論的角度進發，因此包含著群體內個體的正義本質，以及群體中群際間的正義本質。要理解這個概念需要先掌握田立克對正義的定義。田立克對正義明確地定義為「存有之力在力與力相遇中實現本身的形式」[27] 在這個定義中，我們可以看見田立克乃是將正義的理解，置於一個動態的實況脈絡中。田立克一方面指出，正義乃是存有實現其自身的一個目標，同時也展現正義的內涵必然牽涉一個力量會遇的動態場域。（力量部分的論述參 3.3.2）

田立克論述國家的正義時，沿著兩個進路來處理。在〈作為期望和要求的國家〉一文中，田立克採取傳統政治哲學語言，從統治者與被統治者的權利與義務入手進行說明：

> 因此用某個勝利的壓迫者對某個階級或種族的征服來說明國家是完全不夠的。正義體系是國家內征服者與被征服者在一個國家中的聯合，其先決條件是雙方都服從與對方都有約束力的一個正義體系。這個正義體系，可以為征服者一方保留許多特權，但同時也是義務，它們的存在應歸於保障它們的正義體系。[28]

---

of Paul Tillich (London: Oxford University Press, 1978), p.2.

[26] Paul Tillich, "Basic Principle of Religious Socialism" in *PE*, p.83.

[27] *LPJ*, p.67.

[28] Paul Tillich, "*The State as Expectation and Demand*" in *PE*, p.99.

但是，在《愛、力量、正義》一書中，田立克則是進入更為深層的本體角度進行闡釋。從正義的本體論基礎來看，國家並非服膺在一種外在的正義要求，或是道德律令的規範中。正義對國家而言，乃是成為一種內在實現自身的驅力。因此，力量對正義而言是一種存在的形式。但是田立克正視一個具體的問題，就是力量會遇時會產生一種「強制力」（compulsion）時，應當是否視之為正義的自我實現？田立克認為，摧毀強制對象的力量應當視為不正義，意即凡是不協助對方走向自我實現的一種力量都應當稱之為「強制力」。[29] 田立克更具體舉例說明這個觀點：「極權政府讓為他執法的人失去了人性，人內在的存有之力被消解，他們內在的要求（正義的驅力）也遭否定」[30] 在此，田立克揭示出國家存在的正義概念，必須包含協助所有國家之內的人們，能以實現自身的人性，並且完成他內在對正義的實現驅力。

國家之內的正義對田立克而言，據此涵攝著兩個向度。一是從國家具體的操作層面來看，國家在施行統治時，與被統治者一種外在關係的形式正義；另一則是從國家抽象的本體層面來論，國家在實現自身的正義驅力時，必須同時包含實現內在每一個個體的正義驅力。如此，才能全然實現其作為正義載體的意涵。

2. 國家是力量的表現

力量概念在田立克神學本體論中，佔有極為重要的地位。因為力量並非僅僅作為一種現象的描述，更是存有展現本質的形式，以及存有內在的構成。在上文處理田立克對國家的正義概念時，已然提及力量意涵的同一狀態，在此詳述之。田立克指出，國家作為正義群體，必須要有具體的力量來實踐他所持守的正義。也因此論述國家，必然包含對國家所擁有的「力量」進行檢視。田立克指出，關於政治的定義，不可能不考慮正義與力量之間的關係，實際上，根本不可能對沒有力量的正義，或是沒有正義的力量做出定義。因此，國家是某個個人或某個團體具體地，

---

[29] *LPJ*, p.67.

[30] *LPJ*, p.67.

並且是內在地承認擁有力量的表現。[31] 然而「力量」對田立克而言，並非一種社會學範疇的概念，而是一種尼采式的「權力意志」（the will to power）。所謂尼采式的權力意志，是指：

> 一切生物以遞增的強度和寬度而實現自我的驅力。「權力意志」並不是「人抓取權力以控制別人」的意志，乃是生命的肯定——乃是生命在其自我超越動力中，克服內在外在阻力的自我肯定。[32]

這種自我肯定之力，是田立克在論述存有本體論時，一個極為核心的概念。[33] 如果存有的實況就是一種存有不斷對抗非存有的張力過程，那麼力量便展現在這個對抗的過程之中。因此，田立克指出，由於每一個存有，皆抵禦針對他自身的否定。所以，「力量」的根本概念是「不怕內在外在的否定，而仍自我肯定的可能性」。它是克服非存有的可能性。[34] 在這個意義上，田立克解釋了猶太民族主義運動（Zionism）的奮鬥歷程。他指出，以色列失去她的空間之後，也就失去了她的獨立存有之力，同時也失去它一切存有之力。[35] 然而，國家作為存有之力的彰顯，卻也不僅在空間的層次上肯定其自身。田立克進一步指出，國家之力的展現除了空間的競爭關係之外，尚有經濟的競爭關係。因為

---

[31] Paul Tillich, "The State as Expectation and Demand" in *PE*, p.99.

[32] *LPJ*, pp.36-37；中譯本，頁52-53。

[33] 田立克在《存在的勇氣》（*The Courage To Be*）一書中，清楚地論證人類在存在張力中如何克服，並且找到克服存在焦慮的良方。基本上田立克對勇氣的論述，繼續沿用他著名的相互關聯法作為陳構的框架，致力尋找個性化與參與之間、個體與整體之間、自我肯定與對象化之間一個超越的存在，意即「絕對的信仰」。然而，這個絕對的信仰概念不應當僅僅視為田立克對基督教「因信稱義」教義的詮釋，而應當按照田立克整體考察進路的出發點，即存有的倫理學與本體論來思考。換言之，我們藉由田立克對人類整體存有現象的考察，明確地看見一個本體的張力現象，這個就是包含在存在之中的非存在，與存在之間所進行的一場持續性的抗爭。在這個對抗脈絡中，田立克向我們呈顯出兩個關於存在本體至關重大的思考：首先，是存在與非存在所構成的對抗之力作為本體動力的事實；其次，是克服對抗之力的勇氣（力量），乃是來自於超越對抗兩造的超越力量。

[34] *LPJ*，p.40；中譯本，頁55。

[35] *LPJ*，p.100；中譯本，頁105。

「力量從來不只是指『武力』而已；它兼指象徵與觀念的力量。正是在象徵與觀念中，一個社群的生命有其自我表現。」[36] 由於國家的自我肯定之力，如果不謹慎檢視的話，會產生極大的危機。田立克更是具體以希特勒為例批判地指出，希特勒顯然採用一個極其荒謬的使命觀念：「北歐血統」（Nordic blood）作為他凝聚德國意志的焦點，田立克認為這個觀念根本沒有真正的使命象徵。[37]

據此，我們看見田立克在論述國家之力時，可以歸納出兩個重要的觀察。首先，國家具有一種不斷自我肯定的驅力，這個驅力本身反映了國家之力的實質涵義；其次，由於這個存有之力的自我肯定所面對的阻力是非存有，因此國家在其本質之中應當涵攝著一個毀滅性的力量。這個毀滅性的力量，清楚地展現在田立克對「魔魅」（Demonic）概念的陳述中。[38]

有鑑於田立克對國家之力的論述核心，定位在一個具有自我肯定的擴張力量上，對於這種對自我的存在所進行的肯定，還需要進一步釐清。因為究竟國家是否為一個會思想的有機主體，以至於她意圖肯定其自身？答案卻是否定的。因為，田立克批判將國家視為「社會有機體」（social organisms）的相關論述，指出個人與社會的關係，不能以身體中肢體的關係相比擬。個人雖然是一個有社會性的存有，但並不是社會創造出個人，二者是相輔相成的。田立克特別批判將國家人格化為有情緒、思想，並且能夠做出決定的觀念。田立克認為，所謂「社會有機體」並沒有一

---

[36] *LPJ*，p.101；中譯本，頁106。

[37] *LPJ*，p.102；中譯本，頁107。

[38] 然而，就多數人對魔魅的理解而言，魔魅幾乎與撒旦有著一種本質性的關聯，為了明確地區隔魔魅與撒旦的概念，田立克從存在的「形式」（form）概念切入，分析魔魅的形式與其內在潛存之撒旦毀滅力量之間的差異性。田立克認為魔魅所內含的毀滅力量，並不具備一種實存的地位，僅僅是一種象徵的表達，因為田立克絕對不賦予撒旦一個實體的地位。相對於此，魔魅卻因為同時具有創造與毀滅的力量，而呈顯出其實存的狀態，這實存的狀態就田立克而言就是一種具體存在的「形式」。【*IH*，p.80.】藉由將撒旦定義在非形式的消極力量之中，取消了絕對邪惡的本體可能性；據此，田立克將魔魅從一種絕對消極的狀態中超越出來，意即，藉由魔魅本體所涵蓋的創造與毀滅雙重性，從等同於撒旦定義的消極狀態中超越出來，這個超越清晰地呈顯出田立克致力將魔魅置於一個更本質的範疇中進行論述。

個有機中心，這個社群的中心只是「代表社群的人」：執政者、國會。在這個前提上，田立克清楚地將國家與治理國家的執政群體區分開來。田立克對執政群體有兩點深入的描述，首先，「他們表達這個社群的存有之力和存有之義」，其次，「他們同時也表達自己執政群的力量和正義的要求」。[39] 換言之，當我們在論述田立克的國家概念時，需要避免將少數的統治階層全然地等同於國家，因為國家遠超過統治者的存有。

3. 國家是愛的實現

國家作為一個剛性的集合名詞，似乎與象徵的軟性概念的「愛」有著格格不入的對照。然而，在田立克論述存有本體的倫理原則時，清楚地將愛作為其本體論的核心概念之一，並且將其應用在群際倫理的思考之中。要把握田立克對於愛的觀念，首先需要釐清的是傳統對愛的定義，基本上田立克在此並不將愛理解為「情緒」，田立克指出，生命是實現中的存有（being in actuality），而愛則是生命的動力。在這個意義上，存有如果沒有愛，則存有便無法實現其自身。因此，「愛」是「使分離者結合的驅力」。[40]

在這個以結合為前提的定義之下，愛於是成為一種力量，也表達出一種主張。之所以是一種力量，乃是因為愛使得分離的兩造得以結合，而主張的前設，就是這個結合背後所預設的「一」。換言之，在田立克對愛的群際倫理詮釋中，清楚看見他對群際狀態有一個「自然狀態」的前設，就是一種「結合之愛」。為此，田立克指出，「整個群體的存有之力與存有之義，乃是依賴創造群體並維繫群體的結合之愛。」[41] 由是觀之，田立克明顯地將結合之愛構築為群際倫理的最終標的。這樣一來，田立克便面對一個具體的難題，究竟在這個充滿張力的國際間，各

---

[39] *LPJ*，p.96；中譯本，頁 102。此外，其實國家的力量也可以從另一個角度來理解，就從是執政者與人民之間的關係來理解。這種關係是一種權力的抗衡關係，時常處在「承認之力」與「強制之力」之間彼此抗衡。*LPJ*, p.94；中譯本，頁 100。

[40] *LPJ*，p.25；中譯本，頁 42。

[41] *LPJ*，p.99；中譯本，頁 104。

個國家如何能實現其本質中的存有之愛呢？

田立克針對世界各國未來可能結盟的趨勢，具體地提出他認為可能發生的三個方案。分別是「大洲性」（continental）、「世界國」（world state）以及「世界中心」（world center）。所謂「大洲性」是指，承認走向更大政權的不可避免性，或許不是以民族為單位，而是以世界各大洲為單位（筆者按：諸如歐盟）；其次，「世界國」是指，由現在各強權採取一種聯邦制度，並且世界各國皆參與並隸屬於其中；最後，則是「世界中心」，這是指在世界各國中，出現一個最的強大的國家，採取自由和民主形式，來統治其他世界各國。田立克認為就上述這三個可能性而言，以第三種情勢最為可能。[42]

如果田立克對國家存有之愛的應用是如此具體，甚至為國際社會提出他大膽的預測，雖然極為主觀，但是至少表達出兩方面的意義。首先，田立克致力將其對國家的概念，具體地實踐在當下的政治實況中，反映其政治神學中現實主義的傾向；其次，且不論這三個假設在國際政治領域的成熟性，單就這三個方案的共同性而言，皆反映出田立克國家之力的實踐精神，是以「結合」代替「對抗」。據此，我們可以說，田立克對國家之愛的倫理意向，乃是一個「視全部為一個整體」的構思，也就是超越單一地區、民族、文化的地方性視域。

4. 國家是倫理性的主體

作為倫理性主體的國家，截然有別於霍布斯將國家視為魔鬼的象徵，也不同於黑格爾將國家視為人間上帝的象徵，同時也不會淪為消極功能的看守人國家（Watchman state）。[43] 國家的倫理性本體一方面在此岸呈顯出存在的和諧性，另方面也反映出一個終極的彼岸。這是田立克國家觀一個具批判性提升的特質。綜合上述的討論，我們可以將田立克論及國家本體的三個觀念，進行整體的評估。田立克在〈幻影與實質：力量理論〉一文綜合道：

---

[42] *LPJ*，p.105；中譯本，頁108-109。

[43] Paul Tillich, "The State as Expectation and Demand" in *PE*, pp.100-101.

愛就是被分離者對重新團聚的渴望。它是對一切存在事物的普遍之愛，只要力量支持這種團聚，那麼力量就負擔了愛的工作。……就所有的共同體狀態而言，不論是一群飛鳥、一個家庭、一個城鎮、一個部落或是一個民族，都一直追求著一種結合。這個結合就其神聖的「基礎與目標」而言，就是基督教所指涉的上帝國。在那之中愛與力量是結合在一起的。……此外，還需要結合正義的概念一併思考，因為正義是力量的結構，沒有正義，力量就是破壞性的；正義是愛的支柱，沒有正義，愛就會成為傷感的自我放逐。[44]

據此，國家對於田立克而言，是一個統合性的倫理本體，她應當同時展現愛、正義與力量三者的形象，這不可任一消失的倫理本體，不僅本身「應然」的倫理性成了實踐中「未然」的規範，同時也是提供了一個內在性的終末圖像。

（三）國家的規範與批判

歷經一次大戰的痛苦經歷，田立克必然對國家有其一定程度的批判。[45] 單是從上述論及愛、力量與正義三者的相互關係中，就已然可以推導出許多相互規範的原則。然而，本段主要嘗試開發田立克其他向度的國家論述，以作為其對國家概念的規範與批判。這個目的，主要是希望將田立克的國家概念，放在他的政治神學脈絡中理解，特別是宗教社會主義的脈絡中。

1. 監督原則：緘默的移交

洛克在論述國家的起源時，清楚地指出國家的合法性乃是來自於一種由下而上的移交程序，就是人民主動將其權利移交給社會，然後社會再移交給統治者；然而，田立克在論述國家的移交時，則是採取「由上而下」的進路，論及一個「緘默的移交」

---

[44] Paul Tillich, "Shadow and Substance: A Theory of Power", in *PE*, p.118.

[45] 關於田立克對當時德國政治界的觀察與感想可參 Wilhelm & Marion Pauck, *Paul Tillich: His Life & Thought* Vol.1(NY: Harper & Row Publisher, 1967), pp.67-74.

程序（tacit transfer）。所謂「緘默的移交」是指，國家必須意識到，它不能成為生活終極意義的承擔者。國家並不具備任何神聖性，因為真理、愛和神聖的目的都超越了國家。然而，因為這些事物會在國家的形式中展現，也因此國家分享了神聖性，甚至因此獲得她自己的價值。[46] 田立克細膩地解構國家擅長使用的「偽善」現象，就是將自己與神聖掛鉤，以至於取得一種絕對性。然而，田立克卻又不願意國家淪為純粹消極的機制，於是巧妙地將國家置於一個「雙重否定」的基礎上。一方面，國家反對一切自我神聖化的偽善；另方面，為了不至於淪為純粹消極的機制，國家反對將精神性與神聖性從政治生活中抽離，因為這種做法將會使她的行為不能獲得真實價值創造的崇高性，並且會把統治權交付給不具備責任感的力量。[47] 藉由這個雙重否定概念的提出，田立克認為表現了國家對待精神和崇拜的新教式態度，就是一方面它迫使一切事物都抱持在與絕對者相對的世俗層次上，不承認教會或國家的任何直接的神聖性；另方面，它又不將它置於絕對的世俗之中。換言之，田立克的國家概念，乃是通過與神聖者之間的關係來動搖與建構她。[48]

然而，這個訴諸絕對者的移交，並不因為絕對者的超越性而陷入道德國家的弔詭中。對田立克而言，國家乃是將精神（spirit）與崇拜事物（cultic things），移交給能夠內在地支持它們的承擔者。精神的事物交由精神的群體負責（spiritual group），而對神聖的責任則交由教會負責。關於這個緘默的移交，田立克總結道：

> 首先，這是**國家**的移交，意即國家不允許精神與教會兩者中任何一者自行離去，因為沒有精神和神聖的正義就只是暴力和專斷的決定。第二，這意味著國家**移交**，也就是說，國家本身不行使其中任何一種職能，國家必須承認精神領域的自由與神聖領域的不可侵犯。國

---

[46] Paul Tillich, *"The State as Expectation and Demand "*in *PE*, p.104.

[47] Paul Tillich, *"The State as Expectation and Demand "*in *PE*, p.105.

[48] Paul Tillich, *"The State as Expectation and Demand "*in *PE*.

家在此只是為這兩者服務，並非透過建構某種超越它們的正義，來對它們進行創造；最後，則是意味著國家**緘默地**移交，即這移交並非一種明顯和獨立的公開行為。……緘默的行為在雙方之間留下了沒有規定的邊界。……根據精神群體與教會群體目前的創造性力量進行緘默的移交，就是新教的要求。[49]

　　據此，田立克將精神群體與教會群體內化為國家完整性的一部分。不僅理解國家離不開教會群體與精神群體，[50] 同時理解精神群體與教會群體也不能沒有國家。史塔密認為，這正是田立克辯證神學在宗教與政治中運用的結果，對兩者來說：宗教的實現意味著社會主義的實現，社會主義要求宗教的批判。[51] 在這個本體共構的狀態中，國家、教會與精神三者並不處在一種主從的隸屬關係，更非互補隸屬的割裂關係，而是處於一種相互理解的監督關係脈絡之中。這個將監督機制賦予教會群體與精神群體的關係進路，不僅讓國家從一個自我絕對化的危機中解放出來，更在國家監督的論述上，賦予教會一個極為積極的主動意涵。既不是將教會與國家放在兩個全然相異的範疇，而產生互補隸屬的「兩個王國論」；也不是將教會與國家置於純粹現實主義的社會性描述，以至於讓教會隸屬於國家的管治之下。基本上，田立克乃是沿著一個辯證的精神，將國家與教會置於相互構成的兩極，而具有一種辯證的兩極性。

---

[49] Paul Tillich, "*The State as Expectation and Demand,*"in *PE*, p.105. 田立克在＜福音與國家＞一文中同樣清楚地指出：「國家需要並且要求屬靈的要素充滿在他的政治領域中，"The Gospel and the State," *Crozer Quarterly* 15/4 (October 1938): 251-261.

[50] 所謂「精神群體」（Spiritual group），在田立克的舉例中提及的乃是作為教育機制的「學校」（school）。Paul Tillich, "*The State as Expectation and Demand* "in *PE*.

[51] John R. Stumme, *Socialism in Theological Perspective A Study of Paul Tillich 1918-1933*, p.211.

2. 批判原則：先知性精神

本節之所以將批判原則納入為田立克國家概念的規範基礎，乃是奠基在田立克對國家與精神關係的前提上。田立克因為明確地要求國家在去除偽善的行動中，將其神聖的意涵緘默地移交給教會，並且將教會群體、精神群體與國家之間構成一個完整的國家概念。據此，論證教會對國家的態度，也就不應當視為外在於國家的批判活動，而是一種內在於國家的整體概念。因此，可以將這個批判的活動，視為存有克服非存有的歷程，也就是國家實現自身的歷程。

田立克在論國家的基礎時，明確地將國家內部一種「批判力量」（criticism power）與「形塑力量」（formative power）之間的兩極性，與國家的「應然」（*Sollen*，what ought to be）與「已然」（*Sein*，what is）之間的兩極性類比在一起。[52] 換言之，對田立克而言，國家的基礎並非僅僅由一種靜態的元素所構成，而應當是一種動態的引導所構成。這個動態的引導，就田立克而言，並非來自任何現實中的既得利益，而是具有理想性的「應然」。當田立克將應然的概念，作為國家構成的基礎，而與現實中的形塑力量並置在一起時，我們明確見證到田立克國家概念的終極向度。

然而，這個國家的終極向度，並非屬於烏托邦的抽象概念，而是由教會具體而微地將之實現出來。據此，田立克在論國家基礎時，總結道「只有從終極存在的層面上，談一個創造的統一體，才是真正奠基於意義，也才真正可能實現一個群體。並且根據她的本質，教會就是代表與承擔這個意義來源的群體。」[53] 據此，教會展現出其與國家之間一個極為緊密的本體性關係，因為藉由教會所代表的終極意涵，才能夠將國家含蘊的終極性建構出來，如此教會也在這個建構的過程，實現其與國家之間的適切關係。

田立克在〈作為批判和創造原則的新教〉一文中，針對教會所代表的恩典批判力量指出：「只有教會是一種恩典的形式，她

---

[52] Paul Tillich, *"The State as Expectation and Demand,"* in *PE*, p.113.
[53] Paul Tillich, *"The State as Expectation and Demand,"* in *PE*, p.114.

才能以絕對的力量和權威宣告危機。」[54] 換言之，這個批判原則的彰顯，實際上是一種恩典的實際臨在。愈是批判，則愈顯恩典。因此，教會與國家，甚至與政黨的之間，應當極力保持其批判的清醒意識。田立克指出：

> 教會不是一個黨派，即使它在先知性批判中採用某一黨派的主張，並揭示這些主張的超越性意義，即便它在預示性的創造活動中接近一種理性的形式，它也不是一個黨派。教會成為具體的過程，以及教會獲得形式的過程，絕不是毫不含糊地抉擇一個具體的存在形式。相反，即使在需要選擇的場合，這種選擇也不贊成它自身具有一個存在形式，而主張它具有內在的超越性意義。[55]

教會對國家的批判，不僅表達出其應當肩負的本體性職責，更是在批判的同時，彰顯出超越性的臨在，意即恩典的臨在。

三、未結之語：

在田立克的國家構思中，我們清楚地看見一種積極入世的新教精神被實現出來，教會作為本體構成的一部份，不僅是消極地擁有作為本質性共構的高度，更是應當積極地扮演著先知性批判的角色。當精神群體的成員——學生、老師，勇敢地站出來反抗國家機器中的統治手段時，莫衷一是的教會界早已不需要糾結於意見展示的合法性問題，而是應當關注本質上共構意識失落的存

---

[54] Paul Tillich, "Protestantism as a Critical and Creative Principle," in *PE*, pp.24-25.

[55] 田立克緊接著給予這個論述一個重要的注釋，田立克指出：這說明了為什麼宗教社會主義會有引起大量批評的模糊性，比如《宗教社會主義報》就代表了這種模糊性，但這種模糊性是以「宗教社會主義」之名而表現出來的。只有根據恩典形式和具體形式的出現這兩者之間的關係才能理解這模糊性。從這一觀點出發，這種模糊性就是必然的，它與相對於超越存在和自由之事物的一切實現中內含的模糊性是一致的。Paul Tillich, "Protestantism as a Critical and Creative Principle," in *PE*, p. 37.

有危機。面對中國的崛起，未來的台灣教會界需要更多的嚴肅檢視國家機器的對話，不是被動的由社會事件的發生反向擠壓教會牧職進行立場的宣誓，而是例常性地從信仰價值的判準出發，針對曲扭的社會價值現象進行主動的鍼砭。按照田立克神學的政治視域，一旦我們不再嚴肅地看待自己在國家整體中的本質性身分，我們將忽視「已然移交」的事實，以及「應然批判」的權柄！

作為田立克研究的學者，筆者不得不指出田立克神學的政治倫理未必是創建，而是使用哲學語彙針對神學中的共識進行再框架與再詮釋的「再構魅力」，縱觀田立克本體論範式的國家構思，固然將神學本體論中概念類比在倫理向度上極大化、具體化，但卻明顯在「觀念式本體」的論述中，忽略了「位格式本體」的優先性。這意味著，當田立克在構思國家、精神、教會、經濟的互動關係時，掌握了概念間際的動態關係，卻無法呈顯概念的載體——位格人，在群際互動中的關鍵角色，也是田立克晚年重要的倫理學大作《愛、力量、正義》中最顯著的缺憾。因為「國家作為愛的載體」、「國家作為力量的載體」和「國家作為正義的載體」所承載的國家，並不是概念化的教育機制、宗教機制、經濟機制、統治機制，而是將各個機制概念具體化的「位格式本體」。

烏托邦辯證意識下的太陽花學運

莊信德

東南亞神學研究院系統神學博士，現任台灣神學院兼任
助理教授、本土神學研究室主持人、台灣長老教會磐頂
長老教會主任牧師

楔子：

　　2014年台灣社會與香港社會都分別面對重大的公共倫理難題，不論是太陽花學運的正當性，或者是雨傘革命的正當性都不斷地面對社會各界的檢視與挑戰，究竟一個民主化、多元化的社會，如何安放因為流動（資本、勞工的跨國流離）而衝擊原有架構的異變？每一個穩定追尋背後的判準究竟是在維繫著誰的價值與權力？在這樣幾乎是必然出現的「反抗」與「反反抗」之間，又有什麼「基礎」能夠提供如斯激烈的衝撞？事實上，正是基礎，提供了反抗的柴火，也是基礎為反反抗提供了意識形態的能量。我們不得不更加深層地探尋一個超越自身基礎的基礎是否可能？一個涵攝批判的判準能否成立？作為高度辯證意涵的田立克（Paul Tillich, 1886-1964）政治神學，能否在一個多元異變的世界處境中貢獻其可能的價值？本文計劃藉由勾勒本體論範式的田立克政治神學基礎，進一步呈現出烏托邦意識所帶來的辯證性判準，最後應用在對台灣2014年太陽花學運的信仰反思。

第一節　本體論作為田立克政治神學的基礎

　　「原型」對於所有反抗運動而言，是一個需要破除的意識形態，因為其維繫的框架是為權力機制服務的框架，任何嘗試重返原型的論述，都有可能是權力者慾望的投射。田立克神學中的本體論所提供的基礎意識，究竟應用在政治範疇中，會不會為權力者提供理論的背書，一如二戰期間海德格為納粹所提供的思想服務？事實上，田立克神學的本體論與海德格（Martin Heidegger, 1889-1976）思想之間有著足以參照的相互關係，在1924到1925年兩人曾經短暫地在馬堡大學（University of Marburg）共事，田立克指出海德格在馬堡的授課、其所出版的《存在與時間》，以及對康德的解釋，都深深地影響了他日後對人類存在實況的探尋。[1]

---

[1] Paul Tillich, On the Boundary (New York: Charles Scribner's Sons, 1966), pp. 48, 56-57.

塔卻爾（Adrian Thatcher）認為，不論是對海德格或是對田立克而言，哲學是本體論的首要思考，因為本體論的目的就是要澄清存有的意義，[2] 海德格在《存在與時間》中曾經提及：

> 任何存在論〔本體論〕，如果它未首先充分地澄清存在的意義，並把澄清存在的意義理解為自己的基本任務，那麼，無論它具有多麼緊湊的範圍體系，歸根到底它仍然是盲目的，並背離了它最本己的意圖。[3]

本體論不僅是作為存有意義探尋的工具，更是以存有意義之探尋作為其自身存在的意義，因為海德格認為探尋者的行動本身，就是揭露出存有的特質。因此，對存有的解釋必須是緊扣存在的實況，而不能依循傳統的本體論。[4] 這個從存在實況出發的構思，正是田立克本體論的出發點，在《歷史的解釋》（Interpretation of History）中，田立克明確地表明神學本體論，是通往宗教理解無法避開的進路，因為理解無條件與超越力量的關鍵，必須返回到存有本質的嚴肅性（seriousness）與終極的不確定性（ultimate insecurity）中。[5] 然而，塔卻爾認為羅瑟緹茲吉（N. A. Rasetzki）以及塔伯奈（E. L. Tabney）在《歷史的解釋》中所節錄的英譯本中，未將重要的段落呈現出來。本文僅將塔卻爾所強調的補譯摘錄如下：

> 如果我們允許使用一個新詞「原型」（protology），作為對先於一切事物的無條件超越概念的解釋，一如存

---

[2] Adrian Thatcher, The Ontology of Paul Tillich (Oxford: Oxford University Press, 1978), pp.2-3.

[3] 馬丁·海德格著，王慶節、陳嘉映譯，《存在與時間》（台北：桂冠，2002），頁16。《存在與時間》（Being and Time / Sein und Zeit）中的「存在論」一詞，在本論文中一律使用「本體論」作為表述；另，Being之中譯有「存在」、「存有」兩組相對的語詞，本論文選擇以後者作為表述。主要原因有二，首先，「有」相對於「在」所表達出的空間概念，更具有表達主體內在特質的意涵。儘量與田立克系統神學的中譯本之核心語詞一致。

[4] Adrian Thatcher, The Ontology of Paul Tillich, p.3.

[5] Paul Tillich, The Interpretation of History (New York: Charles Scribner's Sons, 1936), pp.270-271.

有先於一切他之所是，那麼將不可能有任何神學命題，
能夠不談神學本體論。在存有中的一切意識裡，「嚴肅
性」（seriousness）與「不確定性」（uncertainty）展現
了存有的雙重特徵。這個嚴肅性與不確定性並非由任何
特定的事物所構成，他們乃是存有本身。「嚴肅性」可
被視為每一存有內部「不可逃避」（inescapableness）與
「不可自創」（uninventableness）的核心特質。此外，
「不確定性」乃是表達出存有一種「變動不居」的特質
（floating character），這個特質指向一種無重量的非存
有，亦即是缺乏一種無條件的因果關係。嚴肅性與不確
定性揭露了存有自身，也在宗教中獲得確證。沒有任何
一個實存能夠完全被存有所充滿，他們乃是每一個實存
都參與在無條件的存有中，正是這個在存有中的參與表
達出他的嚴肅性，亦即是「是」（is）的不可逃避性；
另方面，正是存有缺乏滿全的事實表達出他的不確定
性，亦即是「是」的「消失」（passing away）。沒有任
何實體可被視為原型（proton）的存有，但是每一個實
體卻又都同時指涉出他們所參與之原型的正面與負面，
這個實存所在的超越核心正是所有宗教本體論命題的對
象。[6]

在這個意義上「原型」表徵著「本體論」的同義反覆，不僅
將本體論奠基於實存的意涵清楚地呈現出來，更陳明這個對存有
本體性的認知，必須是關聯於一種「參與」的行動。而這個參與
的行動，正是將人視為一種整體去參與認識活動。[7]這種以人在
存有中所具有之整體性作為認識活動的理解，是田立克本體論範
式中所具有明確的實存意涵。也因此，胡梅爾（Gert Hummel）
認為田立克本體論範式的神學不僅具有教牧的意涵，同時也具有
治療的功效。因為田立克所建構的真理觀，既不是奠基於適切的
觀念，也不是自我封閉的系統，而是在焦慮中產生，為的是關聯

---

[6] Adrian Thatcher, The Ontology of Paul Tillich, pp.7-8.
[7] 蒂里希著，何光滬編選，《蒂利希選集》上冊（上海：三聯，1999），頁396。

於具體的人與處境。[8] 這個關聯於存有，發軔自存有的本體論，由於關注存有在歷史中的行動，因此展現出它在時間中的動態性意涵。在這個意義上，明顯與倚重個體概念輕集體意涵的海德格區別開來。田立克批判海德格重個體而輕歷史及社會，運用抽象的歷史概念阻礙了他對實質歷史處境的思想，否定了每一個歷史的實質關係，將人抽離於真實的歷史中。[9]

作為田立克的學生、同事兼好友的吉爾奇（Langdon Gilkey），[10] 在分析田立克神學時特別強調他的動態本質：

> 田立克的神學系統重現了一個「動態的本體論」（dynamics ontology），在這個以存有的過程（process）與演變（becoming）為核心角度的本體論中，歷史的內容勝過無時間性的形式，或是靜態的存有，而成為最基本的觀念。據此，我們可以得出幾個不同的論題：永不止息的動態生命是上帝的基本象徵；聖靈（Spirit）轉變為比聖道（Logos）更為基本。[11]

就吉爾奇的分析來看，動態意涵在田立克神學本體中，無疑有著極為明顯的特色。不過吉爾奇的觀點，對費瑞爾來說則有不同的理解。費瑞爾認為在田立克神學中「永恆的道」（eternal Logos）是無條件與無變化地裂天而降打破具體的內容，並且歷史的元素無條件地從屬於這個永恆的真道與他的非歷史性特質

---

8 Gert Hummel, Tillich's Way to the "Systematic Theolgy". – MW 6, 11-19 (Berlin – New York: De Gruyter – Evangelisches Verlagswerk GmbH, 1992), p.12.

9 James Luther Adams, "Introduction", p.xi. 儘管如此，田立克對於海德格對納粹的低頭，接受出任弗萊堡大學（University of Freiburg）校長一職之事件，卻未有強烈的批判，甚至回應得略為寬容，見同書頁 xii 註 7。

10 Lasse Halme, *The Polarity of Dynamics and Form – The Basic Tension in Paul Tillich's Thinking* (Hamburg - London: LIT VERLAG, 2003)，頁 15。

11 Langdon Gilkey, "The New Being and Christology" in *The Thought of Paul Tillich*, James Luther Adams & Wilhelm Pauck & Roger Lincoln Shinn editors (San Francisco: Harper & Row, 1985), pp.314-315. 在這個意義上，吉爾奇看見了田立克神學思想中充滿了「希臘向度」與「現代向度」的相互影響。參 Langdon Gilkey, *Gilkey on Tillich* (New York: Crossroad, 1990), p.119

中；[12] 然而，費瑞爾卻提醒讀者，道作為實體中一個永不改變的理性結構，對於田立克卻又同時矛盾地不是處於靜止的狀態，而是一直在變動不居的歷史過程當中。據此，費瑞爾論證道：田立克思想的問題在於他無法平衡地處理哲學與神學之間的張力關係。[13] 究竟如何調和田立克神學中動態意涵所帶來的衝突是哈默（Lasse Halme）所關注的焦點。哈默在《動力與形式的兩極性——論田立克思想中的基本張力》一書中，試圖從「動力－形式」的兩極性角度來評估田立克思想中的動態特質，哈默認為田立克的思想可以解釋為三個生命功能，分別是自我整合（self-integration）、自我創造（self-creation）與自我超越（self-transcendence）。這三者分別反映出三個本體論中的極性特質，[14] 並且哈默進一步使用這三個觀點，作為整合田立克三一論與本體論的策略。在哈默的分析中，自我整合是動力與形式在本體論中的聯合與平衡，這個動力與形式的兩極性共同展現在上帝自身的本質中，並且在耶穌作為基督的新存有中達致新的平衡，是早期田立克本體論的重要特徵；[15] 此外，自我創造則是動力打破形式的過程，特別運用在文化的創造性層次上思考，是晚期田立克聖靈本體論運思的特徵；[16] 至於自我超越的部分，哈默認為田立克嘗試藉由上帝國的本體論應用，將動力與形式達致最終完美的平衡。[17] 胡伯（David Hopper）則是認為本體論是田立克神學一以貫之的核心主體，雖然早期特出的「凱邏斯」（kairos）概念[18] 不

---

[12] Donald R. Ferrell, Logos and Existence – The Relationship of Philosophy and Theology in *The Thought of Paul Tillich* (New York: American University Studies: 1992), pp.178-179.

[13] Ibid, p. 464.

[14] Lasse Halme, *The Polarity of Dynamics and Form – The Basic Tension in Paul Tillich's Thinking*, p.17.

[15] Ibid. pp.49-72.

[16] Ibid. pp.82-103.

[17] Ibid. pp.116-136.

[18] 田立克認為「凱邏斯」有三種理解的模式：首先，是「唯一」（unique）普遍的理解，是指作為基督的耶穌出現的特別時刻；其次，是「一般」（general）的理解，意指在歷史裡的每個轉捩點所出現之永恆判斷和轉化短暫的時刻；第三則是「特別」（special）的理解，是指在世俗的土壤和空洞的自律文化之上來臨中的「新神律」。【Paul Tillich, "Kairos" in *TPE*, pp.46-47，】宗教社會主義不單只在「凱邏斯」一般的理解下獲得，而更重要的是在「凱邏斯」特

見於田立克的後期思想，但胡伯卻指出，奠基與謝林積極哲學的傳統，田立克已然將凱邏斯概念深植於他的動態本體論當中。[19]此外，藉由凱邏斯所展開的本體論探析，胡伯將凱邏斯所含蘊的「參與」構思，視為田立克本體論的動力來源。[20]

小結：

　　本節的核心論述旨在梳理田立克政治神學中的本體論思想，並指出作為高度認肯整體性的本體論思考，絕非為任何基礎主義的意識形態提供柴火，更不是為權力的擁有者提供鎮壓異己的理論基礎。正是由於田立克本體論中的動態意涵，讓田立克政治神學的框架能以為「反抗」與「反反抗」提供持續衝撞的基礎。為呈現出本體論應用在具體政治處境中的可能性，下一節整理田立克著名的烏托邦意識，作為整體性構思的價值判準。

第二節　烏托邦意識作為政治神學的辯證性判準

　　田立克1951年夏天在柏林的德意志政治大學（Deutshe Hochschule für politik）發表四篇一系列的演講，主要從烏托邦的角度對政治神學進行深刻的梳理，是一篇極為重要的政治神學演講集。在這一系列的演講中，田立克嘗試發揮他在系統神學中對於人論教義的本體論應用，特別是將這個本體論直接應用在政治神學的範疇之中。本體論對於田立克而言，之所以是理解其政治

別的理解，就是「新神律」的出現。【Eduard Heimann, "Tillich's Doctrine of Religious Socialism," in *The Theology of Paul Tillich,* edited by Charles W. Kegley and Robert W. Bretall (New York: The Macmillan Company, 1961), p.315.】在這些概念及其關係之中，史東（Ronald H. Stone）認為，田立克是以其基督論作為其歷史哲學的思考代模，作為捨己典範的基督，明顯是「凱邏斯」的時刻中的生命典範。因為基督展現了個人為普世捨己，據此在個人或社會的「凱邏斯」的時刻中，「特殊性」（particular）亦被給予「普遍性」（universal）。【Ronald H. Stone, *Paul Tillich's Radical Social Thought* (Atlanta: John Knox Press, 1980), p. 50; "On the Boundary: Protestantism and Marxism", p.169.】

[19] David Hopper, *Tillich: a theological portrait* (Philadelphia and New York: J. B. Lippincott Company, 1968), pp.101-102.

[20] David Hopper, *Tillich: a theological portrait*, pp.107-126.

神學的關鍵，可以明確地從本次演講中看見。基本上，田立克採用「烏托邦」（Utopia）的概念作為政治神學中本體論的一個轉化性語法。[21] 田立克將本體論應用在政治領域的最直接類比，就是政治領域與本體論都是面對著極為強烈的「非存在」威脅，田立克認為：「政治生存與普遍的人類生存一樣，也面臨著非存在的威脅。」[22] 這種非存在就是一種人類生存的焦慮實況，田立克指出，在本體論焦慮中我們大家同為一體，焦慮等同於我們的有限性。當與現在相關聯的時候，本體論焦慮就變成了要求安全的意志，它導致了反對任何一種威脅的侵略。對田立克而言，這就是基本的政治現象之一。[23]

一、本體論在政治實況中的本質性

田立克認為，人論與政治意識之間有著密不可分的相互關係，在人論中所述及的焦慮，在政治本體論中獲得同樣的論述基礎。田立克指出，焦慮現象對於一切政治來說具有根本性的重要意義。[24] 田立克指出，在所有政治集團和政治運動中，安全意識大多是焦慮的產物。它倒退到過去，它寧願要過去而不要現在或將來。[25] 藉由對人類政治集團所作出的分析，田立克嘗試將人類所共有的焦慮指向一個未來的向度，並從這個未來向度與當下所產生的關係，引導出「烏托邦」所具有的政治神學意涵。

田立克認為，在歷史當中許多曾經出現的烏托邦，都在過去之中為自己創造一個基礎，一個既有向前看的烏托邦，同樣也有向後看得烏托邦。[26] 對田立克而言，被想像為未來理想的事物同時也被投射為過去的「往昔時光」——或者被當成人們從中而來

---

[21] 田立克認為，他在這次演講中從人的本質出發，嘗試給從烏托邦的普遍性來作為政治考察的基礎。事實上，田立克正是巧妙地將本體論轉化為烏托邦的思考。蒂里希著，〈烏托邦的政治意義〉，《政治期望》（四川：四川人民，1989），頁163。

[22] 蒂里希著，〈烏托邦的政治意義〉，《政治期望》（四川：四川人民，1989），頁167。

[23] 同前書，頁168。

[24] 同前書，頁169。

[25] 同前註。

[26] 同前書，頁171。

並企圖復歸到其中去的事物。這是人類思維中最令人吃驚的現象之一。沿著這個觀察，田立克對烏托邦進行了一個三段論證的分析。他指出，絕大多數烏托邦表現出一種三段式運動：（一）原始的現實化，即本質的現實化；（二）墮落而疏離這種原始的現實化，即現在的狀態；（三）作為一個期望的復歸，在其中已經墮落而脫離原始狀態的事物將得到恢復。田立克認為這個三段式烏托邦運動，在大部分歷史中出現時，是用這一個象徵手段的人都意識到，在他們的時代，在他們本人生活的時代已經達到了墮落的最低點。產生烏托邦的始終是這最後的一個階段。[27] 這個將烏托邦框限在尚未來臨的思想，不僅是田立克嘗試要進行批判的開端，同時更是反映出田立克對人性本質深刻的洞見。

緊接著田立克直指人類的本質道：「人是由人的本質所決定的，人的本質並沒有喪失，它作為對生存的判斷和標準而延續著，即使在生存產生最大程度的偏離也是如此。德語中『本質』（*Wesen*）和『是』（*gewesen*）這兩個詞具有同源關係，證明瞭人的本質怎樣被看成曾經是、但現在不再是的事物。」[28] 據此，田立克堅持政治神學的基礎，乃是人論「任何不具有這種關於人的本質的神學的政治，都必然是破壞性的。」[29] 這不僅意味著烏托邦是一種與人論息息相關的政治概念，更是產生自對人本質的信仰，對「始終存在的」那個東西的信仰。[30] 藉由這個緊扣著人類本質的烏托邦信念，田立克巧妙地將政治神學所處理的核心題旨引導出來，就是一個關乎人性存在的實況。

烏托邦的存在對於田立克來說，不僅僅是關於一種未來的存在，更是根植於每一個當下的存在，甚至是與開端共存的狀態，從這個角度來看，田立克已然將烏托邦與他所論證的本體論作出一個明確的關聯性。田立克使用另一個三段論證指出：首先，要成為人，就意味著要有烏托邦，因為烏托邦根植於人的存在本身；其次，我們如果要理解歷史，就需要在開端處和終結處樹立烏托邦；最後，一切的烏托邦都是否定之否定，否定人類存在中

27　同前書，頁173。
28　同前書，頁172。
29　同前書，頁176。
30　同前書，頁177。

否定性的事物；[31] 在田立克對烏托邦的理解中，我們看見了烏托邦不僅深植於人類個體存在的實況，更是反映出整體人類世界所內含的存在實況。從政治烏托邦三段式論證基礎來看，完全是田立克在本體論中對於結構性動力的闡述邏輯。

二、本體論在政治歷史中的辯證性

田立克將政治實況當中所產生出來的烏托邦進行一個歷史性的考察，指出烏托邦具有一種辯證的動態歷程，這個歷程最終將印證這個政治烏托邦與動態本體論之間所存在的同一關係。這個辯證的論述分別從對烏托邦所具有的積極意義展開，接著論述烏托邦的消極意義，最後則是回到烏托邦的超越意義。讓整個烏托邦的心理進程，反映出本體論在人性中的運思痕跡。

（一）烏托邦的積極性

田立克認為，烏托邦至少具有下列三個積極的意義，分別是「真實性」（truth）、[32]「有效性」（fruitfulness）與「力量」（power）。首先，就「真實性」而言，田立克認為烏托邦之所以是真實的，乃是因為它表現了人的本質、人生存的深層目的；它顯示了人本質上所是的那種東西。田立克據此嚴肅地指出：「如果社會烏托邦沒有同時實現個人，那它就失去了其真實性，同樣，個人的烏托邦如果不能同時為社會帶來實現，它也失去了其真實性。」[33] 在這個意義上，人與社會之間有著一個緊密的關聯性。田立克甚至指出，個人領域和社會領域的烏托邦如果沒有被整合起來，將會淪為割裂的狀態，而失去了它應有的統一體。[34]

其次，是「有效性」。田立克認為這一點與烏托邦的真理性有著最密切的關係。田立克指出，烏托邦中的預期心理（anticipatory）展示了烏托邦中真實的可能性。對田立克而言，正是這種對未來的預期讓烏托邦得以在歷史中不斷實現其各種潛

---

[31] 同註22，頁198。
[32] 徐鈞堯在《政治期望》一書中將truth譯為「真理」並不適切，按照上下文的脈絡來看，筆者認為應當翻譯為「真實性」較為適當。
[33] 同註22，頁214。
[34] 同前註，頁215。

在的可能性，因為一旦沒有預期心理的存在，整個當下就會顯得毫無盼望可言，因此只有處於過去和未來的張力之中才會充滿活力。[35]

最後，則是「力量」（power）。田立克認為，烏托邦能夠改造已有的事物，田立克以猶太教為例，指出猶太教或許就是人類歷史上最重要的烏托邦運動，因為它直接或間接地把整個人類提高到另一個生存領域，而這個生存領域的基礎，就是它關於那未來的上帝統治的烏托邦。[36] 烏托邦力量的根源，就是人對於自己本質存在狀態的不滿，田立克分析指出，烏托邦的支持者未必是社會底層的邊緣人，卻往往是源自於中產階級對經濟的不滿，這正顯示出烏托邦的支持者乃是那些具有充分存在力量而向前進的人。這些人的烏托邦行動，傳達出一種對人本質完整性的保存行動。[37] 在此，田立克清楚地呈現出有別於馬克思傳統的階級鬥爭進路，而是將「反抗」的慾望往更為本質性的存有安放。

（二）烏托邦的消極意義

緊接著積極意義之後，田立克又指出烏托邦所含蘊的消極意義，分別是「不真實性」（untruth）、「無效性」（unfruitfulness）與「軟弱性」（impotence）。首先，就「不真實性」而言，烏托邦的不真實性是指它忘記了人的有限性和異化，忘記了人作為有限是存在和非存在的統一；以及關於人的形象的虛假性，它在這個不真實的基礎之上構築自己的思想和行動。田立克分析道：在這個意義上，烏托邦是自相矛盾的，因為烏托邦的主題就是要使疏離的人脫離疏離，但是，由誰來完成這個任務呢？如果是同樣處在疏離狀態的人，這樣又如何克服疏離的問題呢？[38] 田立克指出，烏托邦的不真實性正在於此，而不在於它描繪某種未來的虛幻事物。烏托邦的根本弱點在於它預先假定了一個虛假的人的形象，而這個人的形象又是與它自己的基本假設相矛盾的。[39]

---

[35] 同前註，頁215。
[36] 同前註，頁216。
[37] 同前註，頁216-217。
[38] 同前註，頁217-218。
[39] 同前註，頁218。

其次，是烏托邦的「無效性」。烏托邦的無效性是指它把不可能性描繪成實在的可能性，卻看不到它們是不可能的；有或者是將不可能性描繪成擺盪在可能性與不可能性之間的事物，這樣一來它就淪為一種純粹的願望投射。[40] 最後，則是烏托邦的「軟弱性」。田立克認為，造成烏托邦軟弱性的原因，正是由於它的不真實性和無效性。這種軟弱性在於烏托邦不可避免地會導致幻滅。田立克特別以常見的政治現象為例，他指出，許多熱衷政治的知識份子，往往習慣性地將不與他們採取同樣立場的人，視為敵對他們的人。[41] 在這個軟弱性的描述中，田立克敏銳地觀察到人類政治歷史中的現象，許多掌權者為了防止烏托邦的幻滅，於是採取一種恐怖的手段。因為這些人強調烏托邦的積極面向，而忽略了烏托邦同時具有的暫時性和模糊性，為了維護烏托邦的力量、防止烏托邦的幻滅，他們必須通過恐怖手段反抗一切可能的幻滅，在此，烏托邦的軟弱性就轉變成為社會中一種邪惡的力量。對於田立克而言，他最直接批判的指涉就是納粹之後的德國處境；田立克指出，如果一個烏托邦要把某種初步的事物確定為絕對的事物，那就會導致幻滅，成群的魔鬼就會湧入這個幻滅的空洞空間。他特別在演講中指出，當時戰後的德國正同這些魔鬼展開這種消極意義的鬥爭。[42]

（三）烏托邦的超越性（transcendence of utopia）

儘管有烏托邦的消極性力量，但烏托邦的積極意義始終存在，要求以一種方式超越這種消極性就導致了烏托邦的超越性。田立克強調，一切有生命的事物都趨向於越過自身、超越自身。一旦它不再尋求親身盡力生命的試驗，它就喪失了生命。生命只有敢於自我冒險、自我拼搏、自擔風險地盡可能超越自身時，它才能贏得生命。田立克認為，生命在自身之中同時又力圖在它的超越過程中保護自身，也是對烏托邦適用的一種結構、一個原則。[43] 基本上田立克對於人類團體中的烏托邦論證，與人論中的

---

[40] 同前註，頁219。
[41] 同前註，頁219-220。
[42] 同前註，頁220-221。
[43] 同前註，頁221。

本體論證邏輯相一致，因為田立克在人的存在中，不斷超越自身是本體論範式的人論一個重要論述基礎。[44]

在這裡所謂徹底的超越並不是指水平向度上的超越，而是指垂直向度上的超越，是指超越整個水平向度的全部範圍。田立克主張一種「基督教的烏托邦」（Christian utopia）的轉向，但是這個轉向不是向基要主義轉向，因為田立克非常敏銳地指出，基督教的烏托邦需要竭力避免落入一種「反動的宗教保守主義之中」（reactionary religious conservatism）。因為一種完全把烏托邦看成是超越的宗教，不可能成為新的存在；[45] 這個轉向乃是一種上帝國論述的進入，也是早期田立克所使用的「凱邏斯」概念。[46]

田立克相信人的本性需要一個新的境界，而這個新境界可以誕生於某一特定歷史階段的某一特定的歷史時刻。然而，為了避免這個歷史性的境界無限上綱成為一個絕對的自我神聖化，田立克隨即強調，這個這個境界是一種「模糊」（ambiguous）的境界，並非一個「絕對性」（absolute）的境界。[47] 在此，田立克再一次回到他在早年「凱邏斯圈」中所強調的的「凱邏斯」（kairos）概念。對田立克而言，這個凱邏斯既是一個「實現的時刻」（hour of fulfillment），也是一個「適當的時刻」（right time）。從這個角度來看，田立克賦予了烏托邦一個本質性的力量，他指出「烏托邦運動的力量取決於它要求無條件信仰的能力」[48] 這個「無條件的」（unconditional）能力就是對現實政治的

---

[44] *STII*, p.64。

[45] 同註 22，頁 225。

[46] 參 Paul Tillich, "Kairos" in *The Protestant Era*, p.33. 以及 Ronald H. Stone, *Paul Tillich's Radical Social Thought* (Atlanta: John Knox Press, 1980), pp.46-53。

[47] 同註 22，頁 225-226。

[48] 同前註，頁 226。基本上，田立克指出，宗教社會主義中最重要的概念就是「凱邏斯」，它為要克服烏托邦社會主義中不信的元素。（Ronald H. Stone, *Paul Tillich's Radical Social Thought* (Atlanta: John Knox Press, 1980), pp. 46-53.）所謂「凱邏斯」指的是「適切的時間」（right time），這個時間蘊含豐富的內涵與意義。從新約中耶穌對「凱邏斯」（*Kairos*）尚未來到的陳述可以看到，耶穌所宣稱的時間，絕非一個可以置入任何事物的空白時間，耶穌所指涉的時間乃是一個創造性生命持續前行且充滿張力的意識，在這個可能性與不可能性的交織的張力中，蘊含著豐富的重要性，並且這個時間絕非過去歷史之中的任何一個時刻可以比擬。（Paul Tillich, "Kairos", in *The Protestant Era*, p.33.）據此，田立克展開出他對「凱邏斯」超越性的辯證詮釋。對田立克而言，「凱邏斯」的

批判力來源。田立克強調我們要敢於在必要的時刻無條件地挺身反對這些力量。事實上，這個反對並非一種抽離、超越的反對，而是積極投入式的反對。因此，田立克使用了一種辯證的方式，來表達這種弔詭的狀態。田立克指出，當我們奉獻自身的時候，我們知道我們所獻身的事業並不是絕對的、而只是暫時性和模糊性的，不應當把它當成是偶像來膜拜，而應該對它進行批判，如果有必要應當予以否定。但是在委身行動的時刻，我們卻必須對它予以完全的肯定。[49]

這其中所肯定的，是超越性維度對臨在的參與，所否定的，則是臨在性維度面對超越的自我批判。在這個既肯定又否定的相互滲透中（participate reciprocally in each other），田立克表達出一個具有立體維度的政治神學詮釋，在這個與上帝國邏輯如出一轍的政治神學中，田立克巧妙地將本體論範式的政治詮釋結合他對歷史、上帝國的觀點結合，亦即是一種辯證性的本體構思。在田立克所主張的超越消極與積極意涵的烏托邦論述中，我們清楚

本質乃是蘊含著弔詭性。「凱邏斯」作為批判歷史中的自我絕對化判準，拒絕任何排斥他者敘事的歷史絕對性宣稱，其本質卻是擁有絕對性。關於這個矛盾的絕對性現象，田立克指出在「凱邏斯」當中所發生的一切，一方面具有絕對性，但也可以說沒有絕對性，因為其必須降服在絕對性的審判之下。（Ibid. p.42.）在此，田立克清楚地呈顯出「凱邏斯」在實現中，拒絕被人類歷史中的任何意識所擁有。因為「凱邏斯」乃是奠基於無條件的基礎之上，任何一個歷史中的實體均不能代表「凱邏斯」。為了呈顯這個絕對不能被把握的「凱邏斯」，田立克明確指出「凱邏斯」的實現乃是在於受條件規範的存有者向無條件全然委身，並且成為其載體。也就是說，在「凱邏斯」之中，存在呈顯出他的開放性，並且全然轉向「凱邏斯」。（Ibid. pp.42-43.）據此，「凱邏斯」並不能由任何人類歷史中的概念予以設想，即便是大量宗教性的活動，亦不能確保「凱邏斯」的必然性，田立克進一步將這個向「凱邏斯」開放的狀態描述為「神律」的表現，也就是永恆進入當下，已實現的永恆進入歷史之中。然而，在這個永恆與歷史會遇的場域中，並非如絕對主義的歷史意識般產生本質的排他性。「凱邏斯」中的神律並非封閉式的宿命，而是向上帝開放自身。（Ibid. p.44.）因此，田立克指出，「神律」並不敵對「自律」，「神律」與「自律」之間保持著一種應答的對話關係。（Ibid. p.46.）正是在這種應答的關係中，人類在歷史進程裡便向著無條件的他者敞開我們自身，也就形成一種聆聽的動態關係。據此，我們看見田立克為了讓神人主體際產生具有參與意涵的會遇，而同時又不犧牲各自的主體性，所採取的詮釋策略，乃是其相互關聯法中的「問答邏輯」。

49 同註22，頁226-227。

地見證了他的本體論邏輯。

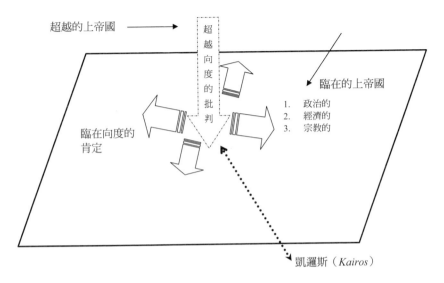

小結：

　　田立克為烏托邦所勾勒的辯證意涵，清楚向我們展示出田立克本體論範式的政治神學，一旦應用在實體政治處境的分析中，所能夠提供饒富意義的神學反思。烏托邦意識不僅提供了對「反抗」端行動的本質性詮釋，同時更為了「反反抗」方提供了超越權力維繫的嚴肅思考；當然，最重要的是在這「反抗」與「反反抗」之間，田立克的烏托邦意識更呈顯出指向絕對批判的超越性臨在，這就是田立克政治神學迷人且迄今依然適用於當代社會反抗運動分析的原因。

第三節　動態倫理作為辯證性判準的可能性

　　透過上文，我們基本上掌握到田立克神學的政治實踐所具有的高度動態意涵，並藉由烏托邦意識的辯證概念，為整個倫理判準提供一個高度批判性的參照：一個同時具有臨在性與超越性的

倫理判準。然而,本體論範式的政治神學運用到實況中多元的社群生活中,如何避免一個整體性先行的結構觀,出現「全稱主體」的宰制現象?就田立克而言,其政治神學是否有著內在的辯證機制足以作為對歧異與多元的保護?

一、社會反抗運動中的烏托邦進程

2014年3月18日起臺灣的大學生和公民們共同發起佔領中華民國立法院所引起的社會運動事件。3月17日下午內政委員會中,中國國民黨立法委員張慶忠以30秒時間宣布完成《海峽兩岸服務貿易協議》的委員會審查,引發一群大學與研究所學生的反對,並於18日18時在立法院外舉行「守護民主之夜」晚會,抗議輕率的審查程序;之後有400多名學生趁著警員不備,而進入立法院內靜坐抗議,接著於晚間21時突破警方的封鎖線佔領立法院議場。在26個小時內便有以學生為主的1萬多名民眾,聚集在立法院外表達支持。[50] 整個佔領活動歷經數十萬人上街頭支持學生,一直到4月10日學生召開記者會宣佈退出立法院結束歷時22天的佔領行動,在這一次以林飛帆、陳為廷、魏揚為首的黑色島國學生群體,主要訴求有三方面,分別是:第一,這會期推動兩岸協議監督條例的立法;第二,立法之前不得實質審查服貿協議;第三,要求程序委員會不得再阻擋兩岸協議監督條例。

當我們檢視此次公民運動的訴求,我們明顯地發現學生對立法院的訴求,就是立法機制所應然的本質,卻矛盾地顯露出立法機制在踐行本質上的未然困局。究竟這個學生發起的反抗立法機制運動,在學界的眼中有何評價?就支持一方來看,政治大學政治系副教授葉浩認為,太陽花運動的許多批判者對於民主和法治的認知,與西方憲政主義的版本有所不同,不認為人民乃真正的主權者,不認為政府只是代為行使權力;其次,反對太陽花者所理解的「民主體制」與西方憲政主義差距甚大,跟公民不服從的概念無法相容。[51] 葉浩認為,太陽花運動所要求的民主權利,不

---

[50] http://zh.wikipedia.org/wiki/%E5%A4%AA%E9%99%BD%E8%8A%B1%E5%AD%B8%E9%81%8B

[51] 葉浩撰,〈太陽花照亮民主轉型的未竟之處〉,《思想》,27期,台北:聯經,2015。頁167。

單是憲法所保障的各種「消極自由」權利，也包括所有民主體制都預設的一項最根本的「積極自由」權利：公民決定自己集體命運！[52] 在葉浩的論述中，「公民」是一切決定的首要基礎，但是就反對的一方來說，「法治」則具有一切判準的優先性。從反對的一面思考，政治大學法律系副教授廖元豪直言，這號稱「公民不服從運動」的背後，只是一種「民主法治倒退嚕」的反民主精神現象，其核心論述指出：

> 第一，不止反對特定政策，而是對民主體制的懷疑。當你不止批評政策或政客，而是連「六八九」[53] 也一起罵上，你否定的其實是「人民的選擇」。但難道，只有與你意見相同的才叫做人民、公民？不同意見者就只是愚民？第二，強烈的排他與對立，讓民主所需的對話思辨越來越不可能。這似乎也是民調、網路氣勢，越來越不能反映在選票上的理由之一。[54] 第三，對法律、司法、體制的否定態度，以及動輒使用「公民不服從」這類在法律上沒有太大意義的修辭來抗辯。對法治或司法的「信任」幾乎蕩然無存，更別說對法治所應有的「信仰」。[55]

廖元豪一方面認為，民主法治就是一種承認人民之間有分歧差異，但又必須在分歧中做出「權威價值分配」的政治體制；但是同時指出，台灣社會近年來的社會運動則容易出現「否定體制」的語言來解決問題，廖元豪呼籲台灣人民應當對於民主憲政多一點信心。[56] 縱觀上述正反雙方意見，兩造之間對於權力規範的前提有著理解的落差，對支持太陽花學運的學者而言，「人民」是法治的前提，而對於反對太陽花學運的學者來說，「法治」則

---

[52] 葉浩撰，〈太陽花照亮民主轉型的未竟之處〉，頁179。

[53] 「689」是指2012年投票給馬英九的人數689萬人。

[54] 這個觀點已然在2014年11月29日國民黨九合一選舉中大敗被否證。

[55] 廖元豪撰，〈公民不服從？還是民主法治倒退嚕？〉，《思想》，27期，頁159。

[56] 廖元豪撰，〈公民不服從？還是民主法治倒退嚕？〉，頁156。

是人民的前提。事實上，多數社會反抗運動所追尋的都是從抽象的精神價值到具象社會目標的實現，只是，所有經過「人民」運動具體化的「法治」規範，一旦明確地具象化之後，必然牽涉到「法治」的執行者如何運用「權力」的詮釋問題。而這往往是民主社會中，一個理性制度與非理性權力實踐的動態辯證過程。

二、田立克政治神學中烏托邦辯證視域下的太陽花評析

如前所述，烏托邦的存在對於田立克來說，不僅僅是關於一種未來的存在，更是根植於每一個當下的存在，甚至是與開端共存的狀態，從這個角度來看，田立克已然將烏托邦與他所論證的本體論作出一個明確的關聯性，意即是：作為人之構成的焦慮實況，為政治提供一個本質性的存有基礎。田立克使用另一個三段論證指出：首先，要成為人，就意味著要有烏托邦，因為烏托邦根植於人的存在本身；其次，我們如果要理解歷史，就需要在開端處和終結處樹立烏托邦；最後，一切的烏托邦都是否定之否定，否定人類存在中否定性的事物；[57] 在田立克對烏托邦的理解中，我們看見了烏托邦不僅深植於人類個體存在的實況，更是反映出整體人類世界所內含的存在實況。從政治烏托邦三段式論證基礎來看，完全是田立克在本體論中對於結構性動力的闡述邏輯。

首先，我們從烏托邦的積極性入手來檢視太陽花學運，我們發現，田立克所言烏托邦積極性中的真實性，是指看重「人與社會之間有著一個緊密的關聯性」。田立克甚至指出，個人領域和社會領域的烏托邦如果沒有被整合起來，將會淪為割裂的狀態，而失去了它應有的統一體。[58] 這個想要克服疏離的結合意念，正是田立克政治神學中人論的核心關鍵。人的焦慮對田立克的政治構思而言，並不是一個應當被擱置的心理現象，乃是政治神學一個首要的關注焦點，這種以「人論」作為政治判斷的優先性，放在太陽花的公民不服從行動中來理解，必然為群眾底層的焦慮意識奠定超越法治先行的人性基礎，然而，這個基礎並非公民運動

---

[57] 同前註，頁 198。
[58] 同前註，頁 215。

中所批判的「民粹精神」，而是奠基在田立克對於存有的本質性理解。正是這個以人論為基礎的政治神學，得以避免「去存有」的抽象理論的政治哲學建構，亦或者是「去存有」的法制精神、憲政體制，田立克政治神學本體論之所以不會淪為一種理性的霸權，集體主義的霸權，乃是因為他正視了人作為政治環境中的優先性。

其次，就烏托邦的消極性來看，田立克提醒我們，烏托邦的不真實性是指它忘記了人的有限性和異化，忘記了人作為有限是存在和非存在的統一，以及關於人的形象的虛假性，它在這個不真實的基礎之上構築自己的思想和行動。田立克分析道：在這個意義上，烏托邦是自相矛盾的，因為烏托邦的主題就是要使疏離的人脫離疏離，但是，由誰來完成這個任務呢？如果是同樣處在疏離狀態的人，這樣又如何克服疏離的問題呢？[59] 田立克指出，烏托邦的不真實性正在於此，而不在於它描繪某種未來的虛幻事物。換言之，當太陽花學運提出看似具體的立法主張時，卻依然面對實踐該理想之領袖的無從尋找。這就是烏托邦的不真實性，也就是指它忘記了人的有限性和異化，忘記了人作為有限是存在和非存在的統一；以及關於人的形象的虛假性，它在這個不真實的基礎之上構築自己的思想和行動。事實上，田立克對於烏托邦的消極性觀察，準確地在之後學運領袖陳為廷的襲胸事件得到支持。[60] 然而，這種魅力領袖的焦點模式，的確是多數社會運動中所常見的領導實況與報導現象。田立克對於烏托邦消極性的提醒，在實體政治與社會運動中無疑提供了重要的神學洞見。據此，筆者不認為田立克的政治神學因為奠基在路德神學上，會得出方永的評斷：「蒂利希的政治神學傾向路德宗在宗教信仰的架構下在順服現存政權的前提下來努力改造政治的傾向」[61]，畢竟，

---

[59] 同前註，頁217-218。
[60] http://news.cts.com.tw/cts/society/201412/201412241563194.html#.VNzTFVOUfZk
[61] 方永撰，〈尼布爾與蒂利希的政治神學之比較研究〉，張慶熊、林子淳主編（香港：道風，2013），頁170。這不僅是因為田立克拒絕修改《社會主義者的抉擇》一書，而成為第一個被納粹政府解職的大學教授，已然充分傳達出對結構的抗辯意志，也因為烏托邦的消極性中所呈現出對任何具象政治架構的本質性不信任。

田立克的的確確因為他社會主義傾向的神學激進性，挑戰了納粹政權的民族主義構思。就此而論，田立克在烏托邦消極性上的洞察，對於任何高舉國家整體利益的集權主義式、民族主義式語言，提供高度的敏感與批判。

最後，當我們從烏托邦的超越性入手檢視太陽花學運的實況時，我們具體地看見基督信仰在其中所扮演的必須性角色，田立克主張一種非水平的垂直向度超越，也就是「基督教的烏托邦」（Christian utopia）轉向，但是這個轉向不是向基要主義轉向，因為田立克非常敏銳地指出，基督教的烏托邦需要竭力避免落入一種「反動的宗教保守主義之中」（reactionary religious conservatism）。因為一種完全把烏托邦看成是超越的宗教，不可能成為新的存在；[62] 這個轉向乃是一種上帝國論述的進入，不僅是早期田立克所使用的「凱邏斯」概念。[63] 也在晚年系統神學第三卷處理歷史與上帝國的建構中得到充分發展。基本上，田立克賦予了烏托邦的超越性一個本質性的力量，他指出「烏托邦運動的力量取決於它要求無條件信仰的能力」[64]，這個「無條件的」（unconditional）能力就是對現實政治的批判力來源。田立克強調我們要敢於在必要的時刻無條件地挺身反對這些力量。事實上，這個反對並非一種抽離、超越的反對，而是積極投入式的反對，也避免陷入社會運動在傳統上，對教會界造成的二元對立的焦慮。這是因為，田立克使用了一種辯證的方式，來表達這種弔詭的狀態。田立克指出，當我們奉獻自身的時候，我們知道我們所獻身的事業並不是絕對的、而只是暫時性和模糊性的，不應當把它當成是偶像來膜拜，而應該對它進行批判，如果有必要應當予以否定。但是在委身行動的時刻，我們卻必須對它予以完全的肯定。[65] 在這個超越性的烏托邦視域中，我們一方面肯定基督徒在太陽花學運中的積極委身，卻同時需要保持著「新教原則」（Protestant Principle）的批判精神。這是田立克政治神學中既臨

---

[62] 同註22，頁225。

[63] 參 Paul Tillich, <Kairos> in *The Protestant Era*, p.33. 以及 Ronald H. Stone, *Paul Tillich's Radical Social Thought* (Atlanta: John Knox Press, 1980), pp.46-53.

[64] 同註22，頁226。

[65] 同註22，頁226-227。

在又超越的重要論述。

結論

　　「公共神學」（Public Theology）在這幾年的神學界中日益茁壯成為一門顯學，對於其概念的定義前設也差異甚大，當代的大師如特雷西（David Tracy）、侯活士（Stanley Hauerwas）、史塔克豪斯（Max L. Stackhouse）、沃夫（Miroslav Volf）等人各自有著不同的神學架構。田立克作為上一個世紀的神學家，之所以值得我們持續探究其神學進路，實在是因為田立克本體論範式的政治神學構思所涵攝的倫理性格，並不僅僅具有水平向度的關係意涵，更具有垂直向度的神聖意涵。誠如本文對於田立克政治神學的烏托邦意識所進行的整理，我們可以窺見這個奠基在人論基礎上的政治神學，透過高度存有的辯證意涵，同時開展出具有臨在性與超越性意涵的神學架構。有別於將神學視為公民社會專業分類項目之一的公共神學進路，也有別於強調超越性的殊異特質所形塑的封閉性公共神學進路。田立克本體論範式的公共神學一方面能夠為當代公民社會的實況提供支持的基礎，也同時保有對現存實況委身投入的批判高度。在面對多元歧異的流動社會處境，任何努力批判現況的「反抗」，亦或者是嘗試穩定現況的「反反抗」，各自都在尋求一種思想的資源體系作為論據的基礎。神學之所以不是一個邊緣的反抗論述，或是反抗的邊緣論述，都因為神學在田立克本體論的貢獻中，開展出一個反抗的辯證路徑，是一條既認肯反抗，又批判反抗的超越性臨在，得以讓我們不斷地在持續性的反抗歷程中，充滿盼望地邁向辯證。

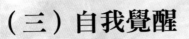

（三）自我覺醒

自由主義下的信仰實踐[1]

佘日新

英國華威大學商學院行銷暨策略管理博士，現任國立暨
南國際大學亞太文化創意研究中心主任、財團法人國家
實驗研究院業務推廣室主任

---

[1] 〔編按〕本文局部截取自作者為基督教論壇報所撰寫的〈日光之下無心是〉專
欄。

序：眼界決定世界

　　找我這個沒有念過神學院的教授寫這麼大的題目，不得不佩服主編的勇氣與膽試，以後現代的跨界與拼貼，顯現當代神學論述的多元。迥異於一般學術論文的撰寫格式，本文引用匈牙利愛國詩人亞歷山大.裴多菲傳誦近兩百年的詩：「生命誠可貴、愛情價更高、若為自由故、兩者皆可拋」作為標題鋪陳在自由主義下信仰實踐的架構，四段論述的目的不在凸顯自由主義，而在結語中所凸顯信仰實踐的犧牲道路邁向高潮。東歐民族有一部分祖先來自中國漢代匈奴西遷的部落，匈牙利文化帶有東西方激烈碰撞的痕跡。由於長期受到周邊民族的歧視壓迫，匈牙利人近千年來一直擅長用詩歌作為鼓勵本民族戰鬥的號角，近代更湧現出一大批傑出的愛國詩人。17 世紀以後，匈牙利又一直受奧地利帝國的統治而喪失了獨立地位，爭取自由的起義鬥爭此起彼伏。[2] 詩人筆下的澎湃直指生命中的掙扎，存在的需求、關係的吶喊都比不上對自由的渴望，在人類各種努力終以失敗收場，犧牲成為唯一通往自由的閘道。犧牲的價值決定於附上的代價和犧牲後的收獲，評價往往來自於不同時空的交叉比對，思考的時間尺度與空間尺度則為其中的決策關鍵。

　　現代人已逐漸習慣活在聖經所說的光景中，保羅說：「原來我們不是顧念所見的，乃是顧念所不見的；因為所見的是暫時的，所不見的是永遠的。」（林後 4:18）這是一代使徒在穿梭於短暫與永恆之間的心得，也是在真實與虛擬的世界之間瞬間移動的祕訣。網際網路所營造出來的虛擬世界已營造出許多的新形態、脫離甚至反社會的異空間生活形態，如同線上遊戲 Second Life 建立的第二人生，當代人快速移民到虛擬世界，人生穿梭於虛擬和實境中，在虛擬空間中經營虛幻的人際關係，嶄新的世界觀從虛擬中展開，藉以規避或舒緩真實世界中的困境，過去的人性結構與變化軌跡都不再一樣。有別於保羅所穿越的見與不見，

---

[2]　2014/9/2，截取自 https://tw.knowledge.yahoo.com/question/question?qid=1306040501217

虛實整合所揭開的嶄新視野容許我們用嶄新的眼光去看那看不見的價值，據此，犧牲才能判準！求上帝憐憫：不叫我們遇見試探、救我們脫離兇惡；也賜給祂的兒女治理新世界的智慧與能力。

行政院官員針對虛擬世界與真實世界中各種亂象，已從2014年初著手調適既有法規、要立一部「虛擬世界法」。基督徒在永恆的時間裡以深邃的眼光觀照現實生活，因為上帝將這個世界交給祂的兒女來治理，我們應比世人更有見識、更前瞻！網際網路線下、線上的虛實整合所蘊含的商機與社會的轉變都將鋪天蓋地改變我們的生活方式、也改變我們的價值觀；更別說我們的下一代都將在這個虛擬比真實更真實的世界中形塑他們的世界觀與價值觀，在他們成長的過程中，我們如何教養下一代取決於我們我們怎麼認識這個變動的世界。

試想，真實世界中的人如史上最賣座的電影《阿凡達》一般，時時穿梭在兩個世界之間，久而久之已分不清楚哪個是真實、哪個是虛擬？當網路犯罪的形式在人把創意用在邪門歪道上以謀一己之私時，科技這個既能載舟、亦能覆舟的工具已將虛假與謊言隱藏在虛擬中，讓大量真實世界的不敢為與不能為在網上大解放，成為敢為與能為之網路犯罪，而這個解放狂潮恐怕比上個世紀二戰後全球掀起的解放運動更迅猛。罪與罰、律法與恩典都有重新詮釋的必要。例如，社會結構在虛實整合的潮流下，在真實世界中破壞家庭的小三，化身為阿凡達小三在網路世界中恐怕會引發更複雜的剪不斷、理還亂的三角關係。網際網路一方面無限延展我們生活的可能，我們也必須在處處陷阱的虛擬世界中儆醒、免得被如同吼叫獅子的惡者所吞喫。

認同是虛擬世界中另一個大考驗！各種認同（身分、性別、族群、國家等）的挑戰恐怕均與現實世界迥異。許多在真實世界中的魯蛇，漸漸走進虛擬世界中變身為溫拿（基督徒若看不懂以上的火星文很正常！根據網路溫度計的統計，魯蛇高居熱門用語第六名，在統計期間出現 21,480 次，比第十四名的溫拿 1,295 次遠遠超越近十七倍，就知道台灣人多悶）那種烏托邦式的沈溺撫平了真實世界的挫敗，令人難以自拔。似曾相識？每次跨越罪惡臨界點的刺激與懊悔似乎都反映了生命深層的掙扎。我們預備

好了嗎？教會預備好了嗎？若虛擬的認同與實體的認同悖離時，我們不是過著精神分裂的生活，就是淪入耶穌駁斥最力的法利賽主義。當耶穌賜給我們彼此相愛的新命令遇上虛實整合的典範轉移，愛要如何實踐在虛實之間呢？

看不見的空間裡承載與孕育著龐大的機會，也隱含或觸發了嶄新的挑戰與危機。你看見了嗎？你看見了什麼？你怎麼回應所看見的？在真實的世界中，我們都會被悅人眼目的景象所迷惑；在虛擬、看不見的世界中來處理幻象，豈不需要更高的眼光與智慧？怎麼看與看什麼將會影響我們的價值取向、決策模式、行動方案與人生果效。

首部曲：生命誠可貴

台灣老得好快！在1993年65歲人口超過7％後，台灣正式進入「高齡化社會」；台灣65歲以上人口在2018年超過14％，將邁向「高齡社會」；65歲以上人口達20％，在2025年將成為「超高齡社會」。台灣年齡中位數不斷往高齡位移，1983年還不到25歲，2013年已突破39歲，2015年將升至40歲，2060年預估超過57歲。一連串的統計數字所揭開的不僅是社會的現象與挑戰，對個別老人與他們的家人而言，更是每天生活所要面對的。高齡社會加上世代競爭的新現象，引發全球化後的在地難題，更是最近媒體關注的焦點。長期照護的議題甚囂塵上，其中最深刻的課題將是站在死亡的門前，我們如何詮釋那關鍵的人生一瞬是人生的真智慧！

國內第一支真實安寧緩和醫療拔管影片，在八月下旬由成大醫院安寧療護團隊推出。長期推動安寧緩和醫療的成大教授趙可式表示，相關法令雖已在去年修法，但至今敢拔管的醫師仍不多，期待這支影片能提供協助，讓更多末期患者能尊嚴離世。[3] 台大護理系畢業後，趙可式成為修女，在修道院8年，並且從事

居家護理工作。[4] 趙教授長期推動安寧醫療，一如德蕾莎修女在印度創辦的「垂死之家」，均以具體行動跨越生死一線間，台灣眺望不久的將來將常態性地面對資源與尊嚴的掙扎，程度將不亞於當事人在身體上所經歷的病痛程度。國內自 2000 年 6 月 7 日公佈並實施「安寧緩和醫療條例」以來，歷經三次修法，但面對資源與尊嚴的短缺，當事人的痛苦際遇，生命是否有自由的選項，千古均為難以回答的課題。臺北醫學大學附設醫院邱仲峰副院長與蔣寶玲牧師賢伉儷近年來也大力推廣重症及安寧病患靈性關懷課程，透過系統性地教導、培養基督徒更多關懷臨終的靈性照顧，這些實踐神學的深度都不比神學院的教牧課程輕鬆。

三年多來，台灣接連發生塑化劑、瘦肉精、毒澱粉、大統油及強冠黑心油等五大食安問題，台灣接連陷入食安風暴，加上高雄發生的石化產業管線氣爆事件與新北市欣欣瓦斯管線爆炸事件，起因固然不同，暴露出來的現象均為對民眾性命構成威脅的公共安全議題。飆車引發的交通事故與夜店前圍毆殺警事件，個人行為衝撞了公共安全的界限、也危害了他人的生命安全。自由主義的界限在民主社會中仍以多數利益為前提來守護的，無奈台灣在特殊政治與歷史的制約下，類民主也呈現多層次後現代的多元風貌，如同萬花筒般絢麗的多彩卻凸顯了癱瘓前進動能的困境。包括司法人員在內的知識分子，怯於反思而反智、反道德成風，正是台灣自甘落後的癥結所在[5]。若執法人員都不能守護道德的最後一道防線，社會全面崩解指日可待，追求自由主義下的生命保障只能自求多福。

二部曲：愛情價更高

兩性的千古糾結不曾舒緩！上帝為何要設計親密關係讓人們在其中掙扎？若不從天父完全慈愛、全知、全能的觀點切入，難免會產生對上帝的誤解，否定其屬性與存在，至終落入無神論或

---

[4] 2014/9/13，截取自 http://www.catholic.org.tw/goodshepherd/00/07.htm
[5] 2014/9/18，中國時報名家專論，銀正雄：台灣自甘落後的病根。

敵基督的一方。數千年來穩定社會的家庭結構已在近年鬆動，基督教會對於新興的人本論述與隨之而起的社會運動鮮有招架的能力，關鍵仍在於以神為本、以人為本的架構間的不相容，當理性主義思潮將社會推向後現代的多元，基督徒如何從一本造萬物的創造論中找到生活脈絡的指引，挑戰極大！更大的挑戰是華人文化中的務實導向，欠缺理論辯證的厚度，其中又以台灣這個務實程度最高的移民社會，思想深度的淺薄導致論述的不定與行動的盲目。

近年來台灣社會的爆點之一，在於多元成家等受同志運動鼓譟的價值衝突，基督徒總是被歸類在極度保守的那一端，同情同志的宗教人士則試圖緩頰提出各種替代方案，但在本質上難與同志運動站在齊一的立場上。這場高舉彩虹旗的自由主義人本運動引爆世紀爭議，各國社會對此也有截然不同的觀點與見解，想要上綱到法律層次的保障在各國也有不同的「進程」。歐洲最高審級的人權法院向一對男跨女的變性人及其妻子指出，民事結合（civil union）對他們已經相當足夠（good enough），粉碎了同性婚姻依循司法程序合法化的希望[6]，類似的報導自然在光譜的不同色系上會產生截然不同的詮釋與反應，進而引發社會不同族群間的矛盾、甚至對立。包容是否為最上位的價值？或哪一個價值是社會的最上位價值？可以在多元中讓各種自由的主張都被尊重，人類似乎正迷失在解構的過程中。

以光譜比喻自由主義應不為過，在自然界中，紅、橙、黃、綠、藍、靛、紫，各有各的頻譜，彼此互不越位、也不干擾。可見光中端詳的自由是否為真自由？當今存在一個和諧社會的前提：井水不犯河水，創新所倡議的跨界卻在社會各族群間彼此不越界的默契中看到反諷，彼此謹守自己的份際，過著自己的小日子、享受小確幸，此生足矣！被壓縮的理想和可持續的共同未來，仍在叫囂謾罵與肢體的衝撞中找不到一個共識的基礎。上帝在洪水之後以彩虹與人立永約的記號，在人類自認高明的思潮演繹中，成為令人徒呼負負的無解圖騰，無法指引人類未來的可行途徑。

6　2014/9/18，截取自 https://taiwanfamily.com/?p=2752

三部曲：若為自由故

民主歷經幾百年的衝撞，被視為通往自由最理性的社會制度。在民主社會中，各種聲音都應該被諒解（不一定理解）與接納，但不同的論述間的矛盾如何並存卻是極大的難題。蘇格蘭當地時間九月十八日剛出爐的獨立公投結果固然讓多數人（個位數的差異）鬆了一口氣，但背後複雜的操作與對立正是當代大型公共議題的縮影。任何論述一直在統治者與被統治者間存在著對立的視角，論述的異化適足擔任階級鬥爭工具的急先鋒，但在今天這樣一個變化多端的多元社會中，公民似乎已失去深度、耐心與思緒面對錯綜複雜、盤根錯節的糾結。自由主義自我感覺良好的突圍只令自己陷入另一個囹圄中，週而復始的套套邏輯（Tautology）只滿足了思緒的理性，卻在實踐中完全破產。

台灣在許多華人眼中是最俱有創意的華人區域。曾聽一位行政院閣員說台灣之所以這麼有創意，是因為台灣人天生反骨。反骨意味著對既成事物的不同觀點與見解，往往逆向思考的確能打開既有的僵局，激盪出新點子，新點子引發新的行動。每個人的成長歷程都要經歷過一段逆向操作的反叛期，那是一段尋找自我的重要歷程，是每個人脫胎換骨、尋求獨立人格的必經之途。《心靈地圖》一書闡釋人必須經歷依賴（Dependent）、獨立（Independent）與互賴（Inter-dependent）三個階段，因此叛逆與反骨追求的是獨立的思維、人格與認同，這些標籤都是從事創意、創新與創業者不可或缺的特質，也是台灣當前社會要力爭上游不可或缺的動能來源。

但反骨和脫序是否一定共存？從創新的理論來看，是的！經營管理者要容許具創造性的活動所帶來的渾沌階段，先知耶利米不也預告猶太民族歷史不斷上演的情節：「看哪，我今日立你在列邦列國之上，為要施行拔出、拆毀、毀壞、傾覆，又要建立、栽植。」（1:10）那些聽似挑釁的言論、看似衝撞的舉動都代表著既有事實需要被調整、甚至被改變的空間，人類歷史的確在這種反覆辯證的思維中匍匐前進，社會制度因此演繹著。但脫序的尺度何在？當台灣社會透過攝影機的狹隘視角眼看著追求獨立與

自由的暴力模糊了法治的界限、也重創了社會的互信！二○一四年九月第一週，中、小學如常開學了，看似回歸平靜的校園還在承受十二年國教制度變革所帶來的混亂，看似教育部拍板定了案的二○一五年招生制度仍有許多未拆解的引信，有待台灣民眾一起面對。立法院的議事依舊，反骨的責任比例將決定其創造與破壞的幅度。反覆玩味反骨與創意得到一個分類的假說，反骨的利己與利他決定了結果的創造性與破壞性，從個人、團隊、組織、到國家社會無不如此！

　　相對於反骨，從眾似乎成為當前台灣社會的另一集體現象。簡體中文字的「从众」是由五個人（从 ）組成，充分反映華人受限同儕壓力、不敢追求與眾不同的焦慮，這個現象固然在年輕一代的外表（制服、髮禁）得到舒緩，但內在的不確定感常凸顯於台灣學生在進行國際交流時，表現出來的扭捏不自在。從單一的認同轉向解構的後現代多元、小群體認同，提不出自己論述的年輕人在尋得了一個獨立後，又被獨立所禁錮。在演唱會中或機場迎接偶像時尖叫的年輕人，這種循環也存在自以為心智成熟的成年人，承受負面報導的公眾人物無不期待下一個更大的負面報導臨到別人；從美國擴散到台灣的冰桶挑戰了不到兩週，在夾雜著對罕症的關懷、公眾人物的形象公關、與缺水地區的無奈抗議中嘎然而止；經過精心算計與盲從的群體行為已模糊了界限，不模糊的仍是利己與利他的起心動念，從個人、團隊、組織、到國家社會無不如此！

跋：兩者皆可拋的犧牲

　　2014 年金融海嘯剛過了第六年個年頭（雷曼兄弟於 2008 年 9 月 15 日宣布破產，自此，各種經濟預測都看不準全球經濟在此世紀金融與經濟重創後的走向）。話說 1850 年時，在人類還沒有電燈，來自德國的三兄弟創立的金融機構雷曼兄弟走過兩次世界大戰、經濟大蕭條、911 恐怖攻擊，卻被如今被視為王道的創新給擊跨。拖跨百年企業的不止這一椿，過去金融市場發生重大事件，如 1995 霸菱銀行垮台和 1997 亞洲金融風爆等事件，都看見

了人性與制度對撞後的悲劇收場。創新帶來人類社會的改變（進化或退化還在未定之天！），創新也給社會制度帶來不斷的衝擊，從「善」如流之輩總是諄諄善誘：今天不變、明天就要後悔！不斷改變的社會還未來得及檢視成效，已準備進入另一循環的變動中，而變動總是會在人性的弱點中嘎然而止！

貪財是萬惡之根。有人貪戀錢財，就被引誘離了真道，用許多愁苦把自己刺透了。（提前6:10）但人貪的不只是錢財，錢財這冰山一角只反應人心永恆的失落，因為世人都犯了罪，虧缺了神的榮耀（羅3:23），滿足只有在被造與創造相遇的那刻才能拼成完美的圖像，當人羨慕造物主的榮耀，才會脫去容易纏累我們的罪，奔那擺在我們前頭的路程，活出榮耀的生命、彰顯榮耀的行動。使徒保羅早就在近二千年前辯證的十分清楚，人努力地掙脫罪與死的枷鎖，無論歷世歷代的君王將相與販夫走卒，所企盼的自由終不可由外而內獲得，由內而外的力量不是道理與道德，而是強大的生命，是那位自成為道路、真理、生命的耶穌證明給人類社會的唯一路徑。由內而外的生命也和中國國學中「內聖外王」的理念相通，唯法不足以治，唯有自由的心靈方能修身、齊家、治國、平天下。

犧牲是基督十架的獨特提案，獨特到人難以理解、難以接受！因為基督的犧牲，人得以恢復失落的關係，在與天父合好之後，才得著凡事都不可虧欠人的能力；惟有彼此相愛要常以為虧欠；因為愛人的，就完全了律法（羅13:8）。犧牲的愛不僅完全了令人窒息的律法，也在思想中彼此以為虧欠、在實踐中不踰矩（無論矩自何來！），釋放彼此從錯謬的掌控中得著自由，享受人際關係中的美好。唯有犧牲，人方能從環境的掠奪者身分降卑，不再自以為是萬物的主宰，釋放自己從物質主義中得自由，也釋放萬物回到神造萬物各按其時、成為美好的和諧中（傳3:11a），讓直到如今還在一同嘆息勞苦的受造之物得以自由，因為我們得著了兒子的名分，乃是我們的身體得贖（改寫自羅8:22-23）。唯有犧牲的愛才能釋放我們的身心靈都得著自由，在紛亂的世代中享受自由的生活。

向陽的感動，向主的焦慮

盧其宏

現為台灣大學經濟所博士班候選人，太陽花社運賤民解
放區成員、台灣全國關廠工人連線成員

　　如果318占領立院運動是巨大漩渦，那我們被捲去哪裡？不否定浪漫，也不否定感動，但這些情懷引導我們走的是什麼路，是信任由少數「神」所引領的捍衛民主、打跨萬惡國民黨、反中、台灣獨立，還是回到受壓迫者身上，訴求受壓迫者得自由？還是相信只有打垮象徵不民主的國民黨、要求台灣獨立，受壓迫者才能自由？

　　對抗是焦慮的，光是不想讓媒體命名的太陽花覆蓋在自己頭上，並主張自己不被收編進「太陽花世代」都是一件艱難的事，更不用講在318現場，如何在一片洋溢的愛台情緒中站穩立場，訴求反服貿不應被收攏為國族運動。這份焦慮導致無法為318歌功頌德，這篇文章也正嘗試將這份焦慮帶入大家對於318的確幸或是感動之中。

賤民解放

　　首先，必須先談談318過程中的歧見集散地——「賤民解放區」到底在想什麼。賤民解放區由一群社運、工運團體、地下音樂圈、劇場圈，與在現場無法融入主場的群眾組成。取名賤民解放，是因全國關廠工人連線（簡稱全關）與一些社運團體[1]於327在濟南路共同發起了「公廁旁解放論壇」（簡稱解放論壇）；而同時在濟南路台大校友會館前也有一群來自音樂圈、戲劇圈的朋友，自稱「階梯賤民區」。4月1日「賤民」與「解放」結合，將濟南路段台大校友會館前命名為「賤民解放區」。

　　解放論壇以全關召集，全關自317（捍衛民主120小時行動）積極投入反服貿運動，並主張反服貿非為反中，而是應回歸勞動者處境來檢視現今各種以資方利益掛帥的自由化政策：

> 「兩岸服貿協議披著貿易的外衣，骨子裡賣的實際

---

[1] 包括電音反核陣線、都市更新受害者聯盟、華光社區訪調小組、紹興社區訪調小組、青年樂生聯盟、桃園縣產業總工會、台北市產業總工會、醫師勞動條件改革小組。

上是服務業資本的自由輸出。透過服貿協議，具競爭優
勢的資本可進入台灣設店開業。新進資本一旦進入整體
供過於求的服務業市場，勢將又帶起一波在地廠商削價
以求生存的割喉戰，勞工也將在這樣的競爭中再度被犧
牲……

　　兩岸服貿協議現今在朝野的操作下已然變成反中與
否的對峙，但對於基層勞動者而言，真正的議題不在於
反不反中，而是人民生計的問題。在現今勞資間完全失
衡，發展與薪資全然脫鉤的狀況下，任何站在資方立場
的自由貿易政策都只將形成對勞工更大的危害。」[2]

　　然而，在全關經過各種努力與決策圈溝通後，這樣的主張仍
被壓抑。眼見主舞台上不斷渲染的中國人將侵門踏戶、國安淪
喪、國民黨賣台之類語言，將群眾導往仇中、保台的國族情緒；
同時運動進行將近十天，群眾僅能在主台下隨台上起舞，無法有
清楚樣貌，全關遂集結社運、工運團體，舉辦解放論壇，希望與
群眾對話運動現場狀況與反服貿亦或反中。

　　另一方面，來自音樂圈、戲劇圈的朋友許多不乏是第一波衝
進議場內，協助防守或是糾察的成員。但後來感於被極少數人視
為工具利用，無法進行對話討論，再加上謠言瀰漫，被代表發言
的狀況頻傳，令這些人不願再進入主場，並於台大校友會館前階
梯聚集形成被主場排除的「階梯賤民區」。

　　4月1日賤民解放區成立，賤民與解放兩群人以個人名義合
擬了「賤民解放區宣言」：

　　「……在行動現場，雖然我們積極現／獻身，我們
卻沒有參與共同決議的權利／力，使得這場運動看似集
體共享，實際上所有事情卻還是一如往常地透過少數決
策者來領導、發落；運動中的話語權和管理方式複製了
既有代議政治式運行體制，並同樣訴諸以所謂的理性、

---

[2] 摘自〈資方無良政府無恥反國民黨強過服貿〉聲明，318清晨，全國關廠工人
連線。

和平作為治理手段。這些複製都源自於位居權力核心的人缺乏對行動的想像，且與多元群眾的真實樣貌、渴望及參與動能脫節——正如同我們現在所反對的政治體制一樣。身為現場的行動者，我們不願接受這場運動複製了與以往台灣政治體制一樣令人無法喘息的權力關係，而壓制了人民自主行動的可能、消耗掉運動中群眾的動能；更不甘願這些日子以來各方人力與精神的投入，只是促成一場權力核心者得以自我吹捧的和平理性園遊會，而非一場屬於群眾集體的積極抗爭」[3]

這樣的集體現身，雖然帶起運動更多討論，但也引來許多撻伐，許多在議場內的運動圈友人開始以「相忍為國」、「你不知道裡面狀況」為由，指責賤民解放區不該聚集群眾對話。恐懼瀰漫，這恐懼並非源於我們所在對抗的官資壟斷的結構，而是來自於運動本身。

而後，在決策圈粗糙的退場宣布後，賤民解放區決定於決策核心的「出關播種」前一天自行退場，並發表「賤民割爛尾宣言」，裡面羅列八項的我們不同意：

◎我們不同意這場運動早已成為全民運動，卻始終以學生運動作為號召；

◎我們不同意一場引發全民關注的反服貿運動，在議題設定上略過對於自由貿易的批判，僅成為反對黑箱的民主程序批評；

◎我們不同意一場引起全民高度參與的運動，在討論決策機制上選擇由部分領袖進行決議，壓抑了運動參與者的自主性，也背棄了運動本質為達深化民主的精神；

◎我們不同意運動決策小組宣稱不信任代議民主、不信任國會及立法諸公，以宣揚人民才是主人的說法召喚群眾參與運動，卻將運動的動能導回入代議政治的操

---

[3] 摘自〈賤民解放區宣言〉，2014/4/1 清晨。

作，將訴求窄化到兩岸協議監督條例的立法，被動等
待國會回應……；

◎我們不同意，大會操作的「審議式民主」，看似進
步，實則侷限，甚至可能形成掌權者的裝飾……；

◎我們不同意，這場運動自始至終不斷切割與分化群
眾，鞏固決策核心的權力並且維持這場運動的「純潔
與單一」……；

◎我們不同意運動決策小組對於此時退場的詮釋─認為
運動已經達成階段性成果甚至勝利……；

◎我們亦不同意運動決策小組在退場記者會之後，才首
次公開針對此次運動的異質聲音無法發聲表示歉意，
甚至用為了避免政府滲透決策討論而必須限縮民主討
論作為理由……[4]

　　到現在，這場橫跨24天的戰役，對比24年前野百合學運的
重要運動，最終成果是鎂光燈繼續聚焦在三神五虎分裂成立的
「島國前進」與「民主鬥陣」，被視為重要訴求針對中國量身訂
做的〈兩岸協議監督條例〉成為立院民進黨與國民黨攻防的舞
台。至於在各種經貿自由化下人們受壓迫的處境，其實並未得到
改善或甚至是輿論的重視。

　　以上是作為運動者的焦慮與反抗。就在這一群人裡面，也有
不少的基督徒，作為基督徒與跟人民站在一起抵抗，對於我們而
言是相近的，但我們難以進入基督徒的社群之中。

基督徒在做什麼？

　　長久下來，在台灣社會基督徒帶給人們的意象早就脫離了受
苦的基督，而是光鮮亮麗的中產階級、靠剝削勞工獲利的資方，
或是對於性別差異、多元成家的迫害者，或是支持以色列轟炸加
薩走廊的迫害人權者。基督徒常講的愛，其實不太存在於外界對

---

[4] 摘自〈賤民割爛尾宣言〉，2014/4/9。

於基督徒的認識之中。對許多在弱勢者社群中奮鬥的人而言，基督徒象徵的往往並非援助，而是迫害。

有別於其他底層的抗爭運動，318在立院周遭可以看到各個「標榜基督徒身分的集體」現身，雖然過往在各個社會抗爭中，不乏有基督徒參與，但多半是個人參與，而且隨後必須承受著教會或是牧者的指責。這場運動明顯不是，不少基督徒集體看來是帶著滿懷的感動進入，帶著在這個重要的時刻，我與人們站在一起的情懷。

就以濟南路側為例，在解放論壇旁，每天大約晚上八、九點左右，會聚集約莫20多個年輕基督徒圍坐在路上將蠟燭排成台灣形狀，似以泰澤的方式唱詩禱告。可以理解，這是基督徒的方式，但是令人不解的是，這樣的方式代表了什麼？是為台灣祈福嗎？那這個台灣又代表了誰？在國族氣氛瀰漫的現場，基督徒的感性參與是要作為誰的奧援？在蠟燭的陣仗中，看來上帝要被請出來了，但是上帝究竟存在於我們自己的心裡被呼喚起的國族感動，又或是存在於被壓迫者的身上？

過往基督徒與社會的隔離不在於基督徒不存在，而在於基督徒究竟如何去看待整個社會對於弱勢者的壓迫，與基督徒如何與群眾對話甚至行動。在這次運動中，基督徒現身了，但進入了嗎？進入那個撕裂民族情感的當下，與群眾對話他們的真實處境嗎？基督徒能作的應當不只是點燭請神，而是在人群身上找到上帝引領我們當走的路。

終究，我不為「基督徒」，我難以進入一同唱詩、點燭，也難以邀請他們以基督徒集體加入就在旁邊進行的各種對話，因為他們或者會說，那是政治，而我們是基督徒。我不想也無權破壞點燭吟唱下的良好氣氛，但基督徒若只把自己的政治參與界定在這樣的層次，把政治語言操作下的情感動員視作「神放在心裡的感動」，順應著輿論把自由化所帶起的壓迫同主流一般導引到台灣情感，那我自然不為基督徒。認同這塊我們生活的土地，應當不等同於以全稱式地「台灣」來模糊化台灣內的各樣矛盾，也不等同於要透過對抗中國來形成這種宗教式的愛台。

除了採用泰澤方式的弟兄姐妹外，一天在解放論壇的現場，濟南路主場「嘈雜」的歌聲傳出，一開始被干擾產生不悅，但隨

後發現這是首詩歌，而且是過去在南部漁村短宣時令我感動不已的《願》：

> 「為這塊土地我誠心祈禱，願主的真理若光全地遍照，為這的城市我謙卑尋找，願主的活命臨到這的百姓，願全能天父上帝，願祢國降臨，願貧窮與悲傷離開咱的心中，願全能天父上帝，願祢國降臨，願盼望與喜樂永遠恬阮心中。」[5]

這首詩歌對於我而言是信仰進入偏鄉的重要詩歌，過去甚至帶起我想去接觸工福與鄉福。但在那現場，我跟這首歌變得很有距離。當長老教會同工在舞台上唱給台下群眾聽的時候，我不禁想，這首歌跟這邊的關係究竟是什麼？是要藉由這首歌帶起鄉愁，來更強化主場的反中情懷嗎？而台下的群眾甚或是台上的同工，又承擔了多少偏鄉的貧窮與悲傷，而願神國降臨是愛台灣或民族情感的一個體現嗎？

上帝國不是台灣國，當然也不是統一的中國，但是在那個現場，上帝國與台灣國竟高度的重疊。我們信仰的不政治卻根本地很政治，而這個政治還被高度框架在族群政治之中，窮人的福音被用來強化成國族，島內窮苦人的悲傷成為台灣人集體的悲傷，對抗的是萬惡的國共政權。我難以接受這樣的錯置，也難以想像我們如何地請神國出來為人國來背書。

接下來究竟是誰的事？

基督徒會說願神掌權，願神親自作工；鄭南榕說，接下來就是你們的事了。到底接下來究竟是誰的事？又是怎樣的事呢？如果鄭南榕是神，那我會願意接受祂的呼召，走上祂所屬意的選民台灣人的建國之路。但我們的神並非鄭南榕，我們的神也從未跟我們說祂的旨意是要創建台灣國，祂要我們求的是神國降臨，是

---

[5] 〈願〉，《謝鴻文台語詩歌創作集》。

祂的旨意行在地上如同行在天上，並且讓眾人生計得飽足，債務得免除。

可是偏偏我們的神沒有說這麼清楚的一句，接下來就是你們的事了，到底接下來基督徒的角色是什麼呢？與神同工的意涵應該清楚，就是基督徒必須做點事，即便我們知道所有都是上帝掌權，但基督徒仍須為主作工，仍須為主傳揚這窮人的福音。

如何作工是個大問題，這時候總有人說，我們就傳福音作好牧養會眾就好，或是我們就作好關懷或是救濟的工作就好。每個基督徒社群總有自己對於作工的詮釋，不期待所有社群走上真與人民站在一起的道路，但是已經走上街頭的基督徒社群或是各別的基督徒，諸位認為是神放在心裡的那份感動，是神要你與眾人站在一起的感動，之後如何延續呢？是只回到教會裡面，為了台灣流淚禱告，還是真的遵行與眾人一起的感動呢？走出來的，或者就想想之後究竟怎麼走吧。

基督徒與社會的隔絕，關鍵並非參與，而是認識。基督徒社群在進入人群時，是否對於現在的社會狀況有更多的認識，我們習慣於用撒但權勢、功利主義之類的語句來定調社會，卻沒有更認真地去認識社會現在的矛盾是什麼，也沒有再問人心不平安的根本原因為何。具體講，諸位在看到會眾在職場上低薪、高工時、家庭生計下滑、無力買房、或是房子被都更強拆、家庭因為子女性傾向破裂、新移民家庭遭歧視種種，接著做的是什麼？除了為他們禱告，我們或者可以去了解是什麼樣的根本原因導致了這些種種悲劇的產生，而這些原因就是我們要去與眾人站在一起對抗的結構之惡。

結構凸顯的都不是台灣沒有主權問題，而是弱勢者、被決定者在這個官資聯手或是多數壟斷的結構中失去權力，這或許是諸位進入318現場想要捍衛的民主，但民主與相對應的剝奪應該回到真真實實的人的生存來討論，而非為了對抗中國而存在，因為這脫離了人真實困境，變成浮泛的情感動員語彙。這從318過程中，工運力量遲遲不投入就可看出，相隔沒多久的五一遊行，召聚了1、2萬勞動者訴求反低薪，但是318運動看來與他們無關。

在認識之後，接著是對認識到的結構問題提出對應。具體而言，想必諸位知道工運團體對於薪資停滯、派遣氾濫、非典勞

動、關廠欠薪、無薪休假、責任制的各種反對行動，也知道環保團體對於核電、石化工安、環境汙染，甚至提出另一種發展想像的倡議，也或者聽聞過樂生、都更、都市原住民部落的各種迫遷問題，甚至於基督徒社群最感興趣的性別、同志議題，當這些議題上到台面時，後面都滿是人們悲傷與無助的故事。諸位有曾覺得這些事情跟基督徒有關嗎？用基督徒喜歡講的一個問題來問，如果是耶穌，他遇到這些事會怎麼做？

如果基督徒說神放在你心裡跟人們站在一起的感動，但你只參加了喧騰一時的「太陽花學運」，用太陽花來標誌自己，你在眾人的口號中，感受神對你的呼召，卻無法在根本不會參與「太陽花學運」的弱勢者所面對的絕望中感受到神對你的呼召，那這樣的感動與呼召是否也太過表面？就別浪費那樣的感動，繼續透過各種回到人們苦難的行動來創建神的國，叫那被資本體制擄掠成為奴隸的得釋放，叫那在生存處境無法看見希望的人得看見，叫那被歧視與各種權勢壓迫的人得自由。之後，在你面對受苦的會眾時，你可以說，我們一同靠著神的力量去面對並且戰勝這一切，因為我們倚靠的是天上地下永得勝的萬軍之耶和華。

而在建立神國的路上，背脊總是發涼，我們這樣做對嗎？神國被置換成台灣國對嗎？我有先求神國的義嗎？對於人們的悲傷我做得夠多嗎？如果今天受難的最小弟兄就是耶穌，我有給他足夠的吃、穿、協助嗎？若我耽溺於自我感覺良好的情感動員中，卻忘了人們，我有禍了，因為「原來，就算我傳福音，也沒有可誇耀的，因為傳福音的需要催逼著我；我如果不傳福音，我就有禍了。」而這福音就是屬於當初基督身旁伴著的窮人的福音，基督徒的介入，不應是強化族群仇視，為特定國族傾向者作轎，而是回歸那些苦難中的人們的面孔。

在「太陽花」之後，基督徒好不容易出現的感動究竟會走向哪裡，相信這是屬於大家的事，別只消費感動，往前背起承擔眾人的十架。

最後，我為我粗糙的文字向覺得被冒犯或是覺得被誤解的弟兄姊妹道歉，但這些是我真實的想法與對整場運動與基督徒的疑問，也希望未來能有更多的對話。

牧職與教會基礎上的公共神學

莊信德

東南亞神學研究院系統神學博士，現任台灣神學院兼任助理教授、本土神學研究室主持人、台灣長老教會磐頂長老教會主任牧師

楔子：

　　隨著台灣社會民主化程度漸趨成熟，公民社會的自主意識已然擺脫「權威邏輯」的論述形式。不論是1130多元成家遊行、洪仲丘事件、太陽花學運，乃至台北市長選舉的網軍局勢。作為教牧必然意識到公共領域的變化，已經無法從「神聖 v.s. 世俗」、「真理 v.s. 繆理」的二分邏輯來進行思考，因為宗教世俗的實況已經讓神聖參雜著許多世俗邏輯的思考慣性；而真理詮釋的論述不足也常常造成一個繆理的論述印象。儘管如此，我們所堅信的「基督信仰」與「聖經啟示」又絕對不應該在一個相對的世界中妥協，面對多元與啟示會遇的困局，無疑是當代公共神學建構的真實挑戰。本文嘗試從聖經與神學傳統出發，為當代公共神學的教牧思考奠定一個較為穩固的基礎。耶魯大學系統神學教授沃弗在《公共的信仰》（*A Public Faith*）中清楚地破題到「怠惰」的雙重危機。我們不是因為怠惰的緣故，將信仰化約為體制性的宗教團體生活，就是對信仰產生錯誤的見解（miscontrual of faith），以狹隘的信仰理解對社會發出所謂「先知性」的批判。[1] 在沃弗的眼中，這就是一種基督信仰在公共領域中實踐的「失能」現象，而台灣教會所面對的信仰挑戰正是這個「失能」的實況。

　　就台灣教會歷史的脈絡觀察，從原本參與政治活動與否意味著不同的政治立場，隨著解嚴與政黨輪替的多元社會來臨，積極參與政治事務的價值評論，甚至是主動發起公民運動已經不再局限於任何特定政治立場或是神學傳統的信仰群體。然而，問題的複雜度也接踵而來。因為，當基督徒將自己特定的政治意識形態帶入教會之中，並將自己明確的信仰價值作為公共宣揚的判準，原本作為基督徒參與公共事務基礎的《聖經》，便淪為被不同神學傳統詮釋的「戰場」。

　　為了更加明確地闡述「公共神學」（Public Theology）的梗

---

[1] 沃弗著，黃從真譯，《公共的信仰‧基督教社會參與的第一課》（台北：校園，2014），頁 27-37。

概，本文將以「牧職與教會」作為公共神學實踐的基礎單位，而不是任何獨立的行動個體，例如：神學家、[2] 基督徒知識份子。而面對教會定義的神學多元性，本文乃是以耶穌基督大使命的頒佈「你們要去使萬民做我的門徒」作為「教會存在的動態本質」。[3] 這意味著本文的「公共神學」指涉，並不採取神學家斯塔克豪斯（Max L. Stackhouse）的理性極大化進路，斯塔克豪斯主張公共神學不僅應當被宗教傳統之外的人士所理解，而且應當致力於說服其傳統內外所有的人。[4] 本文計劃從「創造論」、「救贖論」與「終末論」等三個向度出發，反思「牧職與教會」所能夠與所應當建構的公共神學究竟可以奠基在怎樣的神學基礎上。

第一節　教會參與公共事務的正當性：創造論視域下的公共神學

一、「三一上帝」是公共的原型

任何基督信仰的論述開端都必須從「創造事件」作為定焦的

---

[2] 當代天主教著名的神學家特雷西（David Tracy）指出，公共領域應該包含著三個重要的元素，分別是「社會」、「學術」、「教會」（David Tracy, *Blessed Rage for Order: The New Pluralism in Theology* (New York: Seabury, 1996)）特雷西的工作特別關注到從事公共神學的方式，從而明確地提出關於適合作為公共話語的神學的神學方法。然而，這樣的論述傳統仰賴著大量專業精英的論述前提，例如在面對全球資本流動的現象時，全球金融業的道德根源究竟應當奠基在什麼樣的基礎上？就不是一般的牧職與教會所能夠處理的複雜議題。

[3] 當我們將真理的動態意涵窄化為靜態宣誓時，我們所錯待的不僅僅是絕對真理的超越性，更是恩典真理的拯救性。因為，我們誤以為有限的理性能夠完全承載無限的啟示，也誤以為將真理大喇喇地宣講出來，就等於幫助那些軟弱且沒有分辨力的百姓看見真理的亮光。著名的政治神學家尤達（Yoder）指出：「基督教倫理的準則並非有效，而是道成肉身。」（The Criterion of Christian Ethics Is Not Effectiveness but Incarnation）John Howard Yoder, *For the Nations: Essays Evangelical and Public* (Grand Rapids and Cambridge: Eerdmans, 1997), p.108.。正因為基督教倫理的典範奠基在耶穌基督道成肉身的救贖行動，牧職與教會遵循的倫理實踐也必然沿著這個金律前進。

[4] 小哈羅德·布萊滕伯格撰，〈什麼是公共神學〉，收錄於戴德爾·金·海恩斯沃思·斯格特·佩斯合編，《全球社會的公共神學·向馬克思·斯塔克豪斯致敬》（香港：研道社，2012），頁5。

核心：「起初，**神**創造天地。地是空虛混沌，淵面黑暗；神的靈運行在水面上。神說：『要有光』，就有了光。」（創一1-3）在上帝的創造行動中，我們清楚地看見三一上帝工作的原型，在神學傳統上，稱此為「內在三一」（Immanent Trinity），主要是傳達出獨一上帝內在中所涵蘊的聖父、聖子、聖靈相互性；於此相對應的，則是表達出上帝在人類歷史中所進行救贖工作的「經世三一」（Economic Trinity）。前者將上帝內在本質中的三一關係呈現出來，後者則是將上帝在人類歷史活動中的三一關係呈現出來。首先，就三一上帝的「內在三一」教義來看，正是祂對自己內在的對話「我們要照著我們的形像、按著我們的樣式造人」（創一26a）向我們展示了上帝內在的公共性，從創造的源頭就充分表明出來，並且在緊接著的經文中向我們啟示出，上帝將祂內在的公共性開展到我們受造人類的公共性命定：「使他們管理海裡的魚、空中的鳥、地上的牲畜，和全地，並地上所爬的一切昆蟲。」（創一26b）。

在基督教神學傳統中，加帕多家三教父所奠定的社群性三一實在論，[5] 為神學三一論奠定重要的社會性意涵。根頓（Collin Gunton）明確指出，加帕多家三教父奠基於上帝的本體論，智慧地理解父、子和聖靈之間的關係。亦即，神聖存有的本身，只能從本體論的進路來理解位格的意涵，因為三一論是一種本體論範式的關係性（ontologically relational），而不是一種脫離關係的抽象位格關係（hypostatic relations）所能以闡述。根頓（Collin Gunton）指出：「對祂們而言，三個位格之所是，就是在祂們的關係中，因此，就祂們是什麼而論，關係是在本體論上限定了祂們的基礎。」[6] 在根頓的論述中，基督教三一論的發展脈絡基本上是絕對的關係性的。換言之，三一上帝並不能僅僅從角色任務的角度來完全解讀，而需要置放在上帝內在三一的相互關係上。他指出，上帝和世界的歷史是一種三一的歷史。無論聖父藉著聖子在聖靈的能力中創造世界，並且為其國度的來臨而攝理世界，

---

[5] 奧爾森、霍爾合著，蔡錦圖譯，《基督教三一論淺析》（香港：基道，2006），頁43。

[6] Collin Gunton, *The Promise of Trinitarian Theology* (Edinburgh: T. & T. Clark, 1991), p.41.

或是聖子被聖父藉著聖靈差到世界，然後從聖父那裏將聖靈派到世上，或是聖靈榮耀聖子和聖父，並將世界引入三一的永恆生命，三一的三個位格向來全部參與其中。正如這個簡短的概述所顯示的，上帝的位格各以「各自」的方式參與世界的歷史。他們的共同作用不斷變換，因為行動的主體從聖父到聖子到聖靈變換著。然而，那是三一上帝位格間際的一致行動，藉此，他們永恆的團契為創造的時間而開啟，並且為整體的創造展現他們自由發展和最終得榮耀的「廣闊空間」。[7]

如果創造世界的上帝是一位內蘊著「三一」社會性的上帝，作為被創造的人類也必然需要在一個位格的相互性脈絡中，認識自己具有社會性的受造本質。這意味著，教會與牧職無法自外於一個實存的社會實況而獨自生活著。對三一教義的悖離，最顯著的莫過於現代生活中基督信仰被高度地「個體化」與「內在化」（去社群化）。德國當代著名的天主教政治神學家默茨（J. B. Metz）沉痛地指出，啟蒙運動之後宗教被私有化成為一種私人的宗教心理。[8] 無疑道出在人本主義的理性王國中，信仰逐漸被邊緣化與自動邊緣化的困局。事實上，當人類經歷過廿世紀兩次全球性的戰爭災難，以及無數地區性、宗教性的相互迫害之後，大公教會都意識到自身與所生存的世界之間，絕對存在不能迴避的緊密性，並且無法再將教會封閉在神聖語言的私有世界中。莫特曼表示：

> 德國戰後產生新的政治神學，是因為奧茲維辛（Auschwitz）集中營所引起那種令人驚駭的震動。……現代神學種種超越的、存在主義的或個人主義的取向通通只能反映現代意識的這種分裂。……我們為了反對那些神學而發展的政治神學，出發點是出於我們的信仰是公開的見證，要向公眾負責，所以強調要對社會及權力作出批評。……然而，今天的「教會神學」又再度反映

---

[7] 莫爾特曼著，曾念粵譯，《神學思想的經驗－基督教神學的進路與形式》（香港：道風，2004），頁336。

[8] J. B. 默茨著，朱雁冰等譯，《歷史與社會中的信仰》（北京：三聯書店，1996），頁37-39。

出這樣的政教分離。殊不知教會在社會中固然不能「非政治化地」（unpolitically）存在，神學也不能純粹是教會的，與政治無關。……新的政治神學不打算把教會「政治化」，乃是使教會意識到自己和政治的連繫，使得教會的政治生活「基督化」。[9]

在神學方法上，默茲和莫特曼的「政治神學」和拉丁美洲的解放神學有許多共通之處，兩者都以社會批判作為神學思想的基本關懷，以及同樣重視政治「實踐」（praxis）的優先性。當然，更重要的是一種向實況開放的實踐承擔。沃弗認為，當我們未承擔我們應當負擔的責任，就是犯了「忽略之罪」（sins of omission）[10]當我們透過對三一上帝本質中所涵攝的關係性意義有所認識，公共神學所奠基的核心肇始，並不是人類對於社會的責任感、使命感，更不是一種道德層次的承擔意識，乃是根植於這位創造世界的三一上帝本身的公共性。

二、「啟示話語」是公共的內容，公共是我們受造的本質

巴特在《教會教義學》（Church Dogmatics）中指出，從上帝創造天地作為前提的基督教信仰出發，消極地來看，這個受造的世界離不開創造的上帝；積極地說，上帝乃是先於世界而存在。[11]這意味著，我們的世界之所以存在，乃是奠基在上帝話語的基礎之上。沒有上帝啟示的話語：「神說要有光，就有了光。」，就沒有實存的世界。然而，當教會與牧職要進入這個世界進行信仰的關懷甚至是批判時，我們經常面對的正是「語言」的問題。究竟我們是要使用哪一種「語言」來作為關心公共事務的基礎？當我們使用當下的社會議題所採取的論述模式，固然可以幫助社會明白教會的立場，但是論述的邏輯與理路就自然受到社會當前的論述形式所限制；但是，如果我們使用教會內部的

---

9 莫特曼著，《公義創建未來》，鄧肇明譯（香港：基道出版社，1992），頁25～27。

10 沃弗著，《公共的信仰·基督教社會參與的第一課》，頁27。

11 Karl Barth, *Church Dogmatics III.1* (Massachusetts: T&T Clark International, 2004), p. 7.

信仰語言時，社會普遍聽不懂充滿屬靈套語的封閉性內容，究竟應當如何取捨呢？比如說，「同性婚姻立法」的社會議題，當教會站出來用「上帝創造的乃是一男一女」作為論述的基礎時，社會並不能接受「創造論」作為公共輪關於中的「共識」與「前提」，這樣肯定無法達成「勸服」與「轉化」的目的；然而，當教會使用社會普遍可以接受的「家庭價值」作為批判同性婚姻的基礎時，卻又招來道德主義、律法主義的攻訐。

事實上，當我們在面對公共議題並且嘗試提出相對應的聖經批判時，我們需要先確認論述的「單位」，以及論述的「目的」。如果教會與牧職作為一個最基礎的「論述單位」，我們就需要嚴肅地正視「教會」與「牧職」的本質為何，並且從這個本質找到她被命定與適切的論述語法。當耶穌基督面對法利賽人高漲的道德主義時，行淫被拿的婦人所經歷到的福音無疑成了耶穌對付道德主義最直接的宣告。耶穌在高舉道德主義卻無視生命牧養的社會文化中，將牧者牧養生命的本質做了最直接的表達，盡力在公共領域中保護受羞辱的罪人，並且將罪從「公共領域」轉進「I-Thou」（我與上帝）的生命領域之間。這對於充滿罪人的群體──教會，是一個鮮活且生動的示範。就在那個眾人的罪與個人的罪交織的公共領域中，耶穌用祂牧養的行動與話語開展出一條新生命的道路。耶穌用牧養行動與牧養語言在公共領域中開展出一個有別於眾人論述，卻又直接回應眾人論述的「第三條路」。

公共領域絕對是「話語權」競爭的場域，當牧職與教會面對一個紛爭紊亂的開放社會時，「回應議題」需要採取的高度絕對不是「選邊站」的層次，或是援引聖經作為選邊站的基礎。因為所有具有爭論性的社會議題都有著強烈對立意味，牧職與教會必須謹記其受託身分的神學性角色乃是奠基在「上帝話語」的優先性，而不是由議題立場決定我們論述的內容。一旦我們確立牧職不在倫理立場的表態，而是罪人生命的陪伴，我們自然就能抗拒道德主義的誘惑，堅定地效仿耶穌蹲在地上寫字，以祂蹲低的身影高度映入滿臉淚痕的婦人眼簾。我們今天卻在高舉開放的公共領域中，看見牧職與教會耐不住自身受託身分的孤寂，爭相跳出來針對議題進行「倫理表態」，而遺忘我們受召進行罪人陪伴的

「倫理本質」。獨立的基督徒身分可以盡情使用邏輯理性在公民社會中進行信仰價值的抗辯，但是，作為牧職與教會則需要嚴守其蒙召的神學性意涵。惟有回到上帝話語的場域，使用啟示的邏輯，才不會陷入去人格化的議題論爭。[12]

小結：

　　若非上帝以話語作為創造的肇端，世界依然在「空虛混沌、淵面黑暗」之中，也正是三一上帝在話語中的工作，世界得以獲得存在的基礎。換言之，按照基督信仰的認識傳統，上帝話語既是世界存在的基礎，也必然成為世界認識自身的前提。這裡的「世界」所牽涉到的雙重含義，第一層是被造的物質世界，第二層則同樣是被造的人際世界。當基督信仰的公共性奠基在創造主上帝本質中的公共性時，教會作為基督救恩的見證人嘗試進入混沌黑暗的世界中，卻不以重返上帝啟示的本質作為基礎，而執意從公共理性的脈絡作為其「見證」的形式前提，將陷入基督殿頂躍下的捷徑試探。可惜的是，2015年國事論壇上真理堂楊寧亞牧師主張組成基督徒政黨，就是此一形式失序的最佳寫照。一個誤植教會存有語法的牧者，不僅無法充分在混沌黑暗的世界中作見證，連作見證的動機都會因為形式語法的錯誤，而暴露出內在邏輯錯置的荒謬與蒼白。

第二節　教會參與公共事務的規範性救贖論視域下的公共神學

　　教會參與在公共事務之中，究竟應當採取怎樣的立場？是支

---

[12] 話語啟示的普遍性並不在於「使人人聽得懂」的話語來進行陳述，因為「神國的奧秘」就本質上來看，已經具有上帝揀選的特殊性。（參可四10-12）上帝話語的普遍性乃是奠基於啟示者，上帝的遍在性，而不是理性邏輯能夠明白的「普遍性」，因為按照改革宗對於人墮落之後理性能否認識啟示的探尋，早已明確地提出否定；因此，人的理性邏輯放在認識上帝話語的普遍性上，並不具備任何認肯的價值，相反的，他們對真理的接納，乃是顯出上帝揀選的特殊性恩典。

持檯面上的政治人物？還是反對檯面上的政治人物？是針對當前的公共議題提出鍼砭，還是帶領弟兄姐妹走上街頭進行抗議呢？從台灣社會蓬勃發展的社運歷史來看，任何社運團體將訴求放在公共領域中進行主張或抗辯，都必然會引發相對應的反作用，作為牧職與教會的身分，究竟應當如何決定涉入公共事務的出發點？我們希望透過公共事務的參與達致什麼樣的「成果」？本節我們將從耶穌在公共領域中行動的「目的」出發，來反思牧職與教會在公共事務中參與的內在判準。

一、群體作為公共神學的基礎單位

　　杜克大學新約學教授海斯（Richard B. Hays）認為新約倫理的核心指標有三個，分別是「群體」、「十架」與「新造」。所謂「群體」是因為，教會是一群與文化抗衡的門徒所組成的群體，且是神下達命令最主要的對象。聖經故事的焦點，就是神在計劃建造一群立約的子民。所以聖經倫理所關切的主要範圍不是個人的品格如何，而是教會整體的順服。[13] 換言之，教會作為耶穌基督救贖的群體，乃是藉由將救贖恩典生活化的過程，將立約子民應有的「標準」見證出來。事實上，著名的舊約學者萊特（Christopher J. H. Wright）在處理舊約倫理學時，亦清楚陳明救贖所具有的社會向度意涵，乃是藉由以色列人活出上帝子民的獨特性，來彰顯出救贖的社會性意涵。[14] 事實上，上帝所救贖的並不是「真理」而是願意活出真理的「子民」，這群與上帝立約的子民正是在一個黑暗的時代中，成為一個做光做鹽的救贖群體。換言之，從聖經神學的角度來看，「參與公共事務」乃是意味著活出救贖真理的倫理生活，不是以批判的姿態說出什麼，而是以見證的形態活出什麼。

　　當代著名的倫理學家侯活士（Standly Hauerwas）以「異類的僑居者」（Resident Aliens）作為倫理構思的基礎單位，完全有別於理查・尼布爾所虛擬的兩難局面：教會不是屬於世界，就

---

[13] 海斯著，白陳毓華譯，《基督教新約倫理學》（台北：校園，2011），頁263-264。
[14] 萊特著，黃龍光譯，《基督教舊約倫理學》（台北：校園，2011），頁74-104。

是脫離世界，教會不是政治上負責任，就是政治上不負責任。
侯活士在分析了關注建立更好社會，而鮮少關注教會改革的「行
動型教會」（activist church），以及關心個人心靈，忽略社會責
任而陷入宗教保守主義的「歸信型教會」（conversionist church）
之後，主張更為激進的超越性選擇「認信型教會」（confession
church）。對侯活士而言，這並不是非此即彼的二擇一，而是徹
底的另類抉擇。認信教會認為它主要的政治任務，不在於轉化個
人的內心或改變社會，而是在於令會眾有決心在一切事物中都敬
拜基督。[15] 我們可以透過他對認信教會的描述，看見這條激進卻
可行的進路：

> 認信教會好像歸信教會一樣，也會呼召人歸信，但
> 它會把歸信描繪成一個漫長的過程，經由水禮歸入一個
> 新的子民、另一個的「城邦」、一個被稱為教會的抗逆
> 主流文化的社群結構。它嘗試以成為教會來影響世界，
> 就是成為某個世界所不是、也永遠無法成為的東西。[16]

對侯活士來說，當教會勇敢地在這個世界中「成為教會」，
就是成為一個倫理的見證人，重點並不在於我們宣稱了什麼樣的
「倫理標準」，而是我們活出什麼樣的「倫理生活」。當教會參與
在一個價值紊亂的公共領域中，可以參與世俗運動，以反戰、反
饑餓，以及反對其他任何形式的不人道事件，但是，這不過是宣
告行動的一小部份，[17] 公共實踐中所追求實踐的目標，並不是去
改造世界成為一個更美好的家園，而是「真真正正地建立一個有
生命氣息、可見證的信仰群體」。[18] 據此，牧職與教會在建構公
共神學時，不能離開救贖論視域下的「群體」概念，否則我們所
建立的神學將是一種相對於世界道德黑白光譜的邏輯選項而已。
而且，這個群體並非涵蓋著社會的整體，而是獨立於整體「之

---

[15] 侯活士、韋利蒙合著，曾景恒譯，《異類僑居者》（香港：基道，2012），頁
43。
[16] 同前書，頁44。
[17] 同前註。
[18] 同前註。

中」的真理見證。

二、十架作為公共神學的具體記號

此外，「十架」作為海斯所宣稱新約倫理的第二個指標，乃是清楚表明公共領域中倫理實踐的方向性。海斯指出：「耶穌死在十架上，是世上人們向神忠心的典範。教會群體藉着『和祂一同（koinonia）受苦』（腓三10），表達並經歷神國真實的同在。」[19] 由於基督的十字架明確地指向生命的救贖，究竟我們在公共領域中所高舉的十字架是要顯明人的罪性，還是引導人經歷救贖，就必須被置放在「救贖真理」的視域中被檢視，這是牧職與教會在發展公共神學時一個極為重要的核心基礎。如果我們建構的公共神學所奠基的是世俗的一般倫理基礎，我們固然達致理性溝通上的便利，卻錯置了我們身份在公民社會中的特殊性意涵。侯活士在論述基督教倫理時，特別強調「殊異性」（peculiarity）的意義，他認為基督教倫理與一般倫理都強調「取決於傳統」（tradition dependent）的概念，只是，後者依靠的傳統合理性乃是奠基在一種理性論述所推導出來的抽象倫理，而基督教倫理所憑藉的合理性基礎，乃是從拿撒勒人耶穌的生平、受死和復活中所發生的一切事情。[20] 換言之，耶穌基督的救贖行動決定基督教倫理學的基礎，而不是任何希臘哲學傳統，或是康德對啟蒙理性所量定的道德責任決定我們公共神學的基礎。

侯活士認為，「教會最重要的政治任務，就是要成為十字架的群體。」[21] 這個十字架的概念並不是象徵性的修辭，而必須是實質性的實踐。當耶穌基督的十字架被舉起來的時候，就是孤獨與受苦的時刻，就是以為罪人受苦的行動見證罪人荒謬的時刻，那麼我們所欲成為的十字架群體，自然無法自外於這樣的受苦形式與受苦內涵。沒有指向救贖的十字架，將淪為審判、憤怒的象徵，唯有透過與基督一同「受苦」的過程，才能拯救那深陷罪惡中而「受苦」的百姓。對於牧職與教會而言，「十架神學」絕對

---

[19] 海斯著，《基督教新約倫理學》，頁264。
[20] 侯活士、韋利蒙合著，《異類僑居者》，頁72。
[21] 侯活士、韋利蒙合著，《異類僑居者》，頁45。

是「公共神學」的基礎。任何嘗試繞過「自身受苦」，而透過十架真理去批判、嘲諷「受苦罪人」的公共神學，都是無法抵擋從殿頂跳下的試探。當牧職與教會拋棄了基督的十字神學，嘗試從宣告邏輯出發在公共領域的倫理困局中彰顯真理時，人們領受到的是一種「倫理立場」的相對論辯，而不是「倫理牧養」的受苦救贖。

當代公共神學的試探與誘惑乃是兩個截然對反的極端，一個是以高度抽象的學術性神學語言消費社會受苦的倫理實況，另一則是以過度具體的批判性道德語言攻訐社會受苦的倫理對象。兩者都不是奠基在基督受苦的十架神學基礎上，而是受惑於脫離塵世的「人本主義」與「成功神學」的毒酵之中。當牧職與教會揹負著耶穌基督的十字架進入公共領域之中，我們絕對無力大張旗鼓地搖旗吶喊、批判攻訐，因為那從來不是耶穌基督的身影，一腳踏進耶路撒冷的驢子足印，所走向的不是高喊和撒那的人性群體，而是孤寂的各各他山嶺。沒有受苦的牧職與教會形象，奢想在倫理混淆的公共領域中為主發光、作真理的見證。如果，我們覺得這樣的公共神學過於消極、過於封閉，那麼我們就應當進一步思考牧職與教會參與在公共領域中最重要的實踐結果為何？

三、新造作為公共神學的終極實踐

海斯認為，新約倫理的第三個指標是「新造」，他對於新造的描述性定義是「處在尚未得贖的世界中，教會體現了復活的能力」[22]。作為上帝國真理的見證者，「指出罪惡」與「責備罪人」肯定不是我們發聲的目的，我們所致力實踐的，乃是基督復活的大能所帶來新創造的信仰群體。過去台灣教會在參與公共事務時，經常將舊約的「先知精神」做出窄化的理解，就是將「批判」視為參與公共事務的論述目的，事實上採取「批判」的立場是基督徒社會關懷的一個必然的「過程」，但卻絕非「目的」。就像是父母對孩子的「責備」永遠是一個愛的「過程」，而不是一個愛的「目的」。保羅在寫給哥林多教會的書信中提醒我們：

---

[22] 海斯著，《基督教新約倫理學》，同前，頁265。

「若有人在基督裡，他就是新造的人，舊事已過，都變成新的了。一切都是出於神；他藉著基督使我們與他和好，又將勸人與他和好的職分賜給我們。這就是神在基督裡，叫世人與自己和好，不將他們的過犯歸到他們身上，並且將這和好的道理託付了『我們』。所以，我們作基督的使者，就好像神藉我們勸你們一般。我們替基督求『你們』與神和好。」（林後五17-20）

「新造的人」永遠不是一個離群索居的生命狀態，更不僅僅是屬於個體內在的心靈潔淨或更新活動，而是指向一個「群體轉化」的救贖真理。

當牧職與教會按照聖經的真理，勇於面質黑暗與錯誤的公共政策、倫理價值時，我們絕非向著空氣鬥拳，更不是以宣揚作為目的，我們一切行動的焦點都是指向「新造的信仰群體」，既是如此，我們一切行動的形式與內容都必須符合「建造一個新造的信仰群體」的目的方才合宜。然而，偏偏這個世界卻是一個拒絕基督的文化實體，這樣的「群體轉化」顯得有點緣木求魚，究竟應當如何轉化才是合乎真理？侯活士指出，教會的責任是讓世界知道世界是世界。世界不知道世界是世界，意味謂自己是自足自存，而不知道自己是被造的；世界更加不知道自己需要被救贖，而且是已經被上帝救贖的。所以，世界只能通過教會的故事，才可能知道自己是世界。[23] 若是如此，要「轉化社會」成為一個「新造的群體」，必然需要一個見證新造真理的典範，而那無他，就是「教會」。

教會作為真理的見證者，絕對會在公共領域中展現自身獨特的真理亮光，只是這個亮光並不是用「語言」去呈現，而是以「品格」去活現。侯活士勇敢地指出「教會首要的任務不是令世界變得更公義」[24]，而是「讓教會成為教會」。換言之，牧職與教會在進行公共神學的建構時，永遠不能繞過讓自身的黑暗面質

---

[23] Stanley Hauerwas, *Christian Existence Today: Essays on Church, World, and Living in Between* (Durham, NC:Labyrinth Press, 1988), p.54.

[24] Hauerwas, *In Good Company: The Church as Polis* (Notre Dame, IN: University of Notre Dame Press, 1955), p.21.

上帝的更新過程，否則，牧職與教會的公共參與只是一種「神聖的逃避」罷了。在這個意義上，我們同意侯活士對於教會本質具有動態性的認識意涵。蓋伊在歸結侯活士的教會論時指出，「教會就是侯活士的知識論（the church is epistemology）、教會是社會倫理（the church is social ethic）、教會是政治（the church is politics）」[25] 事實上，二戰期間為勇敢參與暗殺希特勒行動的神學家潘霍華指出，「教會最有力量的語言並不是那些抽象的辯論，而是具體的示範。」[26] 唯有教會將新造的群體關係見證出來，教會對於社會的參與才是誠實與合乎真理的。

小結：

究竟「教會」存在的目的是什麼？站在不同的教會傳統中，所得出來的實踐性向度肯定南轅北轍，然而，作為最大公約數的原型典範《聖經》，則是清楚地勾勒出早期信仰群體的救贖意向。一個無涉救贖的群體關係，肯定沒有資格冠上「教會」的名稱，一間不以訓練門徒為導向的教會，卻著言傾力參與公共事務，是一個本末倒置的信仰舉措，也是一種滿足宗教入世情懷的實踐捷徑。當教會拒絕以活出基督生命作為群體見證的第一步，輕忽家庭關係、個人內在生命的救贖歷程，卻醉心於推動弟兄姐妹參與公共事務，這樣的公共神學只是在滿足一種避重就輕的人文品味與理性批判的快感，既是重蹈法利賽人的安息日老路，也是迴避自身救贖的指路人。換言之，當牧職與教會膽卻於今世生活中實踐門徒訓練的真理，教會將失去其公共實踐的命定位分，見證救贖！

---

[25] Douglas C. Gay, "*A Practical Theology of Church and World: Ecclesiology and Social Vision in 20th Century Scotland*" (Unpublished PhD dissertation submitted to the University of Edinburgh, 2006), p.19, 23.

[26] Dietrich Bonhoeffer, *Letters and Papers from Prison*, edited by Eberhart Bethge (New York: Simon & Schuster Inc., 1997), p.383.

第三節　教會參與公共事務的開放性終末論視域下的公共神學

　　當牧職與教會盡責地在所屬的社會作真理的見證者時，必然會遇到「實踐預期」與「實踐落差」之間的困局。這不僅是因為我們生命的時間軸線有其必然的限制，更是因為真理本質中所蘊涵的超越性，使得我們永遠無法在時間之內見證到真理全然地實現。也因此，當牧職與教會嘗試建構一個以「教會」為中心的公共神學時，需要嚴肅地監視最終實踐圖像的適切性問題。因為永恆絕對大於歷史，啟示的上帝永遠掌握著祂進入歷史的主權。本節從終末論的角度入手，思考在歷史中建構公共神學的開放性意涵。

一、公共神學在實踐上的終末性（時間中的他者性）

　　當牧職與教會在繁忙的教會事務中還騰出時間進行社會參與時，必然抱持著強烈改變或更新的期待，希望同性婚姻的立法問題、兩岸統獨的問題、廢除死刑的問題……等，能夠「在真理的光中被照耀、悔改、轉變」。問題是，這樣期待背後的時間觀卻往往需要進一步的檢視。侯活士認為，教會作為另類的城邦，擁有和平的靈性，並且宣揚這和平的國度，享受著另類的生活，是因為教會被其獨有的敘事或視界所形塑，那就是一種與眾不同的終末論。侯活士說的終末論不是表示教會可以知道歷史的進程及結果，或是洞悉歷史的意義及方向，因而有能力促使歷史有更好的發展，可以運用權力去成就結果。相反地，侯活士指出教會並沒有這類知識和能力。教會所接受的召命只是為神的國度作見證，而非實現這個國度。教會作為另類的社群，並不能締造一個和平的世界，而是要在生命中見證愛、真理及正義。這論點指出，教會是存在於一個「新的時間」中。[27] 當我們在參與社會議題的攻防時，我們是否足夠意識到教會的時間與世界的時間並不

---

[27] 曹偉彤著，《敘事與倫理‧後自由敘事神學賞析》（香港：香港浸信會神學院，2008），頁166-167。

相同呢？

如果我們嚴肅地進入希伯來書所揭露的永恆時間，我們將謙卑地看待歷史時空當下的苦難，並曉得盼望的指向絕非由我們的時代、我們的苦難、我們的堅持所決定：

> 有婦人得自己的死人復活。又有人忍受嚴刑，不肯苟且得釋放，為要得著更美的復活。又有人忍受戲弄、鞭打、捆鎖、監禁、各等的磨煉，被石頭打死，被鋸鋸死，受試探，被刀殺，披著綿羊、山羊的皮各處奔跑，受窮乏、患難、苦害，在曠野、山嶺、山洞、地穴，飄流無定，本是世界不配有的人。這些人都是因信得了美好的證據，卻仍未得著所應許的；因為神給我們預備了更美的事，叫他們若不與我們同得，就不能完全。（希伯來書十一 35-40）

公共神學的「公共」並不是單純的「共時性」現象，更是具有「歷時性」的意涵。這意味著，牧職與教會在關注社會議題時，絕對不能只意識到當下的立場與主張，並嘗試在歷史中解決眼前所看到的問題。原來我們的存在，需要連結到整個上帝選民的歷史脈絡之中，也就是說，一個牧職與教會主張的實現，都實實在在地與歷代聖徒的苦難史、盼望史相互呼應。在這裡，我們意識到終末論視域下的公共神學，並不僅僅關注「我們」的問題，還同時包含著「他們」的問題，更重要的是，任何神學主張與理想的實現，都因此被一種「回顧」的眼光所決定。

可惜的是，當代牧職與教會在公共事務的參與上，嚴重缺乏「歷時性」的視域。聖徒的歷時性意涵在當代的「聖徒相通」中淪為修辭的想像，因為聖徒所指涉的實存群體僅僅侷限在同一個時代，偶有提及教會歷史中的聖徒事蹟，也都僅止於奇聞異事或偉大事蹟，對於歷代聖徒的信仰省思與神學論述，缺乏闡述與再現的能力。歷時性他者的缺席，讓共時性的他者存在有了極大限制，甚至是造成自覺框架的鏡像作用，也使得自覺意識淪為同意反覆而形同虛設。聖徒的「歷時性相通」就聖經詮釋傳統而言，可謂聖經文本化的啟示歷程；就神學解釋傳統而言，則更是神學

的大公性本質。[28] 歷時性他者的聖徒相通意識，對於今天所欲建造的公共神學無疑是一個重要的「時間參照」與「對象參照」。

二、公共神學在實踐上的辯證性（空間中的他者性）

基督教對時間的理解由於長期受到希臘式因果邏輯的世界觀所影響，對於時間的詮釋通常是直線性的往前延展。就是從基督過去的救贖啟示，到我們現今生命的悔改、成聖，最終到基督再臨的復活與審判。然而，這個對時間理解的類比慣性卻與希伯來式的關係邏輯有著本質上的差異。莫特曼指出：「基督教就其根本而言正是終末論，是盼望、向前眺望和向前運動，因此是當下的覺醒與轉化。……基督教的一切宣講、每個基督徒的實存和整個教會的特徵都是以終末論為定向的。因此，基督教神學只有一個真正的為難題：將來的問題。」[29] 莫特曼進一步指出「所有世界史的終末論全部都產生於政治的經驗和意圖。……從政治的角度來看，歷史總是權力的角逐以及對他人和自然的宰制。凡事擁有權力的，必然對歷史是否朝向他所定的目標感興趣。他必然將未來理解成當下的延續，因此必然堅信經濟的發展和科技的進步，並追求權力的提升。……他希望另一個將來，盼望從目前的慘狀中得到釋放，並從無力的情況下得贖。」[30]

莫特曼提醒我們，「上帝不是世界之內或世界之外的上帝，而是『使人有盼望的上帝』（羅十五13）。」[31] 正因如此，牧職與教會在參與公共事務時，真正的主體並不是此在的我們，而是從終末向我們走來的上帝。因為牧職與教會所應當建構的公共神學，並不應當是屬於我們所認可的理想與目標，而是從上帝出發，由上帝決定的結果。這就是莫特曼在《盼望神學》中所表達的核心概念：「應許的盼望語句則必定與當前可以經驗的現實相

---

[28] 莊信德撰，〈聖徒相通‧反思鏡像再現的邏輯與辯證〉，發表於「台灣神學院基督教思想研究中心2013年教會與社會學術研討會」。

[29] 莫特曼著，《盼望神學‧基督教終末論的基礎與意涵》，曾念粵譯（香港：道風書社，2012），頁10。

[30] 莫爾特曼著，曾念粵譯，《來臨中的上帝‧基督教的終末論》（香港：道風書社，2002），頁168-169。

[31] 莫特曼著，《盼望神學》，頁10。

矛盾。應許的盼望語句，不是從經驗中產生出來的，反倒是新經驗得以可能的條件。他們並不設法闡明既存的現實，而是要闡明即將到來的現實。」[32] 究竟牧職與教會對於即將到來的「現實」有多少理解？就反向決定我們的公共神學是否身陷歷史的泥淖、反應牧職與教會對公義的想像，還是真正讓出我們對於實踐判斷的主體性。因為從終末論出發的公共神學所追求的不是「我們理想」的實現，而是「上帝應許」的實現。唯有我們認真地思考上帝的應許，我們所追求的公共神學實踐，才不會是我們自身對世界不滿的烏托邦想像，也因此，公共神學實踐的終極判準就不是源自於我們自身，而是絕對超越的上帝。

基本上，神學家田立克所主張著名的「更正教原則」（Protestant principle）為基督教信仰的入世關懷做出一個非常適切的規範。所謂的「更正教原則」是指「基督教批判一切具體化、實質化的事務，將自己無限上綱為絕對的神聖」[33] 這個高度辯證性的神學原則，無疑為基督信仰投身在公共領域中，保存著超越性向度的意義，更是足以作為返身批判自身絕對性主張的判準。因為絕對不存在任何能夠充分表彰上帝臨在的社會主張，上帝也無法充分成為任一政治主張的化身，而這正是基督信仰的終末性意涵所保障公共神學本質中的辯證性。

小結：

當教會與牧職嘗試進入公共領域主張任何具體可行的方案時，永遠都要謹記其存有的時間向度無法單從真理在歷史中的臨在性滿全，還需要意識到真理在永恆中的超越性向度。這正是馬丁路德在宗教改革時對於形式化批判的核心意涵，也是後聖殿時期去宗教形式主義的信仰復甦之途的主題。然而，當牧職與教會淪落到為具體的政治目標、倫理主張而大肆動員教會的弟兄姐妹時，我們需要重新透過基督信仰的終末意涵返身回到歷史的現場

---

[32] 莫特曼著，《盼望神學》，頁12。莫特曼指出：「應許的盼望語句則必定與當前可以經驗的現實相矛盾。應許的盼望語句，不是從經驗中產生出來的，反倒是新經驗得以可能的條件。」

[33] 保羅蒂里希著，徐鈞堯譯，《政治期望》（成都：四川人民出版社，1989），頁36-39。

進行嚴肅的檢視，方能確保「上帝」不被化約為特定倫理原則，而失去祂作為無條件拯救者的救贖位格，更不會淪為為政治意識形態背書的希伯來神明。

結論：

現代社會是樂觀主義的社會，人們相信只要透過正確的行動方案，就可以解決所有的社會問題。這樣的類比邏輯被置放在基督教信仰的實踐上，就會出現一個嚴重的時間危機，受現代主義制約的基督徒將誤以為教會整體存有的實踐座落在具體的時空向度中，不論是台灣基督長老教會總會持續推動進入聯合國運動，亦或者是台灣跨教派組織所推動的國事論壇，都出現一種追尋具體方案的行動焦慮症候群。如果說，「台灣獨立建國」一旦缺乏福音本質的論述，就會淪於信仰意識形態化的沉痾，那麼太陽花學運所帶來的反抗高潮，如果缺乏時間參照的歷時性，與空間參照的終末性，將錯誤地絕對化相對的自身。當然，作為反抗敘事，以激進的手段癱瘓立法機構的立法失能，並且揭露出公共政策的權力黑手，讓公民權利重返立法的前提，是此番太陽花學運的價值之所在。但是，如果牧職與教會未能參透公民實踐中烏托邦的辯證性意涵，將會淪為失去終末高度的選邊站參與者。作為牧職與教會的身分，我們嚴肅地反思彼此座落在時空維度中的終末性他者意涵，致力將救贖性的他者身分體現在時空維度之中！

主流出版

所謂主流，是出版的主流，更是主愛湧流。

主流出版旨在從事鬆土工作——

希冀福音的種子撒在好土上，讓主流出版的叢書成為福音
與讀者之間的橋樑；
希冀每一本精心編輯的書籍能豐富更多人的身心靈，因而
吸引更多人認識上帝的愛。

【徵稿啟事】

主流歡迎你投稿，勵志、身心靈保健、基督教入門、婚姻家庭、靈性生
活、基督教文藝、基督教倫理與當代議題等題材，尤其歡迎！
來稿請e-mail至lord.way@msa.hinet.net，
審稿期約一個月左右，不合則退。錄用者我們將另行通知。

【團購服務】

學校、機關、團體大量採購，享有專屬優惠。
購書五百元以上免郵資。
劃撥帳戶：主流出版有限公司　　劃撥帳號：50027271

部落格網址：http://mypaper.pchome.com.tw/news/lordway/

主流有何 Book

心靈勵志系列

信心，是一把梯子（平裝）	施以諾	210元
WIN TEN穩得勝的10種態度	黃友玲著，林東生攝影	230元
「信心，是一把梯子」有聲書：輯1	施以諾著，裴健智朗讀	199元
內在三圍（軟精裝）	施以諾	220元
屬靈雞湯：68篇豐富靈性的精彩好文	王樵一	220元
信仰，是最好的金湯匙：55個越早知道越好的黃金準則	施以諾	220元
詩歌，是一種抗憂鬱劑：40帖帶來幸福的心靈處方	施以諾	210元
一切從信心開始：55篇助您向上提升的信心操練	黎詩彥	240元

TOUCH系列

靈感無限	黃友玲	160元
寫作驚豔	施以諾	160元
望梅小史	陳　詠	220元
映像蘭嶼：謝震隆攝影作品集	謝震隆	360元
打開奇蹟的一扇窗（中英對照繪本）	楊偉珊	350元
在團契裡	謝宇棻	300元
將夕陽載在杯中給我：陳詠異鄉生死七記	陳　詠	220元
螢火蟲的反抗：這個世紀的知識分子	余　杰	390元
你為什麼不睡覺：「挪亞方舟」繪本	盧崇眞、鄭欣挺	300元
刀尖上的中國	余　杰	420元

LOGOS系列

耶穌門徒生平的省思	施達雄	180元
大信若盲	殷　穎	230元
活出天國八福：喜樂、幸福人生的八個秘訣	施達雄	160元

邁向成熟：聖經雅各書教你活出基督生命	施達雄	220元
活出信仰：羅馬書十二至十五章之生活信息	施達雄	200元
耶穌就是福音：在盧雲著作中與基督同行	盧雲	280元

學院叢書

愛、希望、生命	鄒國英/策劃	250元

主流人物系列

以愛領導的實踐家：德蕾莎修女	王樵一	200元
李提摩太的雄心報紙膽	施以諾	150元

生命記錄系列

新造的人：從流淚谷到喜樂泉	藍復春口述，何曉東整理	200元
鹿溪的部落格：如鹿切慕溪水	鹿溪	190元

經典系列

天路歷程（平裝）	約翰・班揚	180元

生活叢書

陪孩子一起成長	翁麗玉	200元
好好愛她：已婚男士的性親密指南	潘尼博士夫婦	260元
教子有方	梁牧山與蕾兒夫婦	300元
情人知己：合神心意的愛情與婚姻	梁牧山與蕾兒夫婦	260元

【團購服務】

學校、機關、團體大量採購，享有專屬優惠。

劃撥帳戶：主流出版有限公司　　劃撥帳號：50027271

主流網路書店：http://store.pchome.com.tw/lordway

學院叢書 2

論太陽花的向陽性——公共神學論文集
The Mythos and Logos of Taiwan's Sunflower Movement—
The Journal Collection of Public Theology

作　　者：莊信德、謝木水、楊鳳崗、龔立人、羅頌恩、李向平、
　　　　　佘日新、盧其宏等人
策　　劃：台灣神學院本土神學研究室
主　　編：莊信德
責　　編：莊昕恬（台神）、鄭毓淇（主流）、賴芸儀（主流）
繪　　畫：羅頌恩
封面設計：黃聖文

發 行 人：鄭超睿
出版發行：主流出版有限公司 Lordway Publishing Co. Ltd.
出 版 部：台北市南京東路五段123巷4弄24號2樓
發 行 部：宜蘭縣宜蘭市縣民大道二段876號
電　　話：(03) 937-1001
傳　　眞：(03) 937-1007
電子信箱：lord.way@msa.hinet.net
郵撥帳號：50027271
網　　址：http://mypaper.pchome.com.tw/news/lordway/

經　　銷：
紅螞蟻圖書有限公司
台北市內湖區舊宗路二段121巷19號
電話：(02) 2795-3656　傳眞：(02) 2795-4100

以琳發展有限公司
香港九龍灣啓祥道22號開達大廈7樓A室
電話：(852) 2838-6652　傳眞：(852) 2838-7970

財團法人基督教以琳書房
台北市忠孝東路四段210號B1
電話：(02) 2777-2560　傳眞：(02) 2711-1641

2015年9月　初版1刷
書號：L1505
ISBN：978-986-89894-8-1（平裝）
Printed in Taiwan

國家圖書館出版品預行編目資料

論太陽花的向陽性:公共神學論文集 /
　莊信德等作. -- 初版. -- 臺北市 :
主流, 2015.08
　　面; 　公分. --（學院叢書 ; 2）

　ISBN 978-986-89894-8-1（平裝）

　1.神學　2.基督徒　3.文集

242.07　　　　　　　　　　104014875